A CONSTITUIÇÃO VIVA

Cidadania e Direitos Humanos

C972c Cunha, Paulo Ferreira da
A Constituição viva: cidadania e direitos humanos / Paulo Ferreira da Cunha. – Porto Alegre: Livraria do Advogado Ed., 2007.
222 p.; 23 cm.

ISBN 85-7348-436-5

1. Direito Constitucional. 2. Constituição. 3. Direitos humanos. 4. Cidadania. I. Título.

CDU - 342.4

Índices para o catálogo sistemático:

Direito Constitucional
Constituição
Direitos humanos
Cidadania

(Bibliotecária responsável: Marta Roberto, CRB-10/652)

Paulo Ferreira da Cunha

Professor Catedrático e Director do Instituto Jurídico Interdisciplinar da Faculdade de Direito da Universidade do Porto, Portugal. Doutor em Direito das Universidades de Coimbra e Paris II. Agregado em Ciências Jurídicas Públicas.

A CONSTITUIÇÃO VIVA

Cidadania e Direitos Humanos

Porto Alegre, 2007

Capa, projeto gráfico e diagramação de
Livraria do Advogado Editora

Revisão
Rosane Marques Borba

Livraria do Advogado Editora Ltda.
Rua Riachuelo, 1338
90010-273 Porto Alegre RS
Fone/fax: 0800-51-7522
editora@livrariadoadvogado.com.br
www.doadvogado.com.br

Impresso no Brasil / Printed in Brazil

Aos nossos Colegas e Estudantes
constitucionalistas do Brasil

Abreviaturas de obras periódicas citadas

ARSP	*Archiv für Rechts- und Sozialphilosophie*
JLE	*The Jornal of Law & Economics*
NLR	*Nova Law Review*
RTD	*Revue Tunisienne de droit*
VLR	*Vanderbilt Law Review*

Prefácio

Paulo Ferreira da Cunha, Professor Catedrático na Faculdade de Direito da Universidade do Porto e autor desta belíssima coletânea de ensaios que a Livraria do Advogado Editora oportunamente acolheu no seu já respeitável e respeitado catálogo de publicações, é pessoa que – a considerar a sua vasta, conhecida e qualificada obra, que transita com invulgar erudição pelas dimensões da Política, da História, da Filosofia e pelo Direito, com ênfase no Direito Constitucional – já é, há algum tempo, um amigo do Brasil e da nossa cultura jurídica. Neste sentido, assume, ao lado de nomes como Jorge Miranda, Joaquim José Gomes Canotilho, José Carlos Vieira de Andrade e tantos outros, uma posição pró-ativa na intensificação crescente do produtivo processo de (re) descobrimento recíproco que vem sendo estabelecido com sucesso notável na área da cultura jurídica. Não se cuida, por certo, de uma via de mão única, à feição do descobridor-colonizador (já que não raras são também as experiências contemporâneas de um tipo de colonização jurídica e subserviência cultural), mas de um movimento pautado pelo diálogo, pelo respeito, enfim, pela reciprocidade, do que dão conta, em caráter meramente ilustrativo, as inúmeras referências que atualmente vêm sendo feitas a autores brasileiros em obras portuguesas, o intercâmbio entre professores e alunos, além de eventos científicos em parceria.

A publicação da presente obra, portanto, revela-se como representando mais um importante passo rumo à consolidação deste intercâmbio e do estreitamento de possível amizade também cultural entre as Nações, que, no âmbito de um Direito Constitucional comprometido com os princípios nucleares da Justiça e com os Direitos Humanos e Fundamentais, adquire uma significação ainda mais especial, já que se está a tratar – a despeito de variações possíveis e até mesmo necessárias ligadas ao saudável multiculturalismo que caracteriza a humanidade e às peculiaridades de cada ordem jurídica e social – de uma língua comum e sempre referenciada à salvaguarda da dignidade de cada pessoa humana e da humanidade como um todo. Da mesma forma, homenageia-se a intrínseca dimensão utópica (aqui, sobretudo, na acepção da utopia como horizonte de sentido) do Direito Constitucional e dos Direitos Humanos e Fundamentais, tão bem explorada pelo nosso autor em uma das suas teses de doutoramento, no caso, apresentada na Faculdade de Direito de Coimbra, sem a qual a força vital da Constituição e dos Direitos, bem como a correspondente e necessariamente subjacente vontade e a coragem de vivenciar plenamente e diariamente a Constituição (justamente o mote que ensejou a opção pelo título da obra) perderiam a sua essência e restaria reduzida a um esqueleto de disposições textuais, prenhe de forma, mas vazio de sentido.

Sem que se pretenda aqui adiantar qualquer aspecto ligado ao rico conteúdo dos textos do autor, que versam sobre temas tão variados e ao mesmo tempo tão próximos como a cidadania, a ética, a interdisciplinariedade e os direitos humanos, vale registrar que todos os escritos carregam consigo e em si o melhor do nosso querido colega e amigo Paulo Ferreira da Cunha, ou seja, a expressão de uma profunda e ampla formação cultural e de um intenso humanismo.

Por derradeiro, lanço o testemunho de que tem sido uma satisfação e alegria conviver, pessoal e intelectualmente com o nosso autor e uma particular honra ter sido brindado com a oportunidade de redigir este prefácio e de ter podido de algum modo contribuir para a difusão de sua obra também entre nós.

Porto Alegre, agosto de 2006.

Prof. Dr. Ingo Wolfgang Sarlet
Doutor e Pós-Doutor pela Universidade de Munique.
Professor Titular dos Cursos de Graduação,
Mestrado e Doutorado da PUCRS.

Sumário

Introdução

"Com efeito, os juristas do Estado social, quando interpretam a Constituição, são passionais fervorosos da justiça; trazem o princípio da proporcionalidade na consciência, o princípio igualitário no coração e o princípio libertário na alma; querem a Constituição viva, a Constituição aberta, a Constituição real".

Paulo Bonavides. *Do Estado Liberal ao Estado Social.* 7ª ed., 2ª tir. São Paulo: Malheiros, 2004, p. 19 (prefácio da 6ª ed.).

Há letra que mata e letra que vivifica ou até ressuscita. O Direito é, infelizmente, em muitos casos, simples letra morta e a Justiça ainda mais. Quando não se volve mesmo em letra que mata. Pelo rigorismo ou pelo laxismo, pela burocracia ou pela tortuosidade.

A regeneração do Direito tem vindo actualmente da letra viva da cidadania e dos direitos humanos, que são, antes de mais, matéria constitucional.

Há também constituição morta. Quem o desconhece? No psitacismo das teorias estadualistas e positivistas, ou num jusnaturalismo postiço que se quadra com o positivismo prático de normativismo pedestre – aí está pelo menos uma constituição moribunda. Há constituição morta nas normas sociais que se deixam apodrecer no olvido. E há mesmo Constituição morta e República morta na real ausência de Direito naqueles casos em que o iníquo já nem sequer se cobre do pudor do tributo que o vício soía prestar à virtude.

Na urgência de reencontrar, em valores e em virtudes republicanas, uma ética constitucional, ganha relevo a palavra de ordem "Constituição Viva". Tal como *A Metáfora Viva* de Paul Ricoeur, a metáfora da Constituição não é apenas uma mera metáfora (etimologicamente, um simples transporte, transposição ou tradição, *traditio*), mas um ser vivente, e interpelante, aqui e agora. Sem amadorismos, *e* interdisciplinarmente.[1] Assim quisemos este livro.

[1] Recordamos aliás estes sublinhados na Introdução de Miguel Baptista Pereira à edição portuguesa de *La Métaphore vive*, *A Metáfora Viva*, Porto, Rés, 1983, máx. p. III e XLV.

Um dos grandes princípios e adágios do Direito é o *dar o seu a seu dono*, atribuir a cada um o que é seu.

A publicação, no Brasil, dest'*A Constituição Viva* constitui, a muitos títulos, essa obra de *suum cuique*.

Primeiro, porque na pujança do seu Direito Constitucional, na alta craveira dos seus mestres, no entusiasmo dos seus estudantes, como temos podido testemunhar, em repetidas estadas de estudo e *tournées* de palestras, se há país em que hoje a Constituição, a teoria constitucional e o direito constitucionais sejam obra de tempo e arte quotidianos (multiplicando-se congressos, colóquios e palestras na área jusconstitucional, com uma produção imensa de estudos, teses, manuais, e suscitando questões constitucionais quotidianas nas instâncias forenses), esse país é o Brasil.

Segundo, porque, tem sido o Brasil que mais fiel, abundante e repetidamente nos tem chamado a intervir no debate constitucional. Assim, correspondendo estes estudos, na sua esmagadora maioria, a conferências ou artigos escritos a solicitação brasileira, pensamos que seria natural que ao Brasil retornassem em forma de livro.

Recolhem-se aqui, com efeito, textos inspirados em conferências ou outras intervenções proferidas na Faculdade de Direito da Pontifícia Universidade Católica do Rio Grande do Sul, na Escola Superior da Magistratura do Rio Grande do Sul, e na Escola Superior do Ministério Público do Rio Grande do Sul, na cidade de Porto Alegre, em que este livro se edita, e ainda na Faculdade de Direito da Universidade de São Paulo (a convite do Instituto Pimenta Bueno), na Faculdade de Educação da USP (a convite de várias entidades, de que destacamos o CEMOROC), na Escola Superior de Direito Constitucional de São Paulo, e na Universidade Federal do Rio de Janeiro, entre outros.

É por isso da maior justiça e para nós uma honra e um prazer, a dedicatória aos Colegas e aos Estudantes brasileiros de Direito Constitucional.

Porto Alegre – São Paulo – Porto, Fevereiro/Julho de 2006.

Parte I

CIDADANIA

1. Estado, Direito e Cidadania

1.1. CRISE, DIREITO E POLÍTICA

A contemporaneidade jurídica e política parece perpassada por um hálito de anomia e pulverização. De vez em quando, há uma luz de esperança, mas teima em ser sol de pouca dura ... Para, como Fénix, logo depois renascer.

A grande característica de um procedimento intelectual puramente universitário é poder permitir-se ainda (esperemos que consiga resistir à cíclica infiltração dos dogmatismos) não ceder a tabus e a cristalizações, é o ser dinâmico e permeável à realidade, à mudança e à contradição interna, que são características do Mundo e da História, em que nos situamos. Pode muito criticar-se a Universidade por desgarrada da realidade. Mas, afora alguns casos de patologia evidente, ela é mais realista que o senso comum do empirismo de ideias, e das opções sentimentais ou egoístas. Um Universitário pode acreditar num boi que voa, mas não num *clerc* que minta – para recordarmos um símile da biografia simbólica de Tomás de Aquino.

Alguns problemas teóricos de base podem funcionar como pedra de toque desta situação de antagonismo invencível em que vivemos. E das dificuldades em encontrarmos filtros explicativos que cimentem uma comunidade de valores, crenças, princípios, e até mitos (reclamava estes últimos já há muito um Vaclav Havel). A contemporaneidade espraiou-se por um pluralismo saudável, mas cuja complexidade tornou as nossas sociedades tendencialmente anómicas. E o Direito mal consegue sobreviver, em identidade, nessa situação de múltiplas racionalidades concorrentes. Porque não foi na sua génese programado para tal complexidade, que também é eticidade de geometria variável.

Procuremos escavar um pouco nas raízes. Temos afirmado que o Direito é uma realidade cultural, criada pelo Homem com base numa apetência natural para a Justiça, a qual pode ser traduzida, para usar uma fórmula conhecida, como "constante e perpétua vontade de atribuir a cada um o que é seu" (como no brocardo de Ulpiano). Embora a enunciação do jurista romano seja, como bem observou Norberto Bobbio, mais uma explanação da aporia que a sua solução, como se conclui da questão do titularismo (apego positivista ao pressuposto do título jurídico como mantenedor, constituidor, modificador ou extintor de uma relação jurídica) mesmo de muitos dos jusnaturalistas, incapazes de se distanciarem assim dos legalistas.

Recordemos, em todo o caso, que o Direito teve os seus arautos filosóficos (máxime Aristóteles; mas seríamos injustos com Platão se o não citássemos também) e os seus concretizadores práticos (os Romanos), chegando ao corte epistemológico de alforria em Roma. Embora esta narrativa épica do Direito possa comportar algo de mítico, como o têm assinalado alguns Romanistas, como Luigi Lombardi Vallauri, entre outros.

O Direito é fruto da Justiça, e é também caminho para ela – digamos que é a realidade humana que procura, com meios "sublunares", terrenos, atingir esse valor transcendente: por isso é que se fala de *constante e perpétua vontade* – trata-se de uma *sede de Justiça*. O Direito é ainda realidade de Homens e existe em função da Pessoa, e de cada um dos Homens concretos; e persegue uma justa atribuição, do *seu* de cada qual, tendo assim uma dimensão de medida e de objectividade que deveriam ser muito rigorosas, ao mesmo tempo que muito atentas às injustiças derivadas de todos os rigores: *summum jus, summa injuria*. Mas esta tríade tópica do Direito (que bem pode, com vantagem, substituir uma sua definição ou descrição – velha armadilha metódico-epistémica positivista), *Suum* (seu), *Persona* (Pessoa) e *Ivstitia* (Justiça) além de ser passível de redução a qualquer dos seus elementos constituintes (e particularmente ao primeiro, que determina mais claramente a diferença específica da actividade dos juristas – *ius suum cuique tribuere,* "atribuir a cada um o que é seu"), na verdade não está apta a, por si só, caracterizar o Direito contemporâneo. E muito menos o Direito do Estado contemporâneo.

É que não podemos quedar-nos pela noção epistemológica e quase etimológica de um Direito estático no passado, nos alvores da sua criação – e para mais sobrecarregado de *pathos* e *patine* de mito. Temos que estar atentos à sua transformação e, sem dúvida, à sua perversão. Se olharmos o que, ao longo dos séculos, foi passando a ter público curso sob tal designação, haveremos de chegar a uma tópica bem diversa para conhecermos o que seja. Negá-lo denotará quixotismo, purismo quiçá muito louvável ética e esteticamente, mas também uma profunda cegueira prática.

Não se negará que aqueles referidos aspectos (da tríade ontológica) terão também de procurar-se (ou ao menos uma certa retórica que a eles aluda, ainda que de forma fátua e vã). Mas terá de buscar-se sobretudo a legalidade, a coacção, a polícia, o crime, os tribunais, e, no plano privatístico, especialmente os negócios, os contratos, etc. O Direito é hoje claramente identificado com Lei, na perspectiva mais risonha, e, na pior, com crime e prisão, corrupção e insegurança, enfim, boa parte das desgraças que, a par da doença e da morte, espreitam os Homens neste Mundo.

Os altos ideais de Justiça não ficaram perdidos. Mas é preciso não fechar os olhos às realidades. Este um primeiro apontamento de contradição.

Assim, quando falamos em Direito, ora estamos a referi-lo em sentido próprio, ora – na verdade muito mais frequentemente – pretendemos designar o que correntemente isso parece denotar para o comum dos cidadãos, *hic et nunc.*

Também estamos persuadido que a citada criação epistemológica do Direito, greco-romana, implicou um esforço voluntarista de muito tomo, arrancando a estátua de *Témis/Iustitia* ao bloco pétreo, informe e pesado da política, então ainda também muito mesclada com moral, religião, etc. Quer dizer, o Direito autonomizou-se da área das normatividades, da primeira função dos povos indo-europeus, e para tal levou consigo elementos mágicos, políticos, éticos, etc. Mas todos em quantidades e percentagens calculadas, e subordinados à fórmula especificadora do *suum cuique.*

Estas ideias colocam problemas de confronto com as demais ordens sociais normativas, e com a política, que todas, desde essa Roma primordial, se foram autonomizando científica e socialmente.

É inegável que o Direito, desde que nasceu, levou consigo uma determinação ética. Eventualmente, e até muito provavelmente, com cunho religioso já, ou ao menos filosófico e parareligioso, sobretudo se pensarmos nas confluências estoicismo/cristianismo, ambos ulteriores ao surgimento do *Ius*, mas ambos também determinantes amas de leite.

No projecto ético do Direito, *grosso modo*, surpreenderíamos à ideia de que, se nem tudo o que é permitido é honesto (*non omne quod licet honestum e*st), as maiores desonestidades jamais poderão ser juridicamente aceites. É a ideia do *mínimo ético* alargada a toda a juridicidade. O que precisamente constitui a única forma de recusar, por imprestável e abusiva, a ideia de um Direito não autónomo e não específico, ao serviço estrito de uma moral, ou de uma qualquer ordem ou particularismo.

Há ainda uma autonomia face à política. Mas é também uma autonomia subtil. Porque o que sucede é que todo o Direito, assim como constitui, de certo modo, manifestação ética (mesmo as normas técnicas são postulados de uma ordem, de uma organização contra o caos, o que implica um valor), também é, de alguma forma, manifestação de poder (estadual ou não, isso não importa, nem para a hodierna Ciência Política), e assim, fenómeno político.

Ora aqui surgem muitas dificuldades teóricas, que decorrem, contudo, essencialmente de uma situação fácil de explicar. Há juristas que crêem que uma boa forma de contribuir para o bem geral é jogarem em dois tabuleiros, e eventualmente tirarem as pedras de um para outro, quando isso lhes facilitar mais o jogo (são os que exercem simultaneamente a acção política e a vida de juristas), e outros que, ou se quedam no terreno da luta pelo Direito, num único tabuleiro, e mais pequenino (jogando com as pretas – ou vermelhas, jamais com as peças brancas), considerando melhor ajudarem a uma boa política aprofundando a sua independência face aos problemas políticos gerais, imediatos e partidários, ou, quando muito, saltando de veste para veste, procurando não confundir a mão que joga o peão político com a que move o bispo jurídico. E contudo há a sedução dessa peça singular que é o cavalo, a qual não se move nem na diagonal nem a direito, como sugere uma imagem de Bernard Faure.

Em geral, conforme se haja pessoalmente apostado num ou noutro dos estilos e opções, assim se produzirá uma teorização jurídica mais permeável à sociedade e ao poder, ou mais autónoma, depurada e com pretensões à «purificação». No Direito Constitucional parece-nos ser evidente a diferença de posições e de estilos.

Ambas as posições são possíveis, respeitáveis, e quiçá mero problema de opinião, e até de vocação pessoal. Porque nos tempos em que vivemos tanto se pode advogar que o Direito, sem política que o escude e defenda, está desarmado e a justiça sem amparo, como será legítimo sustentar que deve antes o Direito armar-se a si e procurar força na sua casa, sem se perder pelos ínvios caminhos de uma política que o dissolveria, degradaria e apoucaria, quando não mesmo subjugaria.

Uma coisa é, porém, certa: no limite, levar a juridicidade completamente a reboque da política, e nela sempre procurar arrimo, ainda que tal seja feito *in extremis* e com a mais cândida das intenções, equivalerá, como bem se compreende, a tornar supérflua a criação epistemológica autónoma desse ente «Direito». Passaríamos nesse caso a ter apenas política vertida em artigos ou em sentenças, uma tecnologia legal, jurisprudencial e administrativa, e nada mais. Deve pois o jurista, mesmo aquele que também seja político, reivindicar as razões da criação e existência da sua *episteme*.

Eis outra das contradições: o Direito é (deve ser) autónomo da política, mas *é político*. Todo o direito é ideológico e político, como gostava de recordar (e fê-lo até a propósito da aparentemente asséptica teoria geral da relação jurídica) Orlando de Carvalho. E, mais ainda, não está fora de questão que, sendo certo que a política nele influi, ele procure também ter um pé nela. (Todavia com cuidado, para não ficar lá todo. E também não é bom que a política esteja toda peada de limites e barreiras de Direito. *Summum ius, summa iniuria*. Sempre.)

Uma terceira exemplificação desta teoria, algo serpenteante nos seus argumentos.

Este *novum*, esta criatura da mente humana que é o Direito, sendo cultural, parte contudo da natureza, como dissemos. Daí que o Direito esteja «nas coisas». É que ele deriva de factos que devem ser vistos, à boa maneira durkheimeana, como coisas. Decorre de factos naturais psicológicos, de factualidades que se tornaram história, eventualmente até de factos biológicos, instintivos, etc. Parte o Direito das aspirações humanas à justiça e da apetência de cada um para ser árbitro e juiz imparcial (como sublinharia Alexandre Kojève de forma exemplar, nos seus estudos de fenomenologia jurídica), dando conselho, por exemplo; parte da realidade da partilha, dos contratos, dos testamentos, etc.; parte do instinto da hierarquia, da territorialidade e da sociabilidade (etologicamente considerados), que explicam as funções de distribuição jurídica de bens, honras e poderes, que são as coisas que o Direito reparte, ou melhor, atribui (porque a partilha inicial ou originária é já feita, em boa medida, naturalmente, na sociedade, pelo trabalho, pela sucessão natural, etc.). Ora, concomitantemente com estas determinações naturais e factuais do Direito, há conteúdos de Direito que necessariamente se impõem como justos, logo, como essencialmente jurídicos, já que o próprio dessa ordem ou dessa normatividade é a procura da Justiça.

Esses conteúdos, que podem de forma simplista mas muito prática analisar-se (e generalizar-se) em princípios, direitos, liberdades, etc., são um elemento de pluralismo jurídico, e remetem, no limite, para a ideia de Justiça. Mas é preciso ter muito cuidado com as críticas ao positivismo jurídico legalista (que postula a única existência e exclusiva validade do direito legislado, voluntário, de criação humana, e sobretudo político-estadual). Elas estão muito em voga pela vaga de informalidade e pós-modernidade, e isso veio redespertar algo que estava latente nos espíritos mais prevenidos. É que historicamente há exemplos de anarquia profunda e concomitante injustiça quando se começa a pôr em causa o cânone, seja ele qual for. E um critério subtil e algo esotérico, aristocrático, como é o do Direito Natural arrisca-se às piores das banalizações em mãos profanas – como o próprio Michel Villey sublinha, nos seus *Cahiers*, postumamente editados. A mediocridade imperante, a falta de sensibilidade, a nula cultura, de que se queixavam já muito explicitamente os juristas humanistas de *Quinhentos*, deitou sempre por terra as aspirações à aplicação de um Direito pensado, de um Direito ponderado, de um Direito justo porque *équo*. Vai daí, a bússula de um critério mais rígido e mais formal pode acabar por ter de encontrar-se, em tempos de trevas culturais e de desnorte social, como única tábua de salvação, contra interpretações fantasistas, contraditórias, subjectivas, e irracionais (ou demasiado racionalistas, o que redunda na prática no mesmo). Eis como mesmo os jusnaturalistas mais convictos podem conceder que o *dura lex sed lex,* decadente, sem dúvida, pode ainda constituir uma derradeira manifestação da capacidade inventiva e adaptativa dos Romanos. Muitos o farão, até pelo facto de que o culto da norma e do título é em boa medida partilhado por jusnaturalistas (titularistas) e juspositivistas (legalistas).

Eis, pois, a terceira e muito notória tensão. Pela qual o Direito Natural (ou outra perspectiva pluralista, não positivista, de transcendência face ao

Direito-poder) não perde os seus créditos, mas, para ser vero e não poluído, ou é aplicado por juristas de invulgar talento e preparação (não só jurídica – mas política e cultural), ou mais vale nem ser invocado. E daí que os Direitos Humanos possam funcionar, em boa medida, como *Ersatz* do Direito Natural, e isto por várias razões: pela religião que no fervor a eles se gerou, dando-lhes um crédito à partida; pela sua acessibilidade e concretização; pela sua plasticidade e simpatia massiva, "democrática" – ao contrário do que ocorre com o Direito Natural, que não consegue (e cada vez menos) sair do conventículo de *happy few*.

E assim se reconvoca a política neste debate. Quarta questão. Porquanto se a *auctoritas* para a invocação do Direito Natural será assim privativa da congregação dos juristas probos e cultos e um ou outro afim de outro ofício, já a criação de um direito positivo justo decorre, sejamos francos, essencialmente do labor dos políticos. Sem dúvida se têm socorrido eles, ao longo da História, do contributo de juristas. Mas infelizmente excessivas vezes pedindo-lhes uma de duas coisas diametralmente opostas, que nos parecem erradas ambas: ou simplesmente que vertam em artigos umas quaisquer orientações políticas ou técnico-organizativas; ou que emprestem o seu nome e prestígio científicos a uma lei, que farão a seu bel-talante mais ou menos utópico, até sem grande intervenção dos próprios políticos.

São dois exageros que não dignificam a Política, nem o Direito.

No primeiro, o jurista é simples amanuense, escriba a soldo de um poder que tudo sabe, tudo pode e tudo manda. A racionalidade jurídica e a sabedoria dos juristas não pode dialogar com uma determinação já feita, que espera apenas uma forma legal. Aí, o político peca por excesso.

No segundo, o político abdica da sua legitimidade, renega o seu saber, repudia a sua inteligência, e põe nas mãos de alguém não sufragado, nem pelo título, nem pelo exercício (a legitimidade dos juristas não é de índole democrática, mas fazer leis tem de implicar, a nosso ver, alguma legitimidade política, decorrente de algum tipo de consenso – ainda que "passivo") uma decisão que excede o âmbito dos poderes políticos dos juristas, enquanto tais. Estamos convencido de que, no nosso tempo, apesar de toda a tecnocracia e maçadoria numérica (estatística e quantificadora) em que boa parte do debate político se tornou, os juristas são ainda dos melhores políticos (há já brilhantes e honrosas excepções de estadistas não juristas, mas ainda são isso – excepções, se contabilizarmos o seu peso perante o peso da História). Porém, esta natural habilidade dos juristas para a política não chega, não supre a necessária vivência e agudeza e sensibilidade políticas, indispensáveis ao legislador. Com efeito, é para nós deveras controverso, para não dizer de todo impossível, que um sábio anacoreta celibatário, vivendo cheio de prestígio na sua torre de marfim como especialista de cartapácios de ... Direito da Família possa ser com êxito e acerto o autor de uma lei sobre o divórcio, o poder paternal, ou a inseminação artificial. Para além de ser duvidoso que tal personagem de ficção seja sequer bom jurista afora uma erudição livresca, é de todo o modo inaceitável como porta-voz do justo numa sociedade pulsante, que só conhecerá de longínquos ecos (até porque certamente nem tem televisão).

Esta caricatura inocente permite-nos chamar a atenção para a necessidade de diálogo, e discussão muito alargada das principais leis, sem todavia se poderem ignorar os riscos de sociologismos ou psicologismos demagógicos que seriam ainda piores que entregar as leis fundamentais ao tal legislador estrangeiro e independente que tanto cativou as sociedades clássicas como modelo de isenção. Jean Carbonnier tem um belo ensaio sobre o legislador que vem de longe.

Quando uma questão grave cai na rua, é certo que as máquinas de propaganda levam a melhor e nenhum governo e nenhum maioria resistem. Mais uma vez um recuo então se impõe: e mal por mal, antes uma política algo de relativa discrição, que o regabofe da ignorância de boca arreganhada. E contudo, como nos repugna a *arcana praxis*!

De novo assoma o problema político da boa política, da cidade ideal que julgámos encontrar (e alguns, na sua ingenuidade, definitivamente, como Fukuyama – que chegou a proclamar o "fim da História", mas inteligentemente parece já ter corrigido o tiro) nas clássicas fórmulas democráticas ocidentais, mas que ameaça descaracterizar-se, desde logo pela ausência de conteúdos. A política democrática não poderá continuar a ser só a casca – senão acabará numa simples tirania desta ou daquela maioria, inexpressiva e inorgânica, conseguida uma vez de tantos em tantos anos, num acto ritual praticado num domingo, sob a pressão das lavagens ao cérebro dos *media*, ou – talvez mais triste ainda – meramente às ordens não de uma ideia ou de um ideal, mas da "ditadura da carteira" (império dos simples interesses ou pseudo-interesses materiais imediatistas), ou de uma raiva, ou de uma embirração, ou mesmo de um fatalismo induzido pelos fazedores de opinião ou pelo mal-estar dos tempos. Um dos piores inimigos da democracia material, ética, é o rotativismo. Sistema resultante do facto de os descontes com o governo de hoje votarem na sua mais imediatamente apercebida oposição potencialmente ganhadora, a qual se virá a converter em governo para, mercê de uma prática substancialmente equivalente ou ainda mais impopular que a do executivo anterior, vir a ser penalizada na eleição seguinte, que fará voltar ao poder os que ontem houveram sido punidos.

Mais que a democracia formal é necessário um conteúdo para ela. Os Direitos Humanos ajudam muito a encontrar esse conteúdo, mas, para tanto, têm mesmo de ser levados a sério, como reivindicou Ronald Dworkin, e Gomes Canotilho insistiu, para os direitos económicos, sociais e culturais

– louvável intento, para mais num tempo em que o neoliberalismo ainda não tinha grande audiência planetária. Como se vê, não há neutralidade absoluta do jurídico, mau grado a importância do *ius redigere in artem* e do procedimento de autonomia a que se chama normalmente *Isolierung*.

Se o Direito não pode substituir-se ao reino aventuroso dos possíveis que é a política, e se o imiscuir-se demais nessa liberdade de opção, que a ela pertence, só tem engendrado monstros (por natural reacção), sempre lhe poderá ao menos fornecer alguns parâmetros e alguns sentidos proibidos. Não será muito original: mas poderá ainda constituir disciplina e higiene.

Quinto problema, pois: na dimensão de criação jurídica que a política detém, importa fazer dialogar juristas, políticos e sociedade (dita «civil»). Mas, em última análise, o que é preciso são políticos esclarecidos e capazes de impor soluções justas, mesmo se impopulares (ainda que contra a "plebe ventosa", como diriam os clássicos) e juristas que, se caso disso for, saibam ver a inconstitucionalidade substancial das leis injustas (como bem assinalou, num livro notável, Juarez Freitas), agindo em conformidade. E isso pode e deve ser conseguido no rigoroso respeito pelos princípios (liberais e sociais) que animam o Estado Social de Direito, e, bem vistas as coisas, não podem deixar de permanecer numa qualquer fórmula futura que se não queira totalitária: liberdades e direitos (políticos, sem dúvida, e ao menos um mínimo de direitos sociais, económicos e culturais), separação de poderes, lei positivada (e constituição escrita) e sufrágio directo, secreto e universal, como expressão da soberania popular.

Ora uma e outra das tarefas (do político e do jurista) exigem sobretudo têmpera e preparação ética, cultural e jurídica, que nenhuma movimentação de massas (e muito menos movimentações frondistas de elites ou pseudo-elites) poderá suprir. E tal é ainda possível, apesar dos riscos de confiscação dos instrumentos do saber por uma escola que, em muitos lugares, se foi tornando de progressivo *facilitismo* e aprovações para as estatísticas, reprodutora cega de «abortos diplomados» (numa já antiga expressão de A. H. de Oliveira Marques).

Se a Democracia não conseguir dotar-se de uma escola para a Cidadania em todos os seus sentidos – e desde logo o mais elementar, que é o de uma Escola de ordem, sentido do mundo, inserção social, e compreensão do universo nos seus dados mais elementares – terá falhado, e certamente perecerá às mãos dos seus contrários, que sempre pegaram na pistola contra a cultura, e sempre a acharam um luxo para os comuns mortais. Esse é um problema grave que os distúrbios de finais de 2005 em França e os de São Paulo em 2006 (bem diversos) vieram a fazer emergir numa perspectiva civilizacional, mas que é comum a outras sociedades em que o barril de pólvora tem diversos rastilhos.

As realidades e as criações humanas trazem em si o selo adâmico. São obra imperfeita. Reconhecê-lo seria de muita utilidade. Aceitá-lo como fatalidade, no sentido de não procurar nenhum aperfeiçoamento, é uma capitulação inominável.

Entre um Direito a caminho da Justiça e um Direito de força e ordem; entre um Direito isolado, autónomo e puro e um Direito implicado na luta política do seu tempo; entre um Direito Natural tutelar e vigilante do positivo e um caos subjectivista negador do próprio Direito Natural, a fazer suspirar pela *dura lex*: enfim, entre um Direito participadamente elaborado e um Direito em última análise imposto por uma autoridade dificilmente sindicável ou sequer sufragável na sua concreta decisão (porque nenhum poder político ou tribunal responde democraticamente por cada medida ou acto políticos; apenas nos chegam e lhes chegam os ecos da tal opinião pública, «opinião que se publica»), entre estas e outras tensões se urde a trama e se tece o drama da nossa Cidadania.

Não há soluções cabais, assim como não há Homens perfeitos. Mesmo assim, só haverá justiça com homens justos, e só teremos boa política mais que com bons políticos, com políticos bons.

O cinismo amorfo e intelectualista que nos invadiu já se sorri da puerilidade da pretensa receita, brandindo a chave mestra do subjectivismo: «E o que é isso de homens justos e de políticos bonzinhos?».

É verdade que sabemos reconhecê-los quando vemos um. Todos nós, ou quase todos, seremos disso capazes. E sobretudo sabemos todos muito bem detectar quando estamos ante o seu contrário, pelo menos depois daquele lapso de tempo findo o qual, como garantia Lincoln, já não se pode continuar a mentir enganando toda a gente. Este é um começo de resposta. Além do mais, já Platão, na *Politeia* (Livro VI, 484 b ss.), explicitaria muito bem quais as qualidades a requerer dos governantes, e em boa medida continuam válidas as suas razões.

Porém, sabido isto, não há que afastar, por supérflua ou ociosa, a questão institucional e epistemológica, mais geral e menos *fulanizada*: embora a saibamos como a pedra de Sísifo, condenada a rolar sempre do alto da montanha, para nossa interminável canseira, mas também para garantia eterna do nosso ofício de juristas e politólogos que se não renderam aos utilitarismos militantes. Os quais, todavia, ainda um dia nos poderão confiscar tais empregos, como, aliás, outrora o positivismo procurou, e com bastante êxito, alcançar, em alguns casos.

E interpela-nos agora uma nova contradição, a qual, se desanimará uma parte de nós, por outro lado nos conforta. É que se o labor jushumanístico (dos Direitos Humanos) não se revela conclusivo, nem fornecedor seguro de receitas provadas para os práticos, acabando por desalentar alguns, a verdade é que, decerto por razões a tal situação não de todo alheias, desde sempre tem havido quem, mesmo com os maiores sacrifícios e nos meios mais adversos, tenha assumido o legado e continuado a corrida sem fim. Quantas vezes por sua conta e risco, sem outra recompensa que a pobreza, a obscuridade, a calúnia, enfim, todas as agruras que a eterna liga dos medíocres não poupa a quem se não contente com a sã sensaboria do ser como toda a gente. Ou fingi-lo.

Por alguma coisa, apesar dos gritos de todos os ditadores: *todo o mal nos vem dos togados*; *matemos todos os juristas*; *nenhuns advogados*, etc., continuam a esvoaçar ao vento da liberdade as togas e becas negras, e o sangue inocente dos justos continua simbolicamente a ornar as nossas borlas e capelos: dando-nos a responsabilidade de fazer aquilo para que aqui estamos – *para que se faça mais justiça no Mundo*. É que nessa simples mas profunda frase de uma estudante de Luigi Lombardi Vallauri, por ele recordada no seu *Corso*, vai a síntese da componente política e jurídica da arte do Direito, e especificamente, permita-se-nos, do direito mais político, também chamado já Direito Político, o Direito Constitucional.

1.2. CRISE DO ESTADO E DO SISTEMA POLÍTICO

É um lugar comum falar-se na Crise do Estado, como em crise da razão, da civilização, etc. A crise e a crítica andam de par, e já compreendemos o que é estar em crise permanente. A habitualidade da crise leva ao instalarmo-nos nela, ao ponto de perguntarmos primeiro, e proclamarmos depois: "*Crise, quelle crise? Vive la crise!*" Apercebemo-nos também de que crises são janelas de oportunidade para novos desenvolvimentos, rupturas que se podem revelar redentoras.

E contudo os juspublicitas, e os constitucionalistas em especial, talvez façam mal em se preocuparem em excesso com a sua bela criação, o Estado. Jacob Burckardt chamou-lhe obra de arte. Assim se tivesse mantido, com o necessário engenho. Mas, como se sabe, nem o Estado é a única forma ou sociedade política, nem existiu sempre. E, por exemplo, os ventos que chegaram a soprar fortes na Europa com a possibilidade desta dotar o seu já parcial federalismo de uma Constituição Europeia voluntarista, codificada, conseguindo-se evitar a deriva da criação de um mega-estado europeu, iriam, sem dúvida, no sentido da superação do Estado por uma Federação de novo tipo.

Seja como for, é um problema não só de actualidade, como de deontologia: a política (e os saberes sobre ela) não deve centrar-se no Estado, mas no Cidadão. O Estado, o Império, a Pólis, qualquer forma política, deve estar ao serviço das Pessoas, e não o contrário.

Estamos muito longe, sabemos, dessa alteração de paradigma. O cidadão é ainda encarado como passivo, dócil, domesticado, pagador, contribuinte, e destinatário do Poder. Não seu obreiro, seu partícipe de pleno direito.

Importa mudar, com uma profunda reforma de mentalidades, que nos permita a todos ser sujeitos activos, protagonistas da governação (que se faz a tantos níveis já: desde o local territorial, à escola; até, por vezes, a empresa), tomando nas nossas mãos os nossos destinos. O que não implica o individualismo feroz e a privatização em massa em prol de uns tantos hoje já mais aptos a agir, mas um lento e profundo trabalho de alargamento da cidadania real: que passa por uma outra atitude do Estado, e por um profundo investimento na Educação, que deve preparar Mulheres e Homens livres, e não bons *robots*, acríticos, ou críticos só até ao ponto permitido pelas cartilhas críticas toleradas.

Nenhuma comunidade política pode subsistir sem que a sociedade recobre o respeito por si mesma e a atenção vigilante pelos poderes instituídos, sem subserviência e com sentido crítico construtivo, única forma de à cidadania activa e responsável poder corresponder uma autoridade das instituições, não simplesmente fundada na coercibilidade, mas na legitimidade de exercício do poder. Por isso são preocupantes alguns sinais de debilidade dos poderes públicos e de crescente incumprimento do Direito, como sucede em países muito diferentes, em diversos continentes. Mesmo a França (e não só), como dissemos, não há muito se viu palco de distúrbios quase incontroláveis.

E longe de pensar que a solução se encontra em medidas autoritárias e voluntaristas, cremos urgente reforçar a confiança dos cidadãos nas instituições: pela eticização da política geral, pela acção justa e oportuna dos tribunais, pela intervenção protectora da polícia, pela desburocratização da administração pública, pela facilitação da vida a quem pretende trabalhar honestamente, ou empreender para o benefício social.

Reforma dos sistemas políticos pela sua abertura, pela sua permeabilização aos temas e aos especialistas das sociedade civil, pela desburocratização, a descentralização e até, quando pertinente, a federalização e a regionalização, o aprofundamento da responsabilidade dos titulares dos cargos políticos e a limitação da duração de todos os mandatos, uma vigilância sem tréguas à corrupção, etc. são rumos desejáveis, e possíveis. Mas não tenhamos ilusões quanto a medidas já muito apregoadas. Exige-se mais imaginação. E mais concretização do que é consabido, mas não praticado.

Não por acaso, nas últimas eleições autárquicas em Portugal, as candidaturas camarárias mais preocupantes para uma concepção clássica de democracia foram, precisamente, as de alguns "independentes". E aí foram sem dúvida os partidos – com todas as suas reconhecidas debilidades – que representaram a *dignitas* do regime. As panaceias são sempre panaceias... Não há salvadores em democracia. Sempre os povos têm pago a factura de aderirem ao mito de Dom Sebastião, do messias providencial.

Todos estaremos de acordo que política deve responder muito mais directamente aos problemas reais das Pessoas; mas a acção não se justifica a si própria, antes se baseia em ideias e ideais. E quando se proclama, quer de forma intelectual quer agressiva, o fim da política, ou o mal da política, e o fim das ideologias – são maus ventos para a democracia que se conjuram. Além de tal vaticínio constituir nada mais que uma péssima análise.

O Direito, por seu turno, e muito em particular o Direito Constitucional, dificilmente contém em si (só por si) os vectores de dinamismo suficientes para as grandes mudanças. O mais normal é as grandes reformas ficarem no papel, como essa letra morta que só pode mesmo matar. A falta de força normativa de um preceito constitucional *inefectivo* (como diria Jean Cabonnier) põe em perigo o todo da Constituição. Mesmo soluções hermenêuticas temerárias (e a que não deveríamos ter pejo de considerar, apesar de todo o "pluralismo", "erradas"), fazem perigar a dignidade da reputação constitucional.

Recentemente, fomos um dos promotores de uma iniciativa inédita em Portugal: um movimento para dar a conhecer a Constituição, que consistiu em convidar cidadãos, do político ao homem da rua, a transcreverem artigos da nossa Constituição. A adesão foi muito animada. Mas alguns dos participantes, que visivelmente nunca tinham lido o texto constitucional, maravilharam-se e escandalizaram-se como era possível terem no papel tantos direitos, de que efectivamente se viam privados na prática. E a ideia de que a Constituição é uma cornucópia de promessas não cumpridas (errada interpretação, apesar de tudo) pode pôr em perigo a sua sacralidade de *Bíblia da República*.

Contudo, este choque por estranhamento pode ser o *principium sapientiæ* para uma frutuosa discussão e para incentivar o conhecimento cidadão das Constitituições e dos Direitos que reconhecem.

1.3. CRISE DE CONSENSOS E EDUCAÇÃO PARA OS DIREITOS HUMANOS

A solução das angústias jurídico-políticas do presente pode implicar, naturalmente implicará, nova legislação. Mas ela será liminarmente inconcebível se não repensarmos a nossa vida, a nossa existência colectiva, a nossa situação de homens e mulheres no Mundo.

Assim, se quisermos viver num Mundo mais respirável, teremos de pensar quais os valores, princípios, convicções que queremos ter como mínimo denominador comum.

E antes de irmos ao mínimo denominador internacional, comecemos pelo nacional. As nossas sociedades pluralistas estão longe de ter chegado a acordos básicos. Alguns pensam que as Constituições deveriam teoricamente ser consensuais. Mas não têm conseguido desempenhar esse papel, sendo duvidoso que caiba a um instrumento jurídico fazer muitos dos consensos.

A tese da procura dos consensos é ainda prejudicada, com clamor e escândalo, pelos que proclamam, sinceramente ou não, que uma espécie de *mão invisível* democrática da anarquia cultural e espiritual de uma comunidade política faria nascer, como por milagre, a comunhão e a harmonia.

Professa-se como garantia da total liberdade a demissão completa do Estado enquanto educador político (mesmo a formação para a Cidadania e os Direitos Humanos é quase nula, em países democráticos – pelo menos é muito menor do que deveria ser), com a preocupação, reconhecidamente saudável, de não doutrinar. É o espectro totalitário, que dá receios destes, sabemos bem. Mas este *laissez faire* tem tido o catastrófico resultado de que a democracia, os valores democráticos, a cidadania democrática, estarem ao Deus-dará da sorte, para mais caluniadas pelas desventuras que a "República real" causa à *República dos sonhos* (diríamos, recordando Álvaro Ribeiro).

O laxismo vai em cadeia: ninguém já se sente com autoridade para corrigir ninguém. Mesmo as normas da mais elementar urbanidade e civilidade deixam de ser óbvias e necessárias: como responder a uma carta, ou cumprimentar na rua um colega.

Mas o que está em causa vê-se claramente pelos exemplos da acesa polémica a propósito das caricaturas de *Maomé*. O que se opina sobre religião tem raízes no mais profundo das nossas mentalidades e ideologias. Não se pense que cátedra, em Direito ou outra, anulam essas crenças e pulsões primeiras e primárias. Todos valemos o que valem nossos conceitos e preconceitos, valores e anti-valores. Todos e cada um.

O debate é, assim, entre tribos. Só se tivéssemos uma linguagem comum de racionalidade e de civismo é que poderíamos realmente dialogar. Todos somos vítimas dessa sedimentação de irracionalidades e sentimentos. E como o Esperanto foi um fracasso, presumimos que as dificuldades de conotação e denotação, expressão e sentido, nos acompanharão irremediavelmente, até que a alma nos seja trocada por um sistema de algoritmos.

O grave é que, sem um espaço de comunidade de convicções, estritamente pensadas naquilo que convier à nossa índole, e para nossa egoística utilidade espiritual, cultural e material, jamais a Lei poderá deixar de ser simplesmente a expressão do mais forte – pelos votos, pelo dinheiro, ou pela convicção, ditada pelo temor reverencial face a quem sobre si manda *de facto*, pela força ou pela sedução.

O Estado tem de defender os cidadãos contra a ignorância e a colonização de ideias de grupos activistas – quer os arautos miúdos do politicamente correcto, quer as grandes máquinas de *marketing*, que inventam o que for preciso, mesmo ideologia, para vender.

Ora a única forma de o fazer é uma revolução mental, na própria concepção do Estado de Direito Democrático. É o assumir-se ele como *Estado de Educação para a Liberdade*. Ou, se preferirmos, para os Direitos Humanos, que são a sua tradução actual.

De todas as vozes, a voz da democracia, da liberdade, da autonomia, parece ser a que mais teme exprimir-se. Os inimigos da liberdade devem ter liberdade, sem dúvida – ao contrário do que dizia Lenine. Mas os amigos da liberdade, para mais arcando com o ónus de gerir um Estado democrático, têm direito e têm obrigação de fazer cultura e educação de Liberdade.

Levemos a sério a Educação, que está na base de tudo. Não basta uma disciplina escolar de educação cívica. Toda a educação deve prosseguir esse fim. O que implica ainda o fim dos mitos tecnicistas. É preciso saber técnicas, mais e melhor: mas subordinadas às Humanidades, como as mãos à cabeça. *Stupid scientists* são ainda piores que ignorantes. E fáceis adeptos de ditaduras, que lhes parecem mais eficientes, e mais "matemáticas"... Logo, o melhor dos mundos.

E, pelo contrário, seriam precisamente *o melhor dos mundos às avessas*: pura distopia.

Os juristas, e em especial os constitucionalistas, têm a grave responsabilidade de dar alma e ser sinal de alarme num momento de viragem como o presente. Podem tranquilamente deixar-se na sua posição confortável de áugures das crises políticas e elaboradores de pareceres a pedido, representantes dignos do *direito nos livros*. Ou podem ser principais obreiros do direito em acção, explicando, antes de mais, que a Democracia e os Direitos Humanos não são dados adquiridos, mas conquistas quotidianas, que passam pela adesão das gerações mais novas, que já não conheceram o que é viver em ditadura.

A televisão portuguesa tinha, nos seus primeiros anos, uma "mira" para os casos de avaria. Era de fundo negro, nada atractiva, simplicíssima, e dizia apenas: "Pedimos desculpa por esta interrupção, o programa segue dentro de momentos".

Inspirados nesse texto, após a revolução dos cravos, os sempre argutos anarquistas pintaram nos muros do País este alerta que deveríamos considerar sempre: "Pedimos desculpa por esta Democracia, a Ditadura segue dentro de momentos".

Esperemos que jamais. Mas temos que fazer por isso.

2. Ética Constitucional e Cidadania

2.1. CRISE DE VALORES OU TRANSIÇÃO DE VALORES DOMINANTES?

Fala-se hoje muito em crise: do Direito, da Democracia, do Estado, e também – e em certo sentido como pano de fundo, ou acima de tudo – em crise de Valores.[2] Crise é palavra profunda, excessivamente corrompida pelo uso.[3] Do que fundamentalmente se trata, no mundo contemporâneo, é dessa situação algo singular, e realmente incómoda (mas fascinante) de vivermos um tempo de transição nos valores morais dominantes.[4] A expressão "anarquia de valores" para designar este tempo é interessante, embora quiçá exagerada ou alarmista.[5]

---

2 De entre a multidão de estudos, e abordando as diversas crises (ou diversos aspectos da Crise), nomeadamente: AA.VV. "Crises dans les Droit", in "Droits. Revue Française de Théorie Juridique", nº 4, 1986; BOULAD-AYOUB, Josiane; MELKEVIK, Bjarne; ROBERT, Pierre (dir.). *L'Amour des Lois. La crise de la loi moderne dans les sociétés démocratiques*, Les Presses Universitaires de l'Université Laval/L'Harmattan, Québec, Paris, 1996; ALVES, Adalberto. *Partidos Políticos e Crise da Democracia*, Lisboa, Margem, 1989; HABERMAS, Jürgen. *A Nova Opacidade: a crise do Estado-Providência e o esgotamento das energias utópicas*, in "Revista de Comunicação e Linguagens", 2, Dezembro 1985, p. 115 ss.; MARZAL, Antonio. *Crisis del Estado de Bienestar y Derecho Social*, Barcelona, J. M. Bosh Edit/ESADE, Facultad de Derecho, 1997; NEVES, António Castanheira. *Questão de Facto – Questão de Direito ou o problema metodológico da juridicidade (Ensaio de uma reposição crítica). I. A crise*, Coimbra, 1967; SALDANHA, Nelson. *Da teologia à metodologia. Secularização e crise no pensamento jurídico*, Belo Horizonte, Del Rey, 1993; Conferência Episcopal Portuguesa, *Crise de Sociedade, Crise de Civilização*, Coimbra, Gráfica de Coimbra, 2001. Criticando, em parte, o tópico da "crise de valores", e, além de outros aspectos, apontando algumas razões para algum optimismo sobre os valores ocidentais, ROBLES, Gregório. *Los Derechos fundamentales y la ética en la sociedad actual*, trad. port. de Roberto Barbosa Alves, *Os Direitos Fundamentais e a Ética na Sociedade Actual*, Barueri, São Paulo, Manole, s/d., p. 53 ss.

3 Cf. especialmente PEREIRA, Miguel Baptista. *Crise e Crítica*, in "Vértice", vol. XLIII, nº 456/7, Coimbra, Setembro-Dezembro de 1983, p. 100 ss.; PEREIRA, Miguel Baptista, *et alii*. *Tradição e Crise*, I, Coimbra, Faculdade de Letras, 1986.

4 BAUMAN, Zygmunt. *Postmodern ethics*, Oxford, Blackwell, 1993, trad. port. de João Rezende Costa, *Ética Pós-Moderna*, São Paulo, Paulus, 1997; FERREIRA, Paulo Antunes. *Valores dos Jovens Portugueses nos anos 80*, Lisboa, Instituto de Ciências Sociais/Instituto Português da Juventude, 1993; CASTRO JOVER, A. *Educacion como transmision de valores*, Oñati, Oñati Working Papers, Instituto Internacional de Sociologia Jurídica de Oñati, 1995; ROJAS, Enrique. *O Homem Light. Uma vida sem valores*, trad. port. de Virgílio Miranda Neves, Coimbra, Gráfica de Coimbra, 1994; STOETZEL, Jean. *Les valeurs du temps présent: une enquête européenne*, Paris, P.U.F., 1983.

5 VALADIER, Paul. *L'Anarchie des valeurs*, Paris, Albin Michel, 1997, trad. port. de Cristina Furtado Coelho, *A Anarquia dos Valores. Será o relativismo Fatal?*, Lisboa, Instituto Piaget, 1998.

Muitas das nossas certezas particulares, que na verdade eram sobretudo psitacismos sociais, estão a romper-se e a esboroar-se diante dos nossos olhos, e por isso muitos pensam que chegou o fim dos tempos. Sem dúvida terá chegado mesmo o fim da civilização. Mas, como diz prudentemente o fleumático *topos* britânico, fim, sem dúvida, mas apenas do mundo ... *as we know it* ....[6]

Em contrapartida, e ao contrário do que poderia pensar-se, dada a nossa agitada história política contemporânea, verifica-se (apesar de tudo) um substancial consenso axiológico constitucional. Porque há grande consenso nos valores políticos.[7] A Constituição torna jurídicos os valores políticos, como verdadeiro código de direito político que é. Pode parecer estranho, mas o facto é que discutimos muito mais sobre os meios que sobre os fins. E os fins políticos e constitucionais últimos de muitas das nossas sociedades são também valores: *Liberdade, Igualdade e Justiça* – com mais ou menos enfoque liberal ou social. Aos quais se poderia quiçá juntar o valor da *Paz*, do qual porém não trataremos aqui pela sua dimensão mais internacional – supra-constitucional – do que constitutional estadual, embora com relevante recepção constitucional.

2.2. DEPOIS DAS VIRTUDES?

Depois da Virtude é um conhecido título de Aladair Macintyre.[8] Outro grande título "pós-moderno" é *O Crepúsculo do Dever*, de Lipo-

---

[6] O tópico do *fim* tem sido glosado em várias formas. Assim, de entre muitos, VATTIMO, Gianni. *O Fim da Modernidade. Niilismo e Hermenêutica na cultura Pós-Moderna*, Lisboa, Presença, 1987; BAUDRILLARD, Jean. *L'Illusion de la fin ou la grève des évènements*, Paris, Galilée, 1992, trad. port de Manuela Torres, *A Ilusão do fim ou a greve dos acontecimentos*, Lisboa, Terramar, 1995; FUKUYAMA, Francis. *The End of History and the last Man*, trad. port. de Maria Goes, *O Fim da História e o Último Homem*, Lisboa, Gradiva, 1992. E já MARCUSE, Herbert. *O fim da Utopia*, trad. port., Lisboa, Moraes, 1969; BELL, Daniel. *The end of ideology*, Cambridge, Mass., Harvard Univ., 1988, etc.

[7] ROUBIER, Paul. *Théorie générale du droit. Histoire des doctrines juridiques et philosophie des valeurs sociales*, 2ª ed., Paris, Sirey, 1951; SQUELLA, Agustin. *El Positivismo Jurídico y el Problema de los Valores en el Derecho*, in "Filosofia del Derecho. Jornadas Academicas", AA.VV., Valparaíso, EDEVAL, 1980; SHAND, Peter Stein-John. *I Valori Giuridichi della Civiltà Occidentale*, trad. ital., Milano, Giuffrè, 1981; OTERO PARGA, Milagros. *Valores Constitucionales. Introducción a la Filosofía del Derecho: axiologia jurídica*, Santiago de Compostela, Universidade de Santiago de Compostela, 1999; PECES BARBA, Gregorio. *Seguridad Jurídica y Solidariedad como Valores de la Constitución Española*, in *Funciones y Fines del Derecho. Estudios en Honor del Profesor Mariano Hurtado Bautista*, Múrcia, Universidad de Murica, 1992; Idem. *Los Valores Superiores*, 1ª reimp., Madrid, Tecnos, 1986; PÉREZ LUÑO, Antonio Enrique. *Dimensiones de la Igualdad*, Madrid, Instituto de Derechos Humanos Bartolomé de las Casas, Universidad Carlos III/Dykinson, 2005; SANTAMARÍA, Javier. *Los Valores Superiores en la Jurisprudencia del Tribunal Constitucional: libertad, igualdad, justicia y pluralismo político*, Madrid, Dykinson/Universidad de Burgos, 1997. A ligação do "valor" ao Direito e à Constituição é profunda. Atente-se na própria questão do valor do Direito e da Constituição (do Direito e da Constituição como valores). V. BLANCO VALDÉS, Roberto L. *El Valor de la Constitución*, Madrid, Alianza Editorial, 1994.

[8] MACINTYRE, Alasdair. *After Virtue. A Study in Moral Theory*; reed., Londres, Duchworth, 1985; Idem. *A Short History of Ethics*, 9ª reimp., Routledge, 1993. Uma perspectiva sobretudo não liberal, recuperadora de algum classicismo.

vetsky.[9] Será que depois da "pós-modernidade", e do "pós-social", já dobramos o cabo das tormentas do Bem e do Mal nietzcheano e vivemos para lá (ou depois) da virtude e do dever? Não o cremos, e, de resto, o título de Macintyre é ambíguo quanto ao projecto do autor. Mas é verdade que um certo mal-estar com o discurso das virtudes parece ser recorrente. Diagnosticara-o com saboroso estilo já um Paul Valéry:

> "Vertu Messieurs, ce mot Vertu est mort, ou, du moins, il se meurt. Vertu ne se dit plus qu'à peine. Aux esprits d'aujourd'hui, il ne vient plus s'offrir de soi, comme une expression spontannée de la pensée d'une réalité actuelle. Il n'est plus un de ces éléments immédiats du vocabulaire vivant en nous, dont la facilité et la fréquence manifestent les véritables exigences de notre sensibilité et de notre intellect ... Quant à moi, je l'avoue – je me risque à vous en faire l'aveu – je ne l'ai jamais entendu ... Ou plutôt, ce qui est bien plus grave, je ne l'ai jamais entendu que remarquablement rare et toujours ironiquement dit, dans les propos du monde ... Interrogez votre expérience. Consultez vos souvenirs. Faites autour de vous votre statistique. Demandez-vous à vous-mêmes si vertu vous viendrait aux lèvres, ou sous la plume, sans quelque effort de circonstance; et, pour tout dire, sans quelque obscure sensation de n'être pas tout à fait sincères, ni tout à fait de votre temps".[10]

Explicara-o, recuperando a situação, já um Romano Guardini:

> "Agora temos de falar de algo cujo tratamento se depara com uma dificuldade peculiar: da virtude. Suponho que a palavra produz em quem a escuta a mesma sensação que eu tenho ao pronunciá-la: algo como que uma incomodidade, como de pretexto para reinação. É uma sensação compreensível. Nela se encerra o protesto contra o orgulho moral e, em concreto, contra quem se considera instalado no bem, eticamente superior; e também a desconfiança de que o orgulho possa ser ainda hipocrisia, já que constantemente estamos faltando à bondade, e neste caso as faltas ou se não admitem ou se ocultam. Porém neste protesto há também algo de bonito: o pudor que se guarda na hora de ostentar o ético. Isto é considerado contrário à ordem das coisas, já que o bem se não deve apregoar nunca; tem que fazer-se notar, mas por dentro; tem que ser sempre o mais importante, mas não colocar-se directamente como o primeiro e exibindo-se".[11]

---

[9] LIPOVETSKY, Gilles. *Le crépuscule du devoir*, Paris, Gallimard, 1992.

[10] VALÉRY, Paul. "Rapport sur les prix de vertu", in *Oeuvres*, I, ed. estabelecida e anotada por Jean Hytier, Paris, Gallimard, 1957, p. 939-941.

[11] GUARDINI, Romano. *Ethik. Vorlesungen an der Universität Muenchen*, trad. cast. de Daniel Romero e Carlos Diaz, *Ética. Lecciones en la Universidad de Múnich*, Madrid, BAC, 1999, p. 242.

As virtudes não têm, obviamente, a audiência televisiva dos direitos, dos direitos humanos, ou sequer das questões e sobretudo das "guerras" religiosas. Mas têm o seu lugar, hoje, com múltiplos escritos e debates,[12] e em matéria constitucional, que é jurídica, sempre a ética aristotélica, pelo menos, adquiriu uma notável importância.

Não é este o momento para uma explicitação da temática, mas deixaremos um pequeno apontamento sobre a matéria.[13] Não se trata, para a ética constitucional, de convocar toda a teoria das virtudes, mas apenas as virtudes políticas: já Aristóteles afirmara que a virtude dum homem bom não é pura e simplesmente a virtude dum bom cidadão.[14] Ora é precisamente a virtude do bom cidadão no poder e fora dele que está em causa no terreno de que agora curamos. Quem detém o poder, deve ter como principal virtude a prudência. E é muito adequado que os cidadãos sejam tão capazes de mandar como de obedecer. Depois de (talvez retoricamente) hesitar, Aris-

---

[12] Para um enquadramento clássico geral, PIEPER, Josef. *Las Virtudes Fundamentales*, 4ª ed. cast., Madrid, Rialp, 1990; GEACH, Peter T. *The Virtues*, Cambridge, Cambridge University Press, 1977, trad. cast. e apresentação de Jorge V. Arregui e Carlos Rodríguez Luesma, *Las Virtudes*, Pamplona, EUNSA, 1993; COMTE-SPONVILLE, André. *Petit Traité des Grandes Vertues*, Paris, P.U.F., 1995, trad. port. de Maria Bragança, *Pequeno Tratado das Grandes Virtudes*, Lisboa, Presença, 1995; GUITTON, Jean / ANTIER, Jean- Jacques. *Le livre de la sagesse et de vertues retrouvées*, Paris, Perrin, 1998, trad. port. de Francisco Custódio Marques, *O Livro as Sabedoria e das Virtudes Reencontradas*, Lisboa, Editorial Notícias, 1999; ALAIN. "Les quatre vertues", de 13 de Janeiro de 1935, in *Propos*, I, texto estabelecido e apresentado por Maurice Savin, prefácio de André Maurois, Paris, Gallimard, 1956; VALÉRY, Paul. "Rapport sur les prix de vertu", in *Oeuvres*, I, ed. estabelecida e anotada por Jean Hytier, Paris, Gallimard, 1957; MACINTYRE, Alasdair. *After Virtue. A Study in Moral Theory*; reed., Londres, Duchworth, 1985; Idem. *A Short History of Ethics*, 9ª reimp., Routledge, 1993. Uma interessante ligação entre valor e virtude *in* GARCIA ALONSO, Luz. *Naturaleza de los Valores*, in "Espiritu", ano XLIX, 2000, nº 122, p. 230; KILLORAN, John B. *Divine reason and virtue in St. Thomas Natural Law Theory* , in "Vera Lex", vol. X, nº 1, p. 17.

[13] V., para aprofundamentos e paralelos, CUNHA, Paulo Ferreira da. *O Tímpano das Virtudes*, Coimbra, Almedina, 2004; Idem. *Aristóteles: Filosofia do Homem. Ética e Política*, in "Revista Internacional d'Humanitats", Barcelona, ano VIII, nº 8, 2005, recolhida in *Repensar a Política. Ciência & Ideologia*, Coimbra, Almedina, 2005; Idem. «A Contemporaneidade Jurídica à luz do Realismo Clássico (Legado de Aristóteles)», in *Pensar o Direito*, I. *Do Realismo Clássico à Análise Mítica*, Coimbra, Almedina, 1990; Idem. *O Comentário de Tomás ao Livro V da Ética a Nicómaco de Aristóteles*, São Paulo/Porto, "Videtur", nº 14, 2002, p. 45-58, nova versão: "As Duas Justiças. Justiça Moral e Política *vs.* Justiça Jurídica (A partir do Comentário de Tomás de Aquino ao Livro V da Ética a Nicómaco de Aristóteles)", in *O Século de Antígona*, Coimbra, Almedina, 2003, p. 43-70, max. 57 ss. Em geral, e muito diversamente, *v.g.*, KANT, Emmanuel. *Métaphysique des Moeurs. II. Doctrine de la vertu*, 3ª ed. fr trad. e introd. de A. Philonenko, Paris, Vrin, 1985; Idem. *Lecciones de Ética*, introd., notas. de Roberto Rodríguez Aramayo e trad. do mesmo e Concha Roldán Panadero, Barcelona, Crítica, 1988; LA ROCHEFOUCAULD. *Oeuvres Complètes*, prefácio, variantes, notas e bibliografia de L. Martin-Chauffier, Paris, Gallimard, 1957; PÉGUY, Charles. *Le porche du mystère de la deuxième vertue*, trad. port. de Henrique Barrilaro Ruas, *O Pórtico do Mistério da Segunda Virtude*, apresentação João Seabra, Lisboa, Grifo, 1998; SAVATER, Fernando. *Ética para Amador*, Barcelona, Ariel, trad. port. de Miguel Serras Pereira, *Ética para um Jovem*, 4ª ed., Lisboa, Presença, 1997; SINGER, Peter. *Practical Ethics*, Cambridge University Press, 1993, trad. Port. de Álvaro Augusto Fernandes, *Ética Prática*, Lisboa, Gradiva, 2000. Sobre moralidade e Direito Constitucional, especificamente, v. FIGUEIREDO, Marcelo. *O Controle da Moralidade na Constituição*, São Paulo, Malheiros, 1999.

[14] ARISTÓTELES. *Éticas a Nicómaco*, V, 3 – 1130 a 8 ss.

tóteles, nas suas *Políticas*, inclina-se pela participação activa na cidadania, apesar de tudo preferível ao simples recolhimento da vida privada. No demais, vale a teoria geral das virtudes, que continuamos a considerar claríssima (*simplex sigilum vero*) em Aristóteles: onde avulta a moderação, o comedimento, a virtude como termo médio entre os extremos. Apesar de haver sempre casos complexos, como, por exemplo, o da coragem e da própria Justiça.

2.3. DOS VALORES EM GERAL, E DOS JURÍDICOS E POLÍTICOS EM ESPECIAL

2.3.1. Imprecisão no Tratamento Juspolítico dos Valores. O Exemplo do Projecto de Tratado Constitucional Europeu

A questão do que sejam realmente valores é complexa. Veja-se, por exemplo, o que ocorre com os valores no projecto de tratado instituidor de uma Constituição Europeia, em que os valores proclamados no Preâmbulo geral não são os mesmos que se encontram acolhidos pelo Preâmbulo da Carta de Direitos Fundamentais.[15] Neste caso, não nos parece que seja um problema de conflito ideológico ou filosófico-político ou ético-político no seio do mesmo texto – o que seria complexo, mas não irresolúvel, por exemplo pela via da "concordância prática". Antes resulta da circunstância histórica de elaboração da Carta previamente ao restante texto do projecto constitucional, e, valha a verdade, de um uso muito impreciso, mesmo dentro da folga permitida pela linguagem política, do termo "valor" – que acaba por se confundir não raro com bem, como princípio, com fim, etc.

Os valores são reputados essenciais – como devem ser, aliás – no Projecto de Tratado Constitucional. A admissão na União Europeia está condicionada a que os Estados candidatos respeitem os valores constitucionalmente reconhecidos e se comprometam a promovê-los em comum (I-1°, 2). O art. I – 2° explicita expressamente a relação da União Europeia com os valores políticos. Na verdade, são considerados valores fundantes da União Europeia entidades do mundo mental / espiritual que podem ser consideradas quer valores, quer princípios, quer ainda atitudes e cumprimento de deveres fundados nuns e noutros (como o *respeito* dos direitos, incluindo os das pessoas pertencentes a minorias), pois indiscriminadamente se consideram vários valores. Desde logo, como tais são considerados a liberdade e a igualdade, que o são efectivamente. Mas também nesta categoria se incluem aspectos ou desenvolvimentos de uma e de outra (e

[15] Cf., por todos, CUNHA, Paulo Ferreira da. *Novo Direito Constitucional Europeu*, Coimbra, Almedina, 2005.

também da Justiça – outro valor, que não é considerado expressamente como tal): democracia, Estado de Direito (além do *respeito* pelas pessoas das minorias).

Há uma contradição classificatória patente: se a democracia e o Estado de Direito se encontram no elenco muito vasto de "valores" no art. I-2º, já no Preâmbulo da Carta dos Direitos Fundamentais da União, incluída como Parte II, integrando assim de pleno direito e com total valor jurídico a Constituição, com muito mais parcimónia (e acerto) se afirma que a democracia e o Estado de Direito são *princípios*. Embora ainda excessivamente generoso, o Preâmbulo é mais comedido que o referido artigo I-2º, considerando "valores indivisíveis e universais" apenas a dignidade do ser humano, a liberdade, a igualdade e a solidariedade.

O projecto constitucional apresenta também uma espécie de proto-"utopia": uma sociedade "caracterizada pelo pluralismo, a não discriminação, a tolerância, a justiça, a solidariedade e a igualdade entre mulheres e homens". Todos aspectos que desenvolvem, mas se poderiam reconduzir, à tríade valorativa que referimos. A "justiça" ultimamente enunciada deixa a dúvida se tem dimensão axiológica ou apenas se invoca como resultado ...

Embora a forma algo impressionista do artigo não ponha em causa a sua bondade intrínseca, em nada contribui para a clarificação.

Também o casuísmo é em regra juridicamente nocivo, e havíamo-lo pensado superado no domínio da dogmática e também da técnica legislativa. O espectro das enumerações do velho *Allgemeines Landrecht für die Preußischen Staaten* parecia arredado do nosso comum espírito jurídico. Mas não. Certamente o decair da formação de muitos juristas obriga à exemplificação e à enumeração. O art. I-4º, por exemplo, sublinha alguns aspectos concretos da aplicação do valor da Liberdade: "1. A livre circulação de pessoas, serviços, mercadorias e capitais, e liberdade de estabelecimento; 2. Proíbe-se qualquer discriminação em razão da nacionalidade". Com ressalvas, porém, que remetem para um argumento sistemático, assim acautelando visões mais primárias e literalistas (politicamente correctas) e maximalistas dos direitos, que vêm discriminação em tudo. Mais uma cedência da boa técnica jurídica à clareza e legibilidade pelos leigos.

2.3.2. Aproximações ao "Valor"

Tanto para os valores,[16] como para as virtudes, como para tantas outras categorias, falta em geral rigor, e seria preciso que nos entendêssemos sobre

[16] LÓPEZ MORENO, Ángeles. "Valor del bien. El valor del Derecho y los Valores del Derecho. Bienes del Derecho", in *Manual de Filosofía del Derecho*, coord. Francisco Puy Muñoz / Ángeles López Moreno, Madrid, Colex, 2000, p. 345 ss.; TRIGEAUD, Jean- Marc. *Métaphysique et Éthique au fondement du Droit*, Bordeaux, Bière, 1995; AMSELEK, Paul (dir.). *Théorie des actes de langage, éthique et droit*, Paris, P.U.F., 1986. Em clave mais filosófica pura, GARCIA ALONSO, Luz. *Naturaleza de los Valores*, in "Espiritu", ano XLIX, 2000, nº 122; BRITO, António José de. *Valor e Realidade*, Lisboa,

o sentido das palavras e os recortes dos conceitos.[17] O Direito precisa de conceitos rigorosos, mas há também, na prática da teoria, muito confusionismo jurídico.[18]

No final desse livro fulcral do nosso tempo (e para o nosso tempo) que é a sua *Introdução à Metafísica*, Heidegger relata que em 1928 aparecera a primeira parte de uma bibliografia geral do conceito de valor: tinha 661 títulos! Escreve em 1935, estimando que então deveria haver já uns mil títulos. Se pensarmos, por exemplo, em idêntica ocorrência de pesquisa, passada noutro domínio do saber com Ricardo La Cierva, humanista espanhol, antigo ministro da Cultura, hoje a lista contará muito largos milhares.

Perante a vastidão do problema e das suas focalizações, fiquemos, na economia deste estudo, a exemplo do que fizemos já,[19] por alguns traços caracterizadores, recordando o aludido passo de Heidegger, e ainda o contributo de Julian Marias,[20] Miguel Reale,[21] Luz Garcia Alonso,[22] numa perspectiva de eclectismo voluntário que, obviamente, não deseja comprometer as respectivas fontes, mas aqui as cita por *suum cuique*.

Os valores são especificamente *humanos*, já que implicam consciência e capacidade de escolha, e uma inserção num mundo agónico e de livre arbítrio, que pressupõe limitação. Não há valores de animais por falta de auto-consciência e livre arbítrio (tanto quanto aos animais conhecemos), nem valores divinos ou angélicos, ou demoníacos, por não inserção destas entidades na concreta vivência quotidiana mundanal, ou sublunar. Porém, poderia falar-se, por exemplo, em valores crísticos, na perspectiva de um Deus feito Homem, e enquanto Homem.

É um grande jusfilósofo brasileiro que nos leva a um novo desafio – o da possibilidade do *valor Homem*, o qual se nos afigura ser outra faceta do problema, a que aludiremos *infra*, da dignidade da Pessoa. Afirma, com efeito:

> "Meditando sobre a natureza do homem, cuja problemática veio aos poucos dando colorido antropológico à Filosofia do nosso tempo, cheguei a algumas conclusões que se correlacionam no âmago de seus enunciados, a partir da consideração do homem mesmo como *valor*

Imprensa Nacional – Casa da Moeda, 1999; QUADROS, António. *Memórias das Origens, Saudades do Futuro. Valores, mitos, arquétipos, ideias*, Mem Martins, Europa-América, 1992; HESSEN, Johannes. *Wertphilosophie*, 1937, trad. port. e prefacio de L. Cabral de Moncada, *Filosofia dos Valores*, Coimbra, Almedina, 2001; KREMER-MARIETTI, Angèle. *L'Éthique*, Paris, P.U.F., 1987.

[17] Contribuindo para a clarificação, no nosso domínio constitucional, *v.g.*, LEITE, George Salomão (org.). *Dos Princípios Constitucionais. Considerações em torno das normas principiológicas da Constituição*, São Paulo, Malheiros Editores, 2003.

[18] Reconhece-o DOMINGO, Rafael. *Confusionismo Jurídico, hoy*, in "Persona y Derecho. Revista de Fundamentación de las Instituciones Jurídicas y de Derechos Humanos", vol. 30, 1994, p. 118 ss.

[19] *In* CUNHA, Paulo Ferreira da. *O Século de Antígona*, Coimbra, Almedina, 2003.

[20] MARIAS, Julián. *Historia de la Filosofia*, 4ª ed., Madrid, Revista de Occidente, 1948, p. 387 ss.

[21] REALE, Miguel. *Filosofia do Direito*, 19ª ed., São Paulo, Saraiva, 1999, p. 187 ss.

[22] *Op. cit.*

fonte de todos os valores. Nesta linha de pensamento, que se abebera nas mais puras fontes da tradição cristã, creio que o *ser do homem é o seu dever ser* e que, por isso, é da essência do valor a sua realizabilidade".[23]

A dimensão humana e axiológica dos valores compreende imediatamente uma função: a de medir. Tal como, aliás, é função do próprio Direito (pois se é valorativo!). Se o Homem é a medida de todas as coisas (como afirmaram Protágoras, Terêncio, está no espírito dos Renascentistas e implícito no Cânone de Leonardo da Vinci, e até Karl Marx adoptou como divisa – e ainda se vê no modelo medidor de Le Corbusier), é-o pelos seus valores. Os valores são o que dá a *medida*.

Não se peça aos valores o confronto com a térrea, austera, apagada, rude, vil tristeza de situações reais mais ou menos sórdidas. O argumento dos conformados ou dos cínicos é o mostrar aos que defendem valores a sua concreta inaplicação. Mas inaplicação não é o mesmo que inaplicabilidade. Os valores são vectores do real. Muitas vezes serão o sonho que comanda a vida, como na balada *Pedra Filosofal*. Assim, são *ideais*, ou melhor, qualidades idealizadas (Marías diz "irreais", mas preferimos a ideia de idealidade à de irrealidade), jamais se esgotando num dado (e daí a sua *inexauribilidade*). O facto nada prova contra o valor. O valor comanda e julga sempre o facto. E tal não se confunde com a sobranceira e totalitária tirada "tanto pior para os factos", afirmação de voluntarismo *à outrance*. Esta última perspectiva (na sua radicação histórica concreta) não defendia, como se sabe, valores, mas, como se verificou, anti-valores; porque, desde logo, não respeitava a natureza do Homem. Os valores são, como dissemos, humanos. Os factos podem ser desumanos. Mas pode haver também utopias que, além das eutópicas, visem a construção de infernos, ou nela redundem (distopias).

Ao contrário das virtudes, que tendemos a considerar, com Aristóteles, como essencialmente tripolares (correspondendo a virtude a uma posição intermédia, moderada, ante e entre dois exageros, a que se chama *vícios*), os valores são (bi-) *polares*: Justiça/injustiça; Igualdade/desigualdade, etc.

Os valores, sendo ideais, não vivem isolados, nem sequer uns dos outros. Eles mesmos têm uma *hierarquia*. São, pelo menos, susceptíveis de uma "gradação preferencial hierárquica". Por exemplo: primeiro bondade, depois beleza, finalmente elegância. No caso de valores jurídicos, a Justiça sobrepõe-se em valor às suas demais companheiras – e essa não é sequer uma posição jusfilosófica, mas teria passado a ser já algo de totalmente adquirido no domínio jurídico-positivo.[24] No caso de valores políticos, se-

[23] REALE, Miguel. "Invariantes Axiológicas", in *Estudos de Filosofia Brasileira*, Lisboa, Instituto de Filosofia Luso-Brasileira, 1994, p. 216.

[24] AMARAL, Diogo Freitas do. *Direitos Fundamentais dos Administrados*, in *Nos dez anos da Constituição*, org. de Jorge Miranda, Lisboa, Imprensa Nacional. Casa da Moeda, 1986, p. 19.

gundo as ideologias preferem os valores. O valor da Liberdade é, evidentemente, antes de mais liberal (embora assimilado depois por outros, e convictamente – o que aliás faz de democracia liberal uma espécie de linha branca geral dos regimes ocidentais). O valor da Igualdade, é sobretudo socialista (mas não lhe é privativo, e há vários e antagónicos "socialismos", como é evidente, correspondendo a diferente visões da igualdade e da sua relação com a liberdade). A associação muito valorizadora de ambos os termos estará presente sobretudo no socialismo democrático e no liberalismo social.[25] Ideologias autoritárias preferem o valor da Ordem, ou da Segurança. E por vezes nem sequer se trata apenas de uma questão ideológica profunda, mas de uma urgência contextual. Onde a criminalidade actua sem freio, mesmo os mais liberais clamam por segurança, embora sem abdicarem dos seus princípios, e porejando-a de garantias. Onde a pobreza se agiganta, mesmo os mais conservadores tenderão a aplicar políticas sociais, e a prezar assim o valor da igualdade, ou pelo menos uma das suas versões, a solidariedade.

Os valores encontram-se individualizados, recortados: possuem cada um (cada valor possui) um *conteúdo específico*, próprio. Contudo, alguns deles são em boa medida dificilmente inseparáveis, e *implicam-se reciprocamente*: o que está aliás bem patente na tríade *Justiça, Liberdade e Igualdade*. Dadores da medida, são também *insusceptíveis de quantificação*. Miguel Reale dá um exemplo no âmbito dos valores estéticos, aliás muito significativo: "Não podemos dizer que o Davi de Miguel Ângelo valha cinco ou dez vezes mais que o Davi de Bernini".[26] Mas pelo exemplo se demonstra também que os valores têm hierarquia, porque a primeira obra, é, esteticamente (embora sem possibilidade não fantasista de medida numérica) muito mais conseguida que a segunda.

Ideais, mas não abstractos, ou simplesmente "teóricos", os valores são dotados de *sentido* ou *referibilidade*. Os valores valem para alguém, e por isso determinam a conduta, implicam opções, tomadas de posição – de novo, o livre arbítrio.

Essa escolha não é aleatória. Porque os valores encontram-se dotados de *preferibilidade*: valem "mais" que o *não valor* (aliás: os valores valem,

[25] BLUM, Leon. *Le socialisme démocratique*, Paris, Denoël, 1972; BRIMO, A. *Les doctrines libérales contemporaines face au socialisme*, Paris, Pedone, 1984; CANTO-SPERBER, Monique. *Le socialisme libéral. Une anthologie : Europe- Etats-Unis*, Paris, Esprit, 2003; LAVERGNE, Bernard. *Le socialisme a visage humain*, Paris, PUF, 2000; SAUVY, Alfred. *Le socialisme en liberté*, Paris, Denoël, 1974; TILLICH, Paul. *Christianisme et socialisme. Ecrits socialistes Allemands, 1919-1931*, Paris, Le Cerf, 1992; CARDIA, Mário Sottomayor. *Socialismo sem Dogma*, Lisboa, Europa-América, 1982; DEVIN, Guillaume. *L'Internationale socialiste. Histoire et sociologie du socialisme*, Paris, Presses de la Fondation Nationale des Sciences Politiques, 1993; SMITH, Julie. *A Sense of Liberty. The History of Liberal International*, Londres, Liberal International, 1997; ARNESON, Richard J. *Liberalism*, Aldershot, Edward Elgar, 1992, 3 vols.; GRAY, John. *'Social Democratic and Social Liberal: Is There a Difference?'*, in *Equality and the Modern Economy*. Ed. por Stevenson, W. Smith Institute, 1999.

[26] REALE, Miguel. *Filosofia do Direito*, p. 187.

os *não valores* não valem, e os *anti-valores* "anti-valem"), e por isso é que podem ser elegidos como fins.

E os valores são *objectivos,* na medida em que se revelam no real independentemente dos sujeitos (embora passem por eles, seus agentes) e, pela sua *preferibilidade* se impõem à apreensão e compreensão dos espíritos não embotados eticamente. Embora esta objectividade não seja mera manifestação de um absoluto sempiterno em todas as suas dimensões, porque vive na *História.* E daí que possa haver evolução de valores, nascimento, transformação e morte de valores ... O que complica muito as coisas para os rígidos decoradores e inquisidores de regras-feitas. E contudo, no fundo de nós, em geral aspiramos a que alguns valores sejam perenes: como aspiramos ao amor eterno. Mesmo quando, intelectualmente, afirmamos com dogmatismo, inteligência racional ou ironia demolidora as ilusões dogmáticas, a própria dúvida e a própria suspeita, se aplicadas reflexamente, levam a essa nostalgia das certezas que produz conversões e reviravoltas.

A objectividade tem um certo grau de fanerismo: os valores são *cognoscíveis* e não esotéricos, embora precisem de ser investigados, *e re-conhecidos.* Para os platónicos, seriam reconhecidos por intuição imediata e directa, dado serem existentes e subsistentes por si próprios; para os nominalistas seriam meros artefactos humanos, pelo que também facilmente identificáveis. Para o realismo moderado, de raiz aristotélica, mesmo os valores naturais coenvolvem a participação humana, o que nos remete novamente para a sua dimensão temporal e mundanal.[27] Encontram-se dotados de *historicidade*, pois. Não apenas, como diz Heidegger, "a História não é senão *realização de valores*", como os valores só existem na História, jamais num redoma ucrónica que produzisse o vácuo da historicidade. Sendo esta uma caminhada de descoberta e aperfeiçoamento da sensibilidade axiológica do Homem. Daí que a *objectividade* dos valores seja *relativa*, na medida em que, se há valores cujo núcleo essencial (o espírito essencial) parece não mudar, como a aspiração à Justiça, à Igualdade, à Liberdade, todavia o conteúdo concreto e a aplicação prática dessas aspirações é muito histórico. E, assim, não é arbitrário, relativo ou reversível, mas narrativo, aquisitivo e irreversível: os valores vão-se descobrindo e conquistando. A escravatura, por exemplo, ou a discriminação racial ou de género, jamais poderão voltar a ser consideradas compatíveis com os valores éticos e jurídicos: não só da nossa civilização, como da Humanidade.

Cognoscibilidade obriga: os valores *podem não ser apreendidos*. E devem sê-lo. Há, evidentemente (cada vez mais o vemos com clareza) uma possibilidade de cegueira a valores. Uma das razões desta disfunção mental e da sensibilidade (porque os valores também a esta falam) é o embotamento da consciência. Mas a falta de representação dos valores, a insensibilidade

[27] Cf. GARCIA ALONSO, Luz. *Naturaleza de los Valores*, p. 227.

ou cegueira aos valores, em nada afecta a sua auto-subsistência. Implica é problemas de vivência pessoal e social dos mesmos. Torna-os menos efectivos.

Porque os valores são *realizáveis:* podem afirmar-se no real, manifestam-se nele, não sendo pura especulação ou quimera. Todavia, a sua realização nunca é plena, porque é da sua natureza a superação do real, que se encerra no seu carácter de *idealidade*, já referido. E esta incompletude, própria também da sua historicidade, conduz-nos à característica seguinte: os valores são *inexauríveis*, por consequência, na medida em que jamais se cumprem integralmente. A tríade em apreço (Liberdade, Igualdade e Justiça) claramente comunga desta característica.

Finalmente, os valores são *fundamento* dos direitos e dos deveres. Dos deveres éticos e também dos deveres jurídicos, e, obviamente, fundamento ainda de princípios e normas que os consagram, conjuntamente com os direitos. Logo, os valores são, antes de mais, entidades constitucionais por natureza. Mas, nas várias Constituições de que uma Constituição é feita,[28] mais ainda que uma Constituição Económica presente na constituição geral, *tout court*, há uma Constituição axiológica.

2.4. VALORES POLÍTICOS CONSTITUCIONALMENTE CONSAGRADOS

2.4.1. Os Valores Caracterizadores do Projecto político-social

Apesar de, como veremos, a própria forma política "Constituição" e o pan-constitucionalismo geral[29] serem integradores, e, nos nossos dias, acabarem por não deixar muita margem de escolha (ao ponto de haver mesmo uma "Constituição Modelo", de pronto-a-vestir, proposta por um constitucionalista da Universidade de Wuerzburg),[30] a verdade é que os valores acolhidos numa Constituição são uma das mais marcantes determinações da mesma. Se os Preâmbulos podem ser o seu Bilhete de Identidade (como tem afirmado, designadamente para a Constituição portuguesa, Gomes Canotilho), a determinação valorativa é o passaporte com que as Constituições

[28] CANOTILHO, José Joaquim Gomes. *De Quantas Constituições é feita a Constituição!*, *in* "Jornal de Notícias", Porto, 4 de Abril de 1999.

[29] Cf. já uma referência a este fenómeno de verdadeira globalização juspolítica *in* AMARAL, Diogo Freitas do . *Estado*, in "Pólis. Enciclopédia Verbo da Sociedade e do Estado", vol. II, Lisboa / São Paulo, Verbo, 1984, col. 1126 ss.

[30] Já Arthur Young (1741-1820) havia criticado a concepção de uma constituição, susceptível de ser elaborada por receita, como um pudim. O seu alerta não seria vão. Hoje, na *Internet* (www.uni-wuerzburg.de/law/xx), A. Tschentscher publicamente oferta aos constituintes e aos povos uma constituição-modelo, devidamente acautelando as especificidades através de espaços em branco para o nome do país, hino, bandeira, e outras idiossincrasias simbólicas *de pormenor* ...

ganham legibilidade nos continentes da ética e da filosofia política. Além de contribuírem para a sua demarcação ideológica.

A Constituição Portuguesa tem valores políticos fundantes, com plena dignidade: Liberdade, Igualdade, Justiça aí se encontram também.

Em contrapartida, nela estão outras entidades de grande relevância mas que não podem ser consideradas valor. Não cremos, por exemplo, que o socialismo (ou a transição para o socialismo) seja um valor; não se enquadra na categoria. Ou mesmo o Estado de Direito.[31] No primeiro caso, trata-se de uma ideologia. No segundo, de um princípio jurídico fundamental. Sendo certo que o socialismo se liga aos três valores (e o tipo de socialismo em causa na Constituição portuguesa não privilegia a igualdade sobre a liberdade), e o Estado de Direito primacialmente se conecta com o valor da Liberdade. Nem estes nem outros conceitos ganham em ser artificialmente promovidos a "valores". Pelo contrário, como *a má moeda expulsa a boa*, também a pulverização de valores que o não são prejudica a força normativa (no caso) dos verdadeiros e próprios. E as entidades assim mal catalogadas também experimentarão alguns desconforto.

A dignidade,[32] ou a "dignidade da Pessoa humana", é um princípio,[33] e um limite da acção do Estado.[34] Mesmo a considerar-se um valor, e até pressuposto e base de valores, teríamos dúvidas de que constituísse um valor especificamente político. E o facto de não ter sido assim qualificada pelos classificadores e sistemáticos constituintes espanhóis parece-nos um argumento a ponderar (porque, no caso, não militavam quaisquer argumentos simétricos face ao da integração como valor de algo que o não é – o pluralismo político – que acabaria por ficar assim qualificado na Constituição espanhola).

2.4.2. A Liberdade

A Liberdade é, antes de mais, um valor. Isso significa que é estrela de brilho próprio no firmamento das realidades humanas, e que é determinante

[31] Por todos, cf. CANOTILHO, José Joaquim Gomes. *Estado de Direito*, Lisboa, Fundação Mário Soares; Gradiva, 1999. Sobre as suas agruras na Constituição da República Portuguesa, CUNHA, Paulo Ferreira da. *Ideologia e Direito na Constituição de 76*, Separata dos "Estudos em Homenagem ao Prof. Doutor Jorge Ribeiro de Faria", Faculdade de Direito da Universidade do Porto /Coimbra Editora, Março de 2004.

[32] Por todos, SARLET, Ingo Wofgang (org.). *Dimensões da Dignidade*, Porto Alegre, Livraria do Advogado, 2005; PECES-BARBA, Gregorio. *La Dignidad de la Pessoa desde la Filosofía del Derecho*, Univ. Carlos III/Dykinson, 2002.

[33] COSTA, José Manuel M. Cardoso da. *O Princípio da Dignidade da Pessoa Humana na Constituição e na Jurisprudência Constitucional Portugueses*, Separata de Direito *Constitucional. Estudos em Homenagem a Manoel Gonçalves Ferreira Filho*, coord. de Sérgio Resende de Barros e Fernando Aurélio Zilveti, São Paulo, Dialética, 1999, p. 191-192.

[34] VON HUMBOLDT, Wilhelm. *Ideen zu einem Versuch, die grenzen der Wirksamkeit des Staates zu bestimmen, Os Limites da Acção do Estado*, trad. port., Prefácio de J. Conceição Nunes, Porto, Rés, s.d.

e não determinada. No máximo, pode articular-se e assim receber limitações não compressivas da sua essência (mas apenas da sua latitude) por parte de outros valores. Mas a ela se não pode nunca renunciar, no seu cerne.

A Liberdade tem mesmo de dialogar com outros valores, sob pena de se negar a si mesma: uma só estrela no céu da mundividência não faz uma abóbada celeste iluminada. Classicamente, a Liberdade dialoga com outras categorias com dimensão política: a Segurança (que não tem dignidade de valor) ou a Igualdade (que é valor). Muitos pensam, e bem, que uma Liberdade insegura ou uma Liberdade alheia à sorte dos mais desfavorecidos, não pode orgulhar-se desse nome. Por isso, há quem omita a segurança como valor (integrando-a na própria Liberdade ou na Justiça) e quem à Igualdade (para não provocar confusões) chame Solidariedade, Justiça social, ou algo semelhante (mas nisso confunde um pouco). Todavia, quando se fala de Igualdade num contexto valorativo (não, obviamente, em ambiente colectivista) não se trata de igualitarismo nivelador "por baixo", "por igual", ou "à chegada", mas de igualdade (na verdade, equivalência) de oportunidades *à partida*. Não é apenas a igualdade asséptica (e na realidade muito problemática se a si mesma limitada) da mera paridade dos sujeitos perante a lei. Esta acepção de liberdade será até em certo sentido injusta, quando tomada à letra: pois nem todos são iguais; e daí que a Equidade (que alguns, e bem, já a integram na própria Justiça) venha explicar que, se o que é igual reclama tratamento igual, já o que é desigual se deve tratar desigualmente.

E contudo, há quem chame também legitimamente a atenção para que uma simples "igualdade à partida" poderá mais não ser que uma dessas boas intenções que mascaram uma impossibilidade real de efectiva igualdade.

2.4.3. A Igualdade

O valor político da Igualdade,[35] inseparável dos demais, é (além do mais) ainda um complemento e uma explicitação do valor da Liberdade: pretende libertar aos demasiado ricos do fardo da sua riqueza e aos demasiado pobres da sina da sua pobreza. Não *igualitarizando-os*, obviamente, mas mostrando-lhes o predomínio do Ser sobre o Ter: que a hipervalorização do material obnubila. Ao dizer a um e a outro que são iguais, iguais em essência, iguais em dignidade, irmana-os na mesma condição humana, liberta-os a uns da arrogância, da auto-suficiência e do desprezo, e a outros

---

[35] Por todos, ALBUQUERQUE, Martim de (com a colaboração de Eduardo Vera Cruz). *Da Igualdade. Introdução à Jurisprudência*, Coimbra, Almedina, 1993; SILVA, Fernanda Duarte Lopes Lucas da. *Princípio Constitucional da Igualdade*, 2ª ed., Rio de Janeiro, Lumen Juris, 2003. Clássico: ROUSSEAU, Jean-Jacques. *Discurso sobre a origem e os fundamentos da desigualdade entre os homens*, trad. port., Porto, Athena, 1964. Numa perspectiva "crítica", *v.g.*, COELHO, Fábio Ulhoa. "Princípios Jurídicos do Capitalismo: Igualdade", in *Direito e Poder*, 1ª ed., 2ª tiragem, São Paulo, Saraiva, 2005, p. 91 ss.

da inveja, do ódio e da subversão. A Igualdade é assim outra coisa que a nivelação, e é muito mais que a parificação de riquezas materiais: é um valor também antropológico e tem uma dimensão ética.

Ao afirmarmos que o Homem é Livre, é um sem número de consequências que daí resultam. Não menos ao afirmarmos que os Homens são iguais. O problema é sempre o afirmado por Rousseau, quase a começar o seu *Contrato Social* – é que *por toda a parte dos Homens estão a ferros*. É a diferença que vai do valor ao *slogan* ...[36] Mais atestando não apenas a polissemia destas expressões, como o seu diverso uso prático.

2.4.4. A Justiça

A Justiça desdobra-se em várias dimensões. Até porque a Justiça é valor, é princípio, é fim e é virtude.[37] Para alguns, a máxima virtude até: porque, ao contrário das demais, tem repercussão nos outros, não se limita a beneficiar o sujeito virtuoso individualmente. Tal já tinha sido explicitado antes de Aristóteles, mas este fez questão, na sua *Ética a Nicómaco*, de o sublinhar.

A Justiça é talvez o valor juspolítico mais complexo.

Em primeiro lugar, pela multiplicidade de dimensões, já referida. Ao ponto de ser considerada por alguns não como um único valor, mas como um feixe de valores, "o conjunto dos valores superiores constitucionalmente consagrados".[38] O que tem sentido, sobretudo se considerarmos aqueles "valores" jurídicos *lato sensu*, que alguns autonomizam, e outros tendem a fazer encerrar na própria ideia de Justiça, como a ordem, a paz (social), o respeito pela pessoa, a solidariedade e a segurança, e até a própria liberdade no plano não propriamente político (*rectius*: vista sob o prisma do jurídico).[39] Perguntamo-nos, todavia, se não seria preferível considerar esses "valores", em geral, como princípios. Há, na verdade maximalismo e minimalismo na consideração do que sejam valores.[40]

---

[36] Recordamos, a propósito, que foi o que, à sua maneira (muito própria quanto ao que sejam um e outro dos valores), observou LENINE. *Como iludir o Povo com os slogans de liberdade e igualdade*, trad. port., Coimbra, Centelha, 1974.

[37] Cf., no plano jusfilosófico, a síntese de CHORÃO, Mário Bigotte. *Introdução ao Direito, I. O Conceito de Direito*, Coimbra, Almedina, 1989, p. 75 ss., que considera a justiça nas suas várias perspectivas de fim, valor e virtude; Idem. *Temas Fundamentais de Direito*, Coimbra, Almedina, 1986, p. 65 ss., máx. 72 ss. Preferindo a perspectiva da Justiça como virtude, MONTEJANO (H.), Bernardino. *Ideologia, Racionalismo y Realidad*, Buenos Aires, Abeledo-Perrot, 1981, p. 240 ss.

[38] SOUSA, Marcelo Rebelo de. *Lições de Direito Administrativo*, Lisboa, Pedro Ferreira, 1995, p. 144.

[39] Considerando estes valores, "como valores jurídicos que coexistem com a Justiça no firmamento axiológico do Direito", TEIXEIRA, António Braz. *Sentido e Valor do Direito. Introdução à Filosofia Jurídica*, 2ª ed., Lisboa, Imprensa Nacional-Casa da Moeda, 2000, p. 288.

[40] Caso de minimalismo parece ser o de GODDARD, Jorge Adame. *Filosofía Social para Juristas*, México, Universidad Nacional Autónoma de México / Mc Graw –Hill, 1998, p. 192 ss., considerando princípios da ordem social alguns dos que consideramos valores (como a liberdade e a justiça), além de outros (bem comum, subsidiariedade, prioridade do trabalho e destino comum dos bens.

Outra faceta da complexidade da Justiça decorre de alguns dos seus aspectos se poderem com facilidade imputar a outro valor, especialmente à Igualdade. Como sabemos dos Antigos, o Justo é, *de uma certa forma*, o Igual. Contudo, cremos que uma aportação importante para um recorte mais fiel e determinado da Justiça será precisamente o que decorre das diversas formas da mesma talhadas pela navalha de Aristóteles (para fazer um símile com Ockham). O qual, cortando o nó górdio da síncrise normativa, especificou uma justiça geral (virtude), e uma justiça particular (a jurídica), podendo ainda quiçá considerar-se dentro da primeira, ou a seu lado, uma dimensão mais política ainda, a que hoje chamaríamos "justiça social", e a que outros procuraram captar dentro do vasto e igualmente datado conceito de "bem comum".

2.5. DIALÉCTICA SOCIAL DOS VALORES POLÍTICOS

Os valores não agradam a todos, e sobretudo nem todos os valores agradam da mesma forma a toda a gente. E mais ainda: mais que os valores, a conotação dos mesmos pode provocar adesão ou repulsa. Há uma vida social dos valores.[41] A neutralidade da Constituição é uma quimera[42] (o que não quer dizer que não possa haver consenso e compromisso constitucionais, evidentemente).

Os espíritos conservadores de todos os quadrantes, que em todos os há (falamos objectivamente, sem qualquer intenção pejorativa ou estigmatizadora) têm tendência a privilegiar a segurança (independentemente da Liberdade ou da Justiça – e naturalmente também da Igualdade), que lhes parece condição de tudo o mais.

Os espíritos mais burocráticos, racionalistas e utópicos, também existentes sob as bandeiras de várias cores políticas (e continuamos a tentar falar objectivamente) propendem, por seu turno, para tudo querer submeter a um ideal abstracto de Igualdade (na verdade, desejam a uniformização) de onde lhes parece vir a resultar a felicidade geral. Como a igualdade não existe em estado livre, tem sempre de ser arquitectada teoricamente por quem raras vezes é capaz de se não reservar os melhores proventos na distribuição, contradizendo assim o ideal. Essa é uma dessas leis de bronze do real. Mas o valor em si não fica sequer beliscado: apenas o seu exagero racionalista, burocrático, totalitário.

[41] Cf., *v.g.*, ALMEIDA, João Ferreira de. *Valores e representações sociais*. Col. António Firmino da Costa. Lisboa, Fund. Calouste Gulbenkian, 1990.

[42] TAVARES, André Ramos. *Tratado da Arguição de Precepto Fund*amental, São Paulo, Saraiva, 2001, p. 128; Idem. *Elementos para uma Teoria Geral dos Princípios na Perspectiva Constitucional*, in *Dos Princípios Constitucionais. Considerações em torno das normas principiológicas da Constituição*, org. de George Salomão Leite, p. 21 ss.

Os espíritos integral e genuinamente livres, por fim, se não forem ingénuos, assumirão outras vistas. Conhecendo a complexidade dos problemas e as tentações e imperfeições humanas, optam, antes de mais, e como primeiro e último reduto, pela Liberdade. Uma Liberdade com Justiça, e que não olvida a Igualdade. Porque a Justiça tanto é um rigoroso princípio de Direito (e o seu princípio determinante): o dar o seu a cada um (*suum cuique tribuere*), como ainda é uma constante e perpétua vontade (*constans et perpetua voluntas*) de fazer Justiça no mundo (esta última parece remeter para uma Justiça social – e não para um mero titularismo jurídico). E aí, sem os mal-entendidos das perversões da Igualdade, a Justiça brilha como sol entre os valores políticos: porque a Justiça parecer ser como que a medida de Liberdade e Igualdade.

2.6. VALORES POLÍTICOS NUMA ÉTICA CONSTITUCIONAL

2.6.1. Da Teoria Constitucional à Vivência Constitucional

A Constituição da República Portuguesa de 1976 parece ter sido manancial inspirador da Constituição espanhola de 1978. E com base nessa obra em grande medida pioneira, os constituintes espanhóis (com toda a sua criatividade, inventiva, e respondendo aos seus reptos próprios) foram capazes de dar o passo seguinte. Tornaram claro e distintos, logo no primeiro artigo da Constituição Espanhola, os valores já expressos para a nossa ordem jurídica. Magnífico passo de gigante.

Evidentemente que ninguém foge à sua circunstância: e, com medo decerto de tentações totalitárias, depois de interessantes debates, acabariam, como vimos, por atribuir excessiva importância formal[43] (promovendo a valor político) ao *pluralismo político* (nomeadamente a pensar no pluralismo partidário). Mas aparte este excesso de zelo, é importante ver que a Constituição Espanhola ajuda assim a ler tanto as ulteriores como a portuguesa, a si anterior. Aí estão os três grandes valores políticos: Liberdade, Igualdade e Justiça. Valores superiores bem lhes chamaram os constituintes de Madrid.

Perguntar-se-á para que servem os valores políticos tornados formalmente constitucionais. Para quem tem do Direito uma visão imediatista, dir-se-ia mesmo míope, parece serem meras palavras vagas, sem qualquer importância prática. Sociologicamente, podemos observar que uma ordem (ainda que mal dada, ainda que ilegal) de um ditador em miniatura, numa repartição, ou uma circular de um pequeno burocrata, têm efeitos directos, imediatos, e quantas vezes fatais (irrecuperáveis) na nossa vida jurídica de

[43] Não está em causa, como é evidente, a enorme transcendência material do pluralismo político. Só que tal não faz dele o que ontologicamente não é.

todos os dias. É a realidade ainda política, muito política do micro-poder, ou da microfísica do poder.[44]

Contudo, num Estado de Direito Democrático espera-se que, accionando os mecanismos de garantias, o cidadão lesado, o funcionário injustiçado, possam ver brilhar de novo a Justiça no firmamento da ordem jurídica. A teoria constitucional tem de, num Estado de Direito Democrático, concretizar-se em *praxis* constitucional, vivência constitucional e vivência jurídica e política de acordo com a Constituição.

Ora, a pairar, tutelares como deuses benfazejos, velando pela reposição do legal e do justo, estão os valores juspolíticos da Liberdade, da Igualdade e da Justiça. Desde logo, e para além de muito mais concretizações: quando um agente jurídico, quando um aplicador do Direito (e todos nós somos aplicadores do Direito, e mais vezes do que supomos) tem uma dúvida de interpretação, sobre o sentido ou o alcance de uma norma ou de um sistema de normas, deve antes de mais perguntar-se qual das soluções é mais concorde com a Liberdade, mais promove a Igualdade, mais contribui para que se atribua a cada um o que é seu, ou seja, mais se faça Justiça.

Em mil e um casos concretos se coloca a questão. E é uma pedra de toque. O burocrata agarrar-se-á à ordem e à letra da norma. Mas o jurista compreenderá que há uma hierarquia das fontes, em cujo topo está a Constituição, na qual o mais importante são os valores, seguidos dos princípios, e das normas – estas por sua vez com sua hierarquia específica.[45]

Estas simples verdades que qualquer caloiro de Direito deve saber, parece depois tornarem-se matéria transcendente mais tarde, quando os caloiros passam a "drs.", tanto são olvidadas por quem decide.

2.6.2. Dimensões da Ética Republicana

Nos nossos dias, e tendo Portugal a Constituição que tem (e não só Portugal: o Brasil também, entre tantos outros; mas não esquecemos o

[44] FOUCAULT, Michel. *Microfísica do Poder*, antologia com org., introd. e trad. de Roberto Machado, Rio De Janeiro, Graal, 1979.

[45] Cf., *v.g.*, com relevância diversa para o tema, mas surpreendendo-o nas suas diversas facetas, COSTA, J. M. Cardoso da. *A Hierarquia das Normas Constitucionais e a sua Função de Protecção dos Direitos Fundamentais*, in "Boletim do Ministério da Justiça", nº 396, Lisboa, 1990; OLLERO TASSARA, Andres . *La Constitución: entre el Normativismo y la Axiología*, in *Derechos Humanos y Metodología Juridica*, Madrid, Centro de Estudios Constitucionales, 1989, p. 226 ss.; BACHOF, Otto. *Normas Constitucionais Inconstitucionais?*, trad. port., Coimbra, Atlântida, 1977; FREITAS, Juarez. *A Substancial Inconstitucionalidade da Lei Injusta*, Petrópolis, RJ, Vozes; Porto Alegre, RS, EDIPUCRS, 1989; CANOTILHO, José Joaquim Gomes. *Constituição dirigente e vinculação do Legislador contributo para a compreensão das normas constitucionais programáticas*, Coimbra, Coimbra Editora, 1982; CARPINTERO, Francisco. *Princípios y Normas en el Derecho: una alusión intempestiva,* in "Anuario de Derecho", Universidad Austral, Buenos Aires, Abeledo-Perrot, nº 4, 1998, p. 53 ss.; GARCIA DE ENTERRIA, Eduardo. *La Constitución como norma juridica*, in "Anuario de Derecho Civil", série I, nº 2, Madrid, Ministerio de Justicia y Consejo Superior de Investigaciones Cientificas, p. 292 ss.; Idem. *Reflexiones sobre la Ley y los Principios Generales de Derecho*, reimpr., Madrid, Civitas, 1986.

justo epíteto de "Constituição cidadã" para a Lei Fundamental brasileira), a especificação natural da Ética Constitucional será a de *Ética Republicana*.[46]

O discurso sobre a ética republicana tem tido uma recepção apenas muito selecta em Portugal. Em ocasiões graves, é ela invocada, sem que o sintagma tenha, contudo, uma repercussão efectiva no auditório nacional, nem sequer nos meios de comunicação social. E contudo uma ética republicana, sobretudo se procurar ser original como procurou ser a nossa Constituição, sem enjeitar legados universais, seria uma urgência.

Não pode a teoria constitucional e política rigorosa embarcar em apropriações indevidas de conceitos com uma sedimentação semântica constituída minimamente. A ética republicana não pode, nem obviamente deve, ser entendida como um discurso anti-valores ou sequer uma alternativa a uma moral corrente, sem dimensão imediatamente política, seja rigorista tradicionalista, seja laxista modernista. É uma ética pública, eminentemente política, atinente a valores e comportamentos políticos, e não pessoais, ou mesmo de uma sociabilidade intersubjectiva "privada". Coisa diferente seria uma contradição com os próprios valores de contenção (não dizemos "neutralidade" absoluta) e de preservação da esfera privada do Estado de Direito Democrático. Por isso, a ética republicana é minimalista, no sentido de buscar o mínimo denominador comum axiológico (não de forma estatística, mas por uma sociologia já axiologizada – que fora, aliás, a forma de encontrar em Roma o próprio Direito, no processo do *ius redigere in artem*). A ela repugna todo o totalitarismo, a começar pelo totalitarismo em matéria moral, que bem se sabe poderia transformar o Estado numa vasta prisão. O exemplo do moralismo da Genebra de Calvino, retratado excelentemente por Stephan Zweig,[47] é o de uma ética republicana ao contrário. Em que precisamente a república serve uma determinada moral de fundo religioso. Ora a ética republicana é autónoma face a essas determinações, embora, como é evidente, possa ter com todas momentos de intersecção.

---

46 Cf., de entre multidão, *v.g.*, OVEJERO, Félix *et al.* (org.). *Nuevas Ideas Republicanas*, Barcelona / Buenos Aires, México, Paidós, 2003; PETIT, Philip. *Republicanism. A Theory of Freedom and Government*, Oxford, Oxford University Press, 1997; CANOTILHO, José Joaquim Gomes. *O Círculo e a Linha. Da 'liberdade dos antigos' à liberdade dos modernos' na teoria republicana dos direitos fundamentais*, recolhido hoje *in Estudos sobre Direitos Fundamentais*, Coimbra, Coimbra Editora, 2004, p. 27 ss.; REIS, António (coord.). *A República Ontem e Hoje*, II curso Livre de História Contemporânea, Lisboa, Colibri, 2002; ALAIN. "La République est difficile", in *Propos de*, ed. Paris, Gallimard, Col. La Plêiade, I, 1956, p. 1258; POCOCK, J. G. A. *The Machiavellian Moment. Florentine Political Thought and the Atlantic Republican Tradition*, Princeton/Londres, Princeton University Press, 1975; STEVENS, Richard G. / FRANCK, MaattheW J. (eds.). *Sober as a Judge: The Supreme Court and Republican Liberty*, Lanham, Lexington Books, 1999.

47 ZWEIG, Stephen. *Castélio Contra Calvino*, 7ª ed., trad. port., Porto, Livraria Civilização, 1977. V. ainda, para a época e problemática, *Idem. Erasmo de Roterdão*, 9ª ed., trad. port., Porto, Livraria Civilização, 1979.

Contudo, não é uma ética meramente etiológica, indagadora do *ethos*, mas comunga do *pathos* político, e só terá valor se se assumir com alguma normatividade.[48]

Na ética republicana cuidamos deverem desde logo distinguir-se duas dimensões: ética individual e ética política.

2.6.2.1. *Ética Republicana e Valores políticos*

A primeira dimensão da ética republicana é precisamente a dos valores políticos, que podem variar, a nosso ver, consoante o cunho próprio de uma Constituição, embora, dada a cultura democrática social generalizada de hoje, seja complicado, *prima facie*, prescindir por completo dos valores políticos liberais, democráticos e sociais.[49]

Admitimos que alguns, menos socialistas que o projecto social ainda subsistente (após muitas revisões constitucionais) [50] na Constituição portuguesa de 1976, prefiram a "equidade" à "igualdade", para se porem a salvo do igualitarismo nivelador. Mas a igualdade é já equidade, e a justiça mesma também o é já. A cautela é excessiva ... e pode-se revelar perigosa, por poder criar desigualdades efectivas (sob a capa da equidade) por via hermenêutica.

Admitimos que outros prefiram a expressão solidariedade ou fraternidade – mas não se muda muito substancialmente o sentido dos valores constitucionais gerais.

Aliás, se a igualdade é considerada, por exemplo por um Bernard Crick,[51] o valor político específico dos socialistas democráticos (social-democratas e trabalhistas incluídos), a verdade é que ela está também presente na tríade de objectivos do pai dos liberais verdadeiros (não dos anarco-capitalistas), Adam Smith. O qual, para maior espanto ainda de alguns, considerava explicitamente a tríade valorativa política que identificámos na Constituição da República Portuguesa: Liberdade, Igualdade e Justiça.[52]

O problema da escassa variedade de valores alternativos no domínio político-constitucional deriva do facto de os valores não poderem ser anti-

---

[48] A distinção entre ética descritiva, etiológica (ou fisiologista) e ética prescritiva ou normativa vai sendo assimilada mesmo pela grande divulgação. Cf., *v.g.*, GAARDEN, Jostein; HELLERN, Victor; NOTAKER, Henry. *Religionsboka*, trad. port. de Isa Mara Lando, revisão técnica e apêndice de António Flávio Pierucci, *O Livro das Religiões*, São Paulo, Companhia das Letras, 2005, p. 284 ss.

[49] Cf. já LEIBHOLZ, Gerhard. *O Pensamento Democrático como Princípio Estruturador na Vida dos Povos Europeus*, trad. port., Coimbra, Atlântida, 1974.

[50] Cf., *v.g.*, COSTA, José Manuel Cardoso da. *A Evolução Constitucional no Quadro da Constituição da República de 1976*, Lisboa, Tribunal Constitucional, 1994.

[51] CRICK, Bernard. *Socialism*, Open University, 1987, trad. port. de M. F. Gonçalves de Azevedo, *Socialismo*, Lisboa, Estampa, 1988.

[52] E a moderação política não se limitará a estas famílias, englobando, segundo Freitas do Amaral, por exemplo, também, e desde logo, a democracia cristã (certamente na sua versão de centro e centro-esquerda até). v. MONEREO ATIENZA, Cristina. *Ideologías Jurídicas y cuestión social*, tese policóp. na Univ. Carlos III, 2006, p. 158 ss.

valores, por um lado, e, por outro, de que o próprio molde juspolítico "Constituição" implica um padrão de democraticidade, cidadania, etc. que se não compatibilizaria com um texto que proclamasse, por exemplo, os valores da raça pura, da elite segregadora, ou do belicismo ...

2.6.2.2. Ética Republicana e Virtudes

A segunda dimensão a considerar é a dimensão da ética republicana individual, que quase se diria "moral republicana", moral da República, pela qual as virtudes republicanas (como esta expressão está infelizmente fora do léxico comum!) seriam exercidas. E elas são muitas: desde a prudência à coragem e à justiça enquanto virtude.

Pressuposto óbvio desta "moral" é o conjunto de virtudes básicas de honestidade, as quais, em ambientes políticos de corrupção ou suspeita dela, acabam por ser elogiadas em alguns políticos mais rígidos ou menos sorridentes (como se afabilidade fosse sinal de menor inteireza ética), quando, em verdade, deveriam ser *conditio sine qua non* de todos, sem excepção – e jamais constituir motivo de espanto.

Por outro lado, as virtudes políticas não podem ser apenas procuradas nos políticos. Elas são, na verdade, virtudes de cidadania. E, como tais, implicam todos os cidadãos. Se o escândalo entre os actores da ribalta política, de tão normal em certos países, já não causa sequer admiração, o que constituiu uma forma de cauterização ética profunda, que produz insensibilidade e embota o são direito à indignação, a verdade é que cada um tem de pensar duas vezes antes de lançar a primeira pedra. Não, evidentemente, que o cidadão comum possa olhar-se no espelho da sua consciência como corrupto. A tanto se não chegou. Mas há uma difusa culpa (semelhante à "culpa na formação da personalidade" em Direito penal) de *deficit* geral de cidadania. Cada cidadão, criticando (ou sofrendo apenas e não participando) se torna um pouco culpado. E deveria, de dever político e ético, participar: logo no bairro que é a sua *polis*. E não com voluntarismo acéfalo, ainda que generoso, mas com contributo sério e estudo e ponderação dos problemas da coisa pública. Não o fazendo, torna-se passivo cúmplice do *statu quo*. E temos de reconhecer que (com a atenuante embora de um quotidiano delirante de excesso de trabalho e burocracia, no qual o cidadão normal se esgota) a cidadania é pouco exercida. A ideia egoísta de que as coisas públicas devem ser deixadas "aos outros", de que a culpa é sempre "do Estado", ou "do governo", "dos políticos" ou simplesmente "deles", é cómoda, mas acaba por se virar contra quem dela usufrui. Jamais os outros tratarão bem dos nossos problemas. Essa a grande justificação de um princípio antigo, da *autarkeia*, que é o princípio da proximidade das decisões, ou da subsidiariedade. Melhor cuida das coisas aquele *a quem dói na fazenda ...* ou na vida, honra, liberdade, etc.

Mas evidentemente que o Estado deverá dar efectivas condições de participação, a todos os níveis.

Não sabemos, pois, qual a "crise" maior, e mais profunda: se a que na verdade se reconduz a uma indecisão e inquietação quanto a certos valores comuns que não o são, nem podem sê-lo numa sociedade muito pluralista social e moralmente, se a efectiva crise das virtudes da cidadania – as quais, ao contrário das virtudes gerais, não sofrerão de particulares angústias ...

Inversamente ao que ocorre com o lugar comum da crise dos valores, a crise das virtudes não se encontra muito na moda. Mas ela é, sem dúvida, o outro rosto[53] da crise da nossa ética republicana, que no fundo (e para além da falta de imaginação e qualificação de muitos dos actores políticos, fruto da sua endogâmica e deficiente selecção) está na base da crise da democracia, do Estado e do Direito, hoje.

---

53 Não opomos, pelo contrário fazemos confluir, na teoria da constituição, e especificamente na ética constitucional, os valores e as virtudes. Há a nosso ver lugar para ambos, e para a compatibilização entre ambos. Sobre um alegado excesso de utilização constitucional de valores se tem debruçado recentemente António-Carlos Pereira Menaut, da Universidade de Santiago de Compostela.

3. Interdisciplinaridade e Cidadania[54]

3.1. INTERDISCIPLINARIDADE(S)

3.1.1. Ventos Interdisciplinares

"De há uma vintena de anos – escrevia, já em 1980, Paul Claval, numa obra que se tornou clássica – que as preocupações e os problemas de todos os práticos vêm a aproximar-se. Os historiadores descobrem as dimensões etnológicas e sociológicas das civilizações antigas e completam a visão economista que haviam adoptado há uma ou duas gerações. Os geógrafos deleitam-se a reconstituir a disposição de mundos passados e debruçam-se sobre os processos e as evoluções; aproximam-se também dos economistas, dos sociólogos e dos etnólogos. Estes últimos espreitam o campo dos linguistas. Os economistas abandonam o ponto de vista estritamente normativo que os isolava e encontram-se frente a problemas que os sociólogos e os geógrafos enfrentam desde há muito".[55]

Apesar desta assacada normatividade isolacionista dos economistas, sempre houve, porém, quem concebesse a própria economia – a quem alguns acusam de desejar conhecer o preço de tudo, mas não saber o valor de nada – com um enciclopedismo multidisciplinar.

---

[54] Texto elaborado a partir de duas intervenções orais, mais desenvolvidas: *Saberes, Interdisciplinaridade e Cidadania*, conferência proferida no I Colóquio Luso-Brasileiro Cidadania e Interdisciplinaridade, na Universidade Federal do Estado do Rio de Janeiro, em Dezembro de 2004, e *Direito Constitucional, Direito e Interdisciplinariedade*, conferência proferida no ciclo de palestras "Direito Constitucional. Teoria e Prática Interdisciplinar", no âmbito dos Cursos de Extensão da Escola Superior de Direito Constitucional, São Paulo, de 5 a 19 de Junho de 2006.

[55] Texto original: "Depuis une vingtaine d'années, les préoccupations et les problèmes de tous les praticiens se rapprochent. Les historiens découvrent les dimensions ethnologiques et sociologiques des civilisations anciennes et complètent la vision économiste qu'ils avaient adoptée il y a une ou deux générations. Les géographes se délectent à reconstituer l'ordonnance des mondes révolus et s'appesantissent sur les processus et les évolutions; ils se rapprochent aussi des économistes, des sociologues et des ethnologues. Ces derniers regardent du côté des linguistes. Les économistes abandonnent le point de vue strictement normatif qui les isolait et se trouvent face à des problèmes que les sociologues et les géographes rencontrent depuis longtemps." CLAVAL, Paul. *Les Mythes fondateurs des sciences sociales*, Paris, PUF, 1980, p. 5.

Um economista – como dizia agudamente Shackle[56] – não necessita somente de ser um matemático, mas também um filósofo, um psicólogo, um antropólogo, um historiador, um geógrafo e um estudioso da política; um mestre na exposição em prosa – não precisa, *hélas*, de ser poeta – e um homem do mundo com experiência de negócios e finanças práticas, compreendendo os problemas da administração, e dominando umas quatro ou cinco línguas estrangeiras.

Mesmo a Economia, hoje em grande medida toda-poderosa, sabe que precisa de outros saberes.

O mesmo está a suceder com as disciplinas ditas "duras", que na subtileza – não podemos dizer "moleza" aqui no Brasil, que pode ter outras conotações – das ciências sociais e humanas têm buscado também a redescrição dos seus próprios paradigmas, a inspiração de novos continentes. Há sempre uma *passagem do noroeste*[57] desconhecida que espera pela interdisciplinaridade.

3.1.2. Obstáculos à Interdisciplinaridade

A interdisciplinaridade esbarra, contudo, com alguns obstáculos, e um deles é o isolacionismo da "especialite", doença da especialização *a outrance*, que se alia, não raro, ao corporativismo de certas classes docentes e/ou profissionais, as quais vêem na impermeabilidade epistemológica uma espécie de garantia do esoterismo dos seus saberes, da sua superioridade científica e social, perpetuando concomitantemente um estatuto social ligado às respectivas práticas.

Dialogar com o outro, e sobretudo deixar que uma outra racionalidade entre na sua casa científica, seria perigoso para essas congregações cristalizadas. Ou para a cristalização nas congregações, para ser mais exacto.

Apenas um par de exemplos: muito óbvios, aliás. Se olharmos os *curricula* de muitas e muitas faculdades de direito ou de medicina pelo mundo fora, veremos que aqueles que consagram lugar a matérias extra-jurídicas ou extra-médicas são muito poucos.

Esse fechamento ao demais mundo é sinal de uma perspectiva universitária sobretudo napoleónica e positivista do estudo do direito. Na medicina, o positivismo é também imperante – com a agravante de não ter havido (pelo menos que seja visível aos oficiais de outros ofícios), ao contrário do que vai ocorrendo apesar de tudo no direito, uma estruturada reacção anti-positivista interna.

---

[56] SHACKLE, G. L. S. *What makes na economist?*, The University Press of Liverpool, 1953, p. 1.

[57] SERRES, Michael. *Hermès, V. Le Passage du Nord-Ouest*, Paris, Minuit, 1980.

3.1.3. Ambiguidade de oclusão e abertura. O exemplo do Direito

Há contudo no exemplo do direito uma duplicidade, uma ambiguidade, que a um tempo nos poderá deixar confusos, para depois resolver, iluminando-nos, um problema mais geral – precisamente o das relações entre a interdisciplinaridade e a cidadania.

Por um lado, o direito fecha-se. Até há poucos anos, o curso de direito destacava-se de todos os demais pela sisudez dos seus mestres, pelo indigesto das suas matérias, pela aridez das suas teorias, pela classe social média-alta ou com clara pretensão ascendente dos seus estudantes, que evidentemente se distinguiam no modo de falar, na pose, e até no vestuário. Ainda hoje não será muito distante este retrato para faculdades mais tradicionalistas. Os *curricula* de direito, como dissemos, poucas matérias têm além das jurídicas, evitam equivalências, transferências e diálogos.

Mas, este retrato é empobrecedor. Por detrás da máscara da sisudez e maçadoria gerais, há mestres brilhantes e brilhantemente subversivos, há teorias que revolucionaram o mundo (o *super-ego* foi descoberto por um jurista, Hagestrom, algum tempo antes de Freud, e ainda – para aumentar a interdisciplinaridade – significativamente apresentou a sua tese numa Faculdade de Letras), há o fervilhar da revolução e do progresso nas horas vagas dos códigos pétreos, há até a liderança das grandes contestações estudantis, e as Faculdades de Direito são alfobres de políticos, de todos os quadrantes.

Se dentro dos *curricula* jurídicos subsiste uma certa impermeabilidade, não se pode esquecer que em muitos países as Faculdades de Direito foram pioneiras de estudos politológicos e sociológicos, e delas emergiriam (e delas em parte se viriam depois a destacar) as ciências económicas. Quantos ministros das Finanças não saíram das Faculdades de Direito portuguesas! E bem depois de Salazar.

Impermeabilidade dentro de Casa, mas grande abertura ao diálogo, fora dela. É a nosso ver impressionante o rol de relações inter-disciplinares dos juristas. E isso mesmo quando a questão não era explicitamente focada, nem se tinha ainda desvirtuado em moda. Porque as modas são sempre banalizações.

A lista de juristas literatos, é um rol imenso. Mesmo poetas, o que é mais de estranhar. O árcade Elpino Duriense, grande intelectual do século das Luzes, historiador, organizador da Biblioteca Nacional de Lisboa, jurista canonista exímio e contraditor temível do celebrado absolutista Pascoal de Melo Freire,[58] sintetizou a união entre as Poesia e Direito:

---

[58] Para mais desenvolvimentos, v., por todos, PEREIRA, José Esteves Pereira. *O Pensamento Político em Portugal no Século XVIII. António Ribeiro dos Santos*, Imprensa Nacional – Casa da Moeda, Lisboa, 1983; CUNHA, Paulo Ferreira da. *Temas e Perfis da Filosofia do Direito Luso-Brasileira*, Lisboa, Imprensa Nacional. Casa da Moeda, 2000, p. 87 ss., máx. p. 137-183.

"Vós perguntais as razões
Porque tenho noite e dia
Sobre a meza em companhia
As Pandectas e o Camões:
He, se vós a não sabeis,
Que a leitura do Poeta
He correctiva dieta
Depois de ter lido as Leis".[59]

Artistas plásticos também os há, e não poucos. Se juntarmos aos que das Letras e das Artes fazem violino de Ingres das profissões jurídicas os que a estas profissões abandonaram, teremos uma lista muito maior.

Diga-se também que estas proezas curiosamente se vêem em grau aproximado nos médicos. Há, porém, num e noutro caso, um reparo atenuador: é que durante muito tempo os cursos mais cotados socialmente foram os de Medicina e Direito, e mesmo em muitos casos, independentemente do prestígio e previsão da rentabilidade do investimento, as opções alternativas não eram muito vastas nem cativantes.

A inter-disciplinaridade mais se vê, porém, em reais contactos e intercâmbio de saberes e métodos entre disciplinas do que pela coincidência de labores ou vocações, ou mesmo sucessão de uns e de outras nas mesmas pessoas, ainda que célebres.

Ainda neste caso o direito se afigura como um exemplo digno de estudo.

Para o arguto filósofo das ciências (e antigo marinheiro – mais interdisciplinaridade) Michel Serres, o Direito precede a Geometria.[60]

Para o teórico da Literatura e Semiótica Roland Barthes teria sido por questões jurídicas que surgiu a Retórica na Antiguidade.[61]

A álgebra ter-se-ia inspirado, para as suas incógnitas, nos casos práticos académicos romanos: passando a serem formalizadas como x, y, e z, as personagens hipotéticas que davam pelos nomes de Caius, Titius e Sempronius.

Já se comparou o direito à "medicina da cultura" e as metáforas médicas são relativamente frequentes em certo tipo de escritos jurídicos: etiologia, patologia, prognose, terapêutica, prevenção e cura, etc., tanto podem aplicar-se a doenças da alma colectiva como às doenças do corpo.

No direito político se vêem grandes influências teológicas: a separação do poder em três poderes lembra o dogma da Santíssima Trindade – três Pessoas distintas e (em) um só Deus verdadeiro –, e o contrato social terá

[59] SANTOS, António Ribeiro dos. *Poesias de Elpino Duriense*, 3 vols., Lisboa, Na Impressão Régia, 1812, vol. III, p. 136-137.

[60] SERRES, Michel. *Le contrat naturel*, François Bourin, Paris, 1990, máx. p. 87, p. 93 ss.

[61] BARTHES, Roland. *L'Aventure sémiologique*, Paris, Seuil, 1985.

sido inspirado, segundo Michel Villey,[62] na aliança de Jeová com seu povo. Mas o método jurídico terá também impregnado a teologia, quiçá pela via do direito canónico.

Quanto às relações entre o Direito e as Ciências Sociais, elas são profundas, mais evidentes até para os profanos que outras afinidades, e, polarizam-se em diversas posições antinómicas, desde a afectividade à neutralidade afectiva (que também existem, obviamente, entre os saberes), e até algum conflito.[63]

Para além da importação e exportação de operadores, tópicos, paradigmas, há ainda a citação, a intertextualidade, a alusão, a referência ou a alegoria a partir de questões jurídicas.

Até a música tem servido de forma ilustrativa do direito: o *Bolero* de Ravel parece ser a exemplificação da teoria da pirâmide normativa de Hans Kelsen – pela qual as normas se vão gerando umas às outras, como num movimento de espiral descendente, ou ascendente, desde a norma das normas, a *Grundnorm*, até à norma que nos toca directamente – e que pode ser um regulamento policial banalíssimo.[64]

As óperas estão cheias de questões jurídicas, bem como o cinema, o teatro e a literatura. Ao ponto de ser difícil encontrar exemplos dessas artes que, de um modo ou de outro, não possam ter relação com o direito.

Apesar do frequente excesso de informação nas estátuas ou pinturas da justiça – que jamais correspondem a um verdadeiro símbolo jurídico se continuarem a ostentar cumulativamente venda, balança e espada[65] – essas Belas Artes continuam a procurar formas de representar o ideal ou a prática do direito.

O continente de estudos *Law and Literature*[66] justamente se encontra dividido em *Law as Literature* e *Law in Literature*. Na verdade, não se trata

---

62 VILLEY, Michel. *Théologie et Droit dans la science politique de l'Etat Moderne*, Rome, Ecole française de Rome, 1991 (separata).

63 Sobre as fronteiras e relações entre os domínios em causa, cf. ainda STONE, Julius. *Law and the Social Sciences in the Secnd Half Century*, Minneapolis, University of Minnesota Press, 1966, trad. cast. de Remigio Jaso, *El Derecho y las Ciencias Sociales*, México, Fondo de Cultura Económica, 1973, max. p. 62 ss.

64 Desenvolvendo este pensamento, o clássico KELSEN, Hans. *Reine Rechtslehre*, trad. port. e prefácio de João Baptista Machado, *Teoria Pura do Direito*, 4ª ed. port., Coimbra, Arménio Amado, 1976.

65 Cf., por todos, CRUZ, Sebastião. *Ius. Derectum (Directum)...*, Coimbra, ed. de l'Auteur, 1974; RADBRUCH, Gustav. *Vorschule der Rechtsphilosophie*, trad. cast: *Introducción a la Filosofía del Derecho*, Mexico, Fondo de Cultura Económica, 1974.

66 V., *v.g.*, PAGE, William. *The place of Law and Literature*, in VLR, nº 39, 1986, p. 408 ss.; POSNER. *Law and Literature: a misunderstood relation*, Harvard, Harvard Univ. Press, 1988; SMITH, J. Allen. *The coming Renaissance in Law and Literature*, in JLE, nº 30, 1979, p. 13 ss.; THOMAS, Brook . *Reflections on the Law and Literature Revival*, in CI, 17 (1991), p. 510 ss.; WARD, Ian . *Law and Literature*, in "Law and Critique", IV, 1, 1993; WEISBERG, Richard . *Coming of age some more: 'Law and Literature' beyond the Cradle*, in NLR, nº 13, 1988; GOODRICH, Peter. *Reading the Law*, Oxford, Basil Blackwell, 1986. CALVO (GONZÁLEZ), Jose. *La Justicia como Relato,* 2ª ed., Málaga, Ágora, 2002 (1ª ed. 1996).

apenas de ver a presença abundantíssima do direito na literatura (*Law in Literature*), mas de compreender o direito como literatura, como texto submetido ou susceptível de ser submetido aos mesmos critérios hermenêuticos e às mesmas regras simbólicas e semióticas que foram tornadas claras para os textos literários em geral.

E o mais recente movimento do *legal storytelling* vai mais longe ao potenciar o contar de histórias jurídicas (normalmente de discriminação) como uma *praxis* política.[67]

Não interessará pulverizar agora os exemplos.

3.2. INTERDISCIPLINARIDADE E CIDADANIA

Como então partir daqui para teorizar, ainda que brevemente, a relação entre interdisciplinaridade e cidadania?

3.2.1. Ciência vendada, ciência fechada

A ambiguidade do direito é simbolizável nessa venda que nunca existiu na deusa Témis e que contudo lhe foi posta, historicamente primeiro como comédia, e depois como tragédia. Finalmente, como tragicomédia.

Direito de autoridade autoritária (de *potestas* e não de *auctoritas*), o velho direito parodiado, tal como o poder, na Idade Moderna, desde *A Nave dos Loucos*, é um direito profundamente alheio à ideia de cidadania. Mesmo se o direito romano ainda dela algum vislumbre pudesse reter após a redescoberta da sua codificação justinianeia, mesmo se Maquiavel tivesse sido republicano e democrata – o que desse tempo ressalta é o engrandecimento do Príncipe, e o advento do monstro estadual. Nesse momento, o humanismo jurídico, que almejava pelas núpcias da Filologia e da Justiça, é o grande perdedor. A glosa e o comentário continuam, apesar de todos os esforços modernos, e só com a codificação verdadeiramente serão superados.

O direito vendado é o direito ensimesmado, fechado em si próprio. É o direito que nada quer com os outros – que se julga auto-suficiente.

De nada valerão algumas florações pontuais, contrárias a esta tendência, ou dela moderadoras: aquela iluminura de um códice de Veneza datado de 1560, em que a Justiça se funde com a Prudência, com duas faces, sendo uma masculina e outra feminina,[68] ou essas outras representações de tratados alemães e holandeses dos sécs. XVI e XVII, representando uma Justiça

---

[67] Cf. CUNHA, Paulo Ferreira da. *Memória, Método e Direito*, Coimbra, Almedina, 2004.

[68] Manuscrito da Biblioteca do Museu Correr, em Veneza (Ms. Classe III 108): *Comissione del doge Girolan Priuli a Vettor Correr potestà di Torcello, Mazzorbo e Burano*.

com cabeça de Janus:[69] um rosto velado pela venda para denotar imparcialidade, e outro de olhos bem abertos para exprimir a visão aguda dos problemas. É que a cabeça de Janus – como recorda François Vallançon – é tida como a representação da essência contraditória do direito em geral.[70]

Tragicómica é já a explicação da venda por António José da Silva, o Judeu, de quem em 2005 se celebrou o centenário: ela serviria, segundo este mítico advogado e dramaturgo, para doirar de compostura, numa fachada de seriedade, uma justiça realmente vesga. Como se sabe, o Judeu acabaria na fogueira da Inquisição ...

Também tragicómicas parecem ser aquelas representações que de algum modo parodiam nos nossos dias o símbolo, retomando o seu sentido original de crítica: tal como no filme *And Justice for all*, de Norman Jewison, os criminosos libertados falam da roleta da justiça em vez da sua balança, assim também se vêem representações da justiça em que ela espreita por debaixo da venda, quiçá outras em que piscará o olho a uma das partes.

3.2.2. O Olhar da Ciência Aberta

O Direito de olhos bem abertos, quer de *Themis*, quer de *Iustitia,*[71] é um direito aberto às outras disciplinas: desde logo se afirma, nos próprios textos romanos, como verdadeira e prática filosofia: *cujus merito nos sacerdotes apellet (...) Veram nisi fallor philosophiam non simulatam affectantes.*[72]

Apesar do carácter ainda proto-jurídico da normatividade grega, e das grandes críticas que podem ser feitas ao direito romano, pela sua dureza (apesar de o Direito romano flexível de Michel Villey[73] ou Sebastião Cruz[74] tenha uma face muito mais simpática), o próprio Agostinho da Silva, exemplo aliás de lusofonia activa, reconheceu que aquela forma normativa, aliás a primeira que historicamente alcançou o plano da autonomia, o *Isolierung,*[75] o *ius redigere in artem*, constituiria a primeira fase, essencial, de uma longa evolução: o período da criação de uma linguagem normativa universal comum. Aludindo a esse pesado fardo que os Portugueses expor-

---

[69] Cf. KISSEL, O. R. *Die Iustitia. Reflexionen über ein Symbol und seine Darstellung in der bildenden Kunst*, Munique, Beck, 1984, p. 112 ss., e 120 ss.; TRIGEAUD, Jean-Marc. *Persona ou la Justice au double visage*, Génova, Studi Editoriali di Cultura, 1990, p. 49 ss., máx. p. 68-69; SELHERT, Wolgang. *Recht und Gerechtigkeit in der Kunst*, Götingen, Wallstein, 1993.

[70] "C'est la tête de Janus qui est censée représenter l'essence contradictoire du droit en général", afirma VALLANÇON, François. *Domaine et Propriété. Glose sur Saint Thomas d'Aquin, Somme Théologique, IIa IIæ Qu. 66, art. 1 et 2*, thèse, Université Paris II, t. I, Paris, 1985, p. 6, n. a).

[71] Cf., *v.g.*, JHERING, Rudolf von – *Scherz und Ernst in der Jurisprudenz*, trad. cast. par Tomás A. Banzhaf, *Bromas y veras en la ciencia juridica*, Madrid, Civitas, 1987, p. 9-10.

[72] D. 1, 1, 1, 1 = ULPIANUS, *lib.* 1 *Institutionum*.

[73] VILLEY, Michel. *Le Droit Romain*, 8ª ed., Paris, P.U.F., 1987.

[74] CRUZ, Sebastião. *Direito Romano*, I. *Introdução. Fontes*, Coimbra, Ed. do Autor, 1980.

[75] Cf., *v.g.*, THOMAS, Yan. *Mommsen et 'l'Isolierung' du Droit (Rome, l'Allemagne et l'État)*, Paris, Diffusion de Boccard, 1984.

taram para o mundo, apesar de ser contrário ao seu próprio ser jurídico, afirma:

"Portugal recebeu, pois, aquela carga da Europa que era preciso exportar para o mundo inteiro ..., que apesar da marca que eu acho hoje terrível do Direito Romano o mundo tinha de ter; Direito tão anticristão, mas que talvez fosse única maneira das populações, ao encontro das quais eles iam, terem um meio de comunicação racional entre si e com a Europa donde partia ...".[76]

E esclarecendo a questão, noutro passo, em termos veementes:

"Mas os Portugueses é que, realmente, levaram o Império Romano até aos seus confins, o Império Romano que ainda hoje dura! ... Hoje, tudo é governado pelo Direito Romano! ... Claro que Portugal tinha o seu próprio Direito! É o drama da Península! ... a Península nem era do Direito Romano, nem do mercantilismo capitalista, nem da Contra-Reforma. Também não era da Reforma, era ela, era a Península ... Porque o que os Espanhóis queriam era manter os 'fueros y costumbres', não era a porcaria do Direito Romano, sobretudo do fim do Império, não é ?"[77]

O Direito, que realmente ainda hoje é em boa medida Direito Romano, porque baseado nos seus paradigmas,[78] tem sido grande tradutor universal, meio de comunicação, afinal, grande globalizador.

Mas meio de comunicação sobre o qual – dizemos agora nós – do direito objectivo romanístico, e uma vez ultrapassada a época do direito subjectivo, que se lhe seguiu, se poderá no futuro passar ao direito social *hoc sensu.*[79]

3.2.3. Cidadania: um outro olhar do Poder e do Saber

Há, com efeito, coexistindo, surdamente se digladiando, dois direitos:

De um lado, o direito de olhos fechados. O direito cego aos outros saberes e ao mesmo tempo cego aos cidadãos. O direito unívoco, o direito do *dura lex, sed lex.* O direito do ditado e da obediência.

Do outro lado, o direito de olhos bem abertos, não para discriminar ninguém, com acepção de pessoas[80] ou grupos, mas para saber por onde vai,

[76] Agostinho da SILVA. *Vida Conversável*, cit., p. 107 (sic).

[77] Agostinho da SILVA. *Ir à Ìndia sem abandonar Portugal*, cit., p. 32-34.

[78] E quando o não é, às vezes mais complexo ainda (como no caso do direito nominalista, que está na génese do direito subjectivo). Cf. VILLEY, Michel. *Estudios en torno de la nocion de Derecho subjectivo*, tr. cast., Presentación de Alejandro Guzmán Brito, Valparaiso, Ediciones Universitarias de Valparaiso, 1976.

[79] CUNHA, Paulo Ferreira da. *Teoria da Constituição*, vol. II. *Direitos Humanos, Direitos Fundamentais*, Lisboa / São Paulo, 2000.

[80] Sobre esta forma de injustiça, embora tratada *sub specie* de "pecado", continua muito actual a análise de AQUINO, Tomás de. *Summa Theologiæ, IIa IIæ*, q. 63, *max.* arts. 1, 3 e 4.

sem tropeçar e sem se ensimesmar. O direito aberto aos demais saberes e expressão da sede de justiça dos cidadãos. O direito de reciprocidade, de participação, de equidade. O direito da composição, do diálogo.

As principais instituições jurídicas contemporâneas e uma parte significativa das instâncias ideológicas do Estado, desde logo as Faculdades de Direito, encontram-se em grande parte prisioneiras dos paradigmas do positivismo, sobretudo legalista. E a marcha (que se prevê longa) da cidadania ainda mal saiu da partida, ao nível geral, apesar da sua caminhada de séculos.

Enquanto a cidadania for encarada como uma acção consentida ou tolerada de cidadãos-objecto do principal protagonista do drama juspolítico, o grande Leviatão estadual, o pano de fundo daquilo a que Miguel Reale um dia chamou "epistemologia jurídica geral",[81] ou seja, a relação da normatividade jurídica com outras racionalidades e saberes, estará prisioneira também desse solipsismo de princípio. Uma solidão de frio metafísico, na qual o Estado se vê ao espelho num direito subordinado e não pensado, concebido à imagem e semelhança do seu senhor.

Ao invés, pelo direito de novo e renovadamente assumido como autónomo, mas desta feita encontrando no diálogo e na inspiração de outros saberes um colorido que o aproxime mais da realidade furta-cores da vera natureza, deixará até de se pensar a cidadania como forma inferior ou simplesmente decorativa de participação, antes – como resulta já desse esquecido cabouqueiro das liberdades ibéricas que foi Isidoro de Sevilha[82] – participar (em cidadania) será tomar a sua parte: *participare est partem capere*. Cada um tomar a sua parte, a parte que lhe cabe. O que é válido para cada cidadão, num *suum cuique*, seu a seu dono jurídico e político, mas também é verdadeiro na efectivação natural (não postiça ou decorativa) da interdisciplinaridade. A qual passará a pluralizar e semear *particípios*. É que, como se sabe, assim como gramaticalmente o particípio é o que contém parte do substantivo e parte do verbo, assim também cada disciplina será parte de si e parte de outras.[83] Ou terá em si híbridas raízes e matizadas vocações.

---

[81] REALE, Miguel. *Filosofia do Direito*, 13ª ed. , São Paulo, Saraiva, 1990.

[82] Cf. SEVILHA, S. Isidoro de. *Etimologias,* V, 1-27., vers. Luis Cortés y Góngora, com introd. geral e índices cient. de Santiago Montero Díaz, Madrid, Ed. Católica, SA, 1951, p. 112-123. Para mais aprofundamentos sobre o autor, ALBERT, Bat-Shiva. *Isidore of Seville. His Attitude toward Judaism and his impact on Early Medieval Canon Law*, in "Jewish Quarterly Review", 80, 1990; BOURRET, J. C. E. *L'Ecole chrétienne de Séville sous la monarchie des Visigoths*, Paris, 1855; BREHAUT, Ernest. *An Encyclopedist of the Dark Ages: Isidore of Seville*, Nova Iorque, B. Franklin, 1964; CUNHA, Paulo Ferreira da. "Do Direito Clássico ao Direito Medieval. O Papel de Isidoro de Sevilha na supervivência do Direito Romano e na criação do Direito Ibérico", in *História do Direito. Do Direito Romano à Constituição Europeia*, de *idem et al.*, Coimbra, Almedina, 2005, p. 141 ss.; *Idem. Isidore (Bishop of Seville),* "Philosophy of Law: An Encyclopedia", New York, Garland Publishing, 1999, p. 437 ss.; FONTAINE, J. *Isidore de Séville et la culture classique dans l'Espagne Wisigothique*, Paris, Etudes Augustiniennes, 1959; SEJOURNE, Paul. *Le dernier Père de l'Eglise, Saint Isidore de Seville*, Paris, 1929.

[83] Para as fontes medievais destas últimas reflexões, cf. LIBERA, Alain de. *La Philosophie médiévale*, Paris, PUF, 1993, trad. port. de Nicolás Nyimi Campanário / Yvone Maria de Campos Teixeira da Silva, *A Filosofia Medieval,* 2ª ed., São Paulo, Loyola, 2004, p. 266.

Uma cidadania de olhos fechados, mesmo que votando de olhos fechados, e saberes olhando o próprio umbigo sintonizam-se com uma juridicidade cega.

Os desafios que hoje se nos colocam à Cidadania já não podem ser resolvidos com o direito de olhos fechados – veja-se, por exemplo, o problema do terrorismo, do crime organizado, da violência urbana generalizada (guerra civil urbana se fala já),[84] ou a questão dos sem-terra – mas com uma abordagem inter-pluri-multi-disciplinar, que compreenda um direito de olhos bem abertos às realidades e aos problemas sociais. O mesmo se diga, embora acabe por perder premência face ao dramatismo dos citados exemplos, da crise da legitimidade política das democracias simplesmente técnicas.

Contra muitas doenças culturais – não apenas brasileiras, aliás – que diagnostica Énio Resende, o remédio é, sem dúvida, a Cidadania.[85]

E a nova cidadania está aí, despontando: não engravatada e neo-liberal, desprezando, como se foram espúrias, as condições concretas da liberdade, mas convocando até novas formas de intervenção, e dinamizando a própria cultura. Há muitos perigos de perversão, de demagogia, de aproveitamento, e até alguns riscos de qualidade. Mas quando, por exemplo, com fotos de Sebastião Salgado, músicas de Chico Buarque e texto de José Saramago se percorre, civicamente, cidadãmente, e em prazer estético e teorético, o livro *Terra*,[86] são novas pontes que se cruzam, saberes e países que se abraçam.

---

[84] ENZENSBERGER, Hans Magnus. *Aussichten auf den Buergerkrieg*, Frankfurt, Suhrkampf, 1993, trad. cast. de M. Faber-Kaiser, *Perspectivas de guerra civil*, Barcelona, Anagrama, 1994.

[85] RESENDE, Énio. *Cidadania. O Remédio para as doenças culturais brasileiras*, 2ª ed., São Paulo, Summus, 1992.

[86] Cf. uma referência também em GOHN, Maria da Glória. *Os Sem-Terra, ONGs e Cidadania*, 3ª ed., São Paulo, Cortez, 2003, p. 161.

4. Aproximação do poder aos cidadãos e reforma do sistema político. A tentativa portuguesa de 2003[87]

Reform in order to preserve
Burke

4.1. O OBSTÁCULO EPISTÉMICO-DEONTOLÓGICO

Escrevendo sobre a reforma do parlamento britânico, Bernard Crick, o célebre autor de *In Defense of Politics*, manifestou a sua apreensão: um tal empreendimento bem pode ser um monstro de Frankenstein – facilmente devora o seu autor.

A discussão sobre um tema como o da chamada "reforma do sistema político", qualquer reforma, de qualquer sistema político, é sobretudo e antes de mais um bom exercício prático para uma questão epistemológico-deontológica.

Se, como é o caso deste colóquio, se convocam por um lado os professores e por outro os políticos, o grande problema que, na minha modestíssima opinião aos primeiros se põe é qual o tom a adoptar, qual o âmbito a escolher para a sua abordagem da questão.

[87] Texto que serviu de base a uma intervenção substancialmente não lida (e que aprofundou uns temas e não teve tempo para tratar outros) no *Colóquio sobre a Reforma do Sistema Político*, em 20 de Maio de 2003, organizado pela Faculdade de Direito da Universidade Nova de Lisboa, em que foram oradores, para além dos líderes dos grupos parlamentares dos partidos representados na Assembleia da República (em sessão presidida pelo Prof. Doutor António Hespanha), o Presidente do Tribunal Constitucional, Conselheiro Dr. Nunes de Almeida (que presidiu à sessão com os constitucionalistas, e que saudosamente evocamos), os Profs. Doutor Freitas do Amaral, Doutor Jorge Miranda, Doutor Afonso de Oliveira Martins, Doutor Wladimir Brito e o autor deste estudo. O Tribunal Constitucional, em 18 de Junho de 2003, decidiu sobre várias questões aqui levantadas, dando razão às teses que aqui sustentamos para várias questões, mas não tendo colhido a nossa perspectiva quanto à obrigatoriedade do voto secreto nos partidos. Tal era, recorda-se, uma das dúvidas de constitucionalidade levantada pelo Senhor Presidente da República. Em geral, a decisão do Tribunal Constitucional é de aplaudir.
A publicação, em 2006, deste modesto texto parece justificar-se-á sobretudo pelo interessante no antecipar de algumas situações e ideias. Assim o acharam alguns amigos, a quem cedemos.

Porque, na matéria híbrida do direito constitucional, política e jurídica, "estatuto jurídico do político", para usar uma lapidar fórmula de muita fortuna, uma reforma de um sistema político é sobretudo uma questão política, e o professor de direito, numa questão fundamentalmente política, terá certamente que optar entre guardar a "castidade metódica" (Vieira de Andrade) e olhar o objecto com o soslaio de uma posição científica – o que é dificílimo, e muitíssimo artificial –, ou imiscuir-se directamente nas questões políticas, em boa medida aproveitando o seu estatuto de pretensa cientificidade – o que é deontologicamente discutível.

Belo exemplo do dilema weberiano: *Wissenschaft als Beruf ou Politik als Beruf*. O político ou o cientista? Eis a questão.

Sempre se poderá objectar que, numa questão desta índole, o jurista puro, representado aqui pelo professor de direito, tem ainda muito a dar no campo do estritamente científico: poderia comentar a qualidade técnica da legislação de *jure constituto* e de *jure constituendo*, poderia dar notícia de estudos sociológico-jurídicos, por exemplo invocando evolução das abstenções, ou inquéritos sobre a imagem dos políticos, poderia desenterrar da História os exemplos de reformas políticas mais ou menos bem sucedidas, poderia convocar legislação e realidade constitucional de outros países, em exercícios mais ou menos malabares de direito comparado, poderia dissecar até ao fundo as questões da representação, transportando o problema para filosofia do Direito e da política (ou do Estado), etc., etc.

A verdade, porém, é que o nosso professor, pretensamente asséptico, cientista bacteriologicamente puro, ou nos brindaria com eruditas banalidades sobre questões laterais, decorativas, ou então, utilizaria essa artilharia pesada da técnica legística e das ciências jurídicas humanísticas (sociológicas, históricas, comparatísiticas e filosóficas) para defender uma tese política. Ora, como *ein Professor ist ein Man der eine andere meinung ist,* como um professor é sempre alguém que pensa de maneira diferente, o que um professor opina politicamente não será pura e simplesmente coincidente nem com o interesse nem com o discurso de qualquer partido ou força política, mas, em todo o caso, não se pode dizer que seja um discurso inócuo. Crick é de novo autoridade invocável: em *The Reform of Parliament,* 2ª ed., Londres, Wiedenfeld Goldbacks, 1968 (p. IX) considera que a questão é jornalística, polémica e de debate, e não académica.

Neste caso, a questão complica-se, a nosso ver. Todas as questões prementes e vividas são mais complicadas.

Os ecos de um hálito de alguma degenerescência da República – quer da política, quer da social, quer da classe política, quer do próprio Povo – são muito patentes. Não vou maçá-los com exemplos: a televisão, novo espelho da bruxa da Branca de Neve, está a devolver à sociedade uma imagem bem triste dela própria ... Todos os dias se sucedem provas de uma *apagada e vil tristeza*, nem sempre *austera*. Realmente nada austera. Ora, numa situação tal, para a qual a palavra crise é já gasta e já parca, uma reforma do sistema político reveste-se de uma importância vital: não poderia ser um exercício de maquilhagem, mas uma reforma profunda, capaz de contribuir para resgatar honras, para devolver esperanças, para rasgar futuros. Daí o peso da responsabilidade.

Numa circunstância como a presente, falar de reformas anteriores do sistema político, de estudos sociológicos, de direito comparado, de fundamentação filosófica, poderia ser, realmente, fugir ao cerne da questão. E ninguém quer que os especialistas fujam ao cerne da questão.

No que se refere aos aspectos técnicos da legislação aprovada, curiosamente, o desconcertante acontece.

E a primeira nota surrealista neste trabalho de professor, é que não se encontram acessíveis, pelo menos desde que fomos convidado para este debate, os seus documentos essenciais. Dois assistentes, um antigo e um actual, vasculharam a *Internet* e as publicações, debalde ... E o meu caro amigo Prof. Doutor Jorge Bacelar Gouveia, tão solícito a responder à minha angústia, que lha testemunhei, não pôde arranjar-me mais que a resolução nº 31 /2002 da Assembleia da República, publicada na folha oficial a 23 de Maio de 2002. (O nosso velho amigo Dr. António Costa, hoje Ministro da Administração Interna, e então deputado, que assistiu a esta crítica, muito simpaticamente procurou supri-la prontamente. O nosso muito obrigado).

Primeiro problema de uma reforma política: a sua transparência e publicidade. Uma reforma política que pelo menos a quatro docentes universitários (falo dos quatro que andaram em demanda de papéis...) consegue escapar, é muito esquiva, terá de concordar-se.

Claro que sempre se dirá que o procedimento não se encontra concluído. Mais uma razão! Era bom que os passos pudessem ser acompanhados ao menos pelos observadores mais atentos.

Estamos, assim, limitados aos rumores, aos projectos já ultrapassados e já negociados e renegociados, às posições cujos ecos surgem na comunicação social.

Evidentemente que os comentadores que têm versado a questão, na veste de comentadores, devem ter políticos amigos que (sem qualquer quebra de sigilo, antes agindo em prol da transparência democrática) lhes facultaram os textos.

No Porto, afinal (apesar de todas as pomposas declarações em contrário) ainda tão longe dos centros de decisão, não consegui contactar ninguém que me valesse.

Mas tal não é álibi para que condene liminarmente a reforma. De forma alguma.

E até talvez a grande contribuição dos académicos para o debate não seja tanto a ciência pretensamente pura e inatacável (os "cientistas" não estarão de acordo entre si), como o fruto de plurais posições de um certo distanciamento crítico, que a ignorância do pormenor do que está sobre a mesa decerto até favorece.

Mesmo nos "cientistas", não deixam as convicções políticas de emergir. Isso sucede com toda a gente, a menos que se consiga a pouco útil esquizofrenia de separar em cada um partes essenciais da personalidade.

Os organizadores corriam este risco ao convidarem-me: o risco da sinceridade sem qualquer máscara ou verniz.

4.2. DE UMA REFORMA POLÍTICA EM GERAL

Antes de mais, embora os seus promotores sempre achem que uma reforma é boa, em teoria – e assim falo como professor – uma reforma tanto pode ser boa como má.

Mas como estamos em matéria humana, em que as paixões e os interesses dividem, e para mais em matéria política, em que se aparta o amigo e o inimigo (Carl Schmitt, Julien Freund, etc.), é natural que uma reforma política boa para uns seja má para outros.

Alegadamente, as reformas políticas pretendem ser boas para o povo, para os cidadãos, para os eleitores. Pela natureza das coisas, e porque ninguém se prejudica por querer, e o altruísmo é muito raro (cada vez mais raro – sobretudo em épocas críticas e sem esperança), o mais frequente é as reformas beneficiarem sobretudo os políticos, sendo mais ou menos indiferentes aos seus eleitores, etc.. Caso raro, e de grande coragem, é o de os políticos se limitarem e de algum modo tocarem nos seus interesses pessoais em prol do proveito geral.

Por isso, entendamo-nos: os políticos não são todos iguais, e não querem todos o mesmo. O mais normal é que um grupo ou vários grupos (ou partidos) procurem dividendos mais ou menos populares ou populistas junto do eleitorado, à custa de outro grupo, outros grupos ou partidos.

Assim, por exemplo: perante o descrédito generalizado dos políticos nos períodos que precedem as reformas políticas, é popular os políticos auto-flagelarem-se instituindo mecanismos rituais de apaziguamento social: por exemplo, sendo mais rigorosos com os prevaricadores, apertando as leis anti-corrupção, ou simplesmente limitando o número de deputados, com a ideia de que o povo, ao menos, achará que *são menos a roubar ...*

E todavia, algumas medidas anti-corrupção podem ser letra morta, simples flor na botoeira, e a diminuição do número de deputados é sempre feita contra franjas significativas, embora não integradas, da opinião política, e constitui um fechamento do sistema político, logo, uma clausura maior, menos controlo do poder, etc.. Com a diminuição do número de deputados, sempre *slogan* eleitoralista de Gregos e Troianos (candidatos à maioria mais prováveis), não se poupa assim tanto (os deputados, dado o alto serviço que prestam, estão realmente mal pagos para o que deles se exige), e perde-se muito em representação política das minorias.

As reformas que não obtêm à partida a unanimidade, ou pelo menos um muito vasto consenso, não de votos mas de cores políticas, são normalmente de desconfiar. Porque normalmente reformam à custa dos partidos mais pequenos, que representam sobretudo os descontentes do sistema. Ora, assim, constituem uma *contradictio in terminis*, uma contradição nos próprios termos: reformam-se, mas ao jeito do brocardo consabido – *para que fique tudo na mesma*, ou pior. Burke diria: "reform in order to preserve".

É muito difícil uma maioria, ou o "bloco central" do sistema, ser capaz de uma perfeita regeneração. E a primeira tentação é a de se perpetuar, excluindo os "marginais", ainda que a pretexto de poupar – um álibi que sempre traz consigo, apesar de tudo, algum laivo de anti-parlamentarismo e tecnocracia.

4.3. REFORMA POLÍTICA ANUNCIADA E REFORMA POLÍTICA DESEJÁVEL

Uma vez que já expliquei que a apreciação que realmente importa não tem muito de científico, passo a (muito rapidamente) enunciar, perante os ecos da reforma que me foi permitido escutar, alguns aspectos do que considero ser uma reforma em grande medida falhada, e com aspectos perigosos de fechamento político.

Mas seja-me ainda permitido uma pequena precaução, explicitadora.

Peço que não me assaquem razões inversas ao nível político. Eu não penso o que vou dizer porque seria do partido X ou da ideologia Y. Eu poderei eventualmente ser do partido X ou da ideologia Y porque penso assim. É muito diferente. É o contrário. E se o partido X ou a ideologia Y se revelarem discordes comigo, não terei problemas em recusá-los em nome do que penso, e nunca o contrário.

Já vai começando a ser prática aceite em certos países que *scholars* de Direito, Ciência Política e áreas afins – os quais, na verdade, não querem enganar ninguém, nem realmente enganam os mais prevenidos, ou seja, presumivelmente todos os seus leitores – confessem publicamente nos seus livros as suas preferências políticas e até partidárias. Para que tudo fique claro, e para que lhes não lancem no rosto tais tendências. O mesmo Bernard Crick que citámos, Norberto Bobbio em *Direita e Esquerda*, são alguns exemplos, mas há muito mais.

Contudo, essas confissões têm também como efeito provocar no público fenómenos artificiais de adesão ou repulsa, por preconceito. Cremos por isso não ser, pelo menos entre nós e de momento, muito aconselhável que sejamos julgados pelas ideias gerais e sobretudo pelas adesões de princípio. Mais vale sermos julgados por cada posição concreta.

Quais deveriam então ser, no meu entender, as linhas de força de uma reforma política?

Não vou dizer nada de novo: ética repeblicana na vida pública, transparência de processos, aproximação entre eleitos e eleitores, abertura do sistema político, capacidade do sistema para representar mais, e melhor.

4.3.1. Eticização republicana

Para alcançar o objectivo da eticização vislumbro na reforma empreendida algumas medidas: financiamento acrescidamente público dos partidos, limitação dos mandatos nas autarquias.

É manifestamente insuficiente, tímido na concretização, e desadequado em alguns aspectos.

A malha apertada de financiamento privado e por iniciativas próprias parece um convite à fraude, dada a natureza conhecida das coisas e dos homens. E a duplicação da subvenção estatal aos partidos choca em tempo de severa austeridade (ou necessidade dela). E isto é válido mesmo que a aplicação da medida seja diferida.

Por outro lado, a *limitação da limitação* dos mandatos aos autarcas, permitindo-lhes ainda mais 12 anos de exercício a partir da data de entrada em vigor do respectivo diploma, é quase caricatural, sobretudo para aqueles que se sentam na mesma cadeira desde há tantos anos ... Além de que a regra deveria ser alargada a todos os titulares de cargos políticos electivos e com possibilidade de reeleição muito mais apertada.

4.3.2. Transparência

A *glasnost* não é o nosso forte. Já vimos que estamos a falar de uma reforma que não está divulgada oficialmente. Mas há mais.

Não é um incentivo a contas paralelas dizer ao PCP que só possa ganhar 125 000 contos com a festa do Avante? Claro que o PCP não as fará, porque nos tem habituado a ser um partido cumpridor. Não nos esqueçamos que foi o primeiro a legalizar-se e sempre tem querido ser formalmente irrepreensível. Daí certamente a sua acrescida indignação, na Assembleia da República, quando o convidam, da maioria, a baixar os preços na dita festa ... Tem toda a razão.

4.3.3. Aproximação entre eleitores e eleitos

Para alegadamente aproximar eleitores de eleitos e eleitos de eleitores costuma fazer-se prestidigitação de círculos eleitorais. Na verdade, noutros tempos tal servia para fazer com que os governos ganhassem as eleições, quase invariavelmente. A técnica consistia sobretudo em isolar o voto citadino se se queria um governo mais progressista, ou diluí-lo no voto rural, se se desejava a vitória de forças mais conservadoras. Isto nos velhos termos oitocentistas, quando essas clivagens ideológicas eram ainda socialmente consistentes e teoricamente constituíam dogma de fé.

Ora independentemente do que venha a sair da reforma ou de uma nova reforma, não acredito em panaceias de engenharia eleitoral. Mas acredito em princípios. E o princípio é o da "soberania nacional e popular" (na verdade o que resta dela, neste particular), da representação do todo nacional por todos os deputados. Hoje é infernal que um deputado seja ao mesmo tempo dirigente partidário, ou pelo menos membro activo, deputado cumpridor e ainda delegado da sua terra. Não pode ter o dom da ubiquidade, se quiser trabalhar seriamente. Pensar e estudar os problemas nacionais dá muito trabalho. Mas não sei se mais ainda lisonjear camaradas de partido e eleitores.

Para representar as regiões, que se faça a regionalização e se crie um senado (ou uma câmara alta com outro nome) de múltipla composição, em que também as regiões estejam presentes. Mas os deputados da Assembleia da República deveriam ser representantes de todo o povo português. Nesse sentido, sou adepto de um círculo nacional único, eventualmente com uma ou outra correcção. Mas esse seria o grande princípio.

A panaceia dos círculos uninominais também não me convence. Ver deputados sorridentes de porta em porta competir pessoalmente uns contra os outros pode ser muito cativante no Reino Unido. Mas aqui dividir-nos-íamos entre o folclore e o caciquismo. Numa sociedade de massas e de comunicação social, qualquer de nós conhece bem melhor um dirigente partidário que o seu vizinho, se viver num prédio de mais de dois andares. Não vejo qualquer interesse em ficcionar uma ligação directa com um candidato. Com a agravante que um sistema maioritário, em que só um candidato fosse eleito por círculo, excluiria efectivamente da representação muitos eleitores, os quais não se veriam reflectidos no espectro partidário assim emergente.

A sociedade actual é pluralista e pulverizada. O voto útil já perverte demasiado a expressão da vontade popular real. Não vamos agravar esse oportunismo eleitoral que envilece o eleitor e que o deixa com o travo amargo na boca de ter engolido um sapo, ou um elefante ... "Um parlamento é tão belo como uma borboleta", disse Álvaro de Campos. Deixem-no ter muitas cores!

Ainda na aproximação entre eleitores e eleitos, não passa pela cabeça de um cristão que as quotas, tão populares, tão politicamente correctas, vão chamar as minorias para a política. Ou as maiorias, no caso de quotas para mulheres, que é o mais falado.

As quotas distorcem as regras do jogo normal da política. E objectivamente apenas favorecem alguns membros do grupo positivamente discriminado contra a maioria dos competidores. Quem ganha, assim, não são os discriminados positivamente em geral, mas os afortunados que, em condições normais, não conseguiriam triunfar na competição com todos os demais. Mas sejamos abertos: estudemos os resultados que o sistema de discriminação positiva tem dado noutros países, a vários níveis. E não nos esqueçamos da lição desse nosso Mestre que foi Aníbal de Almeida: discriminar positivamente uns é sempre, mas sempre, discriminar negativamente outros.

Se a ideologia politicamente correcta das quotas imperar eu tenho lugar assegurado em qualquer parlamento e em qualquer emprego, pois pertenço simultaneamente a muitas minorias segregadas, e pesadamente: sou gordo, baixo e feio ... Não mereço a desforra?

Mas falando sério: o problema de falta de Mulheres na política também distorce a mesma. A questão, porém, é mais vasta. Enquanto não mudar a mentalidade que as obriga a fazer, em regra, emprego triplo (profissional, doméstico e de cuidado dos filhos) será difícil que tenham tempo livre. Mas há mais: realmente, em geral, em Portugal trabalha-se demais, e multiplamente – porque se ganha muito pouco, e porque se têm fortes apelos consumistas. Finalmente outra razão do desinteresse feminino na política: é que as Mulheres são mais inteligentes que os homens no tocante às coisas essenciais, e assim compreendem melhor que eles a fatuidade do matar-se em trabalhos para parcos resultados. Infelizmente só a muito poucos é dado realmente moldar a coisa pública. Muita da acção política acaba por ser esbracejar no vácuo. Elas têm mais que fazer ...

4.3.4. Abertura do sistema político

O sistema está em certa medida enclausurado. Diz-se que há pessoas que não conseguem sequer aderir a partidos ... Corre uma expressão sinistra por aí: "para nós, chega!". Para os de dentro.

Mas é mais complicado ainda. Um novo partido depara com mil e um escolhos para constituir-se. Na legalização de um recente partido, parece ter havido vetos de gaveta de juntas de freguesia, pedidos de emolumentos ilegais por reconhecimento de assinaturas, obstruções por mudança de residência dos subscritores, etc., etc. Estes entraves não são legais, são ilegais, mas retratam que o fechamento do sistema está para além e contra as próprias leis.

Vai daí, as leis reformadoras procuram agilizar os processos, permitir que mais grupos se exprimam? Não, pelo contrário.

É ingenuamente limitador subir o número de assinaturas para a constituição de um partido de 5.000 para 7.500 (ou 10.000, como inicialmente se pretendeu). Quem consegue 5.000 assinaturas também consegue 10.000. Com esta medida, ficou claro demais a tentativa de fechar o clube partidário ... Tanto mais que havia um partido em vias de recolher assinaturas. E contudo afigura-se-nos que o espectro político poderia comportar ainda mais alguns dois ou três pequenos partidos, se olharmos as ideologias clássicas.

Aqui entra o professor. Afigura-se-nos claramente inconstitucional a criação de um modelo estadualista único de partido. Tal tem várias manifestações:

a) Julgo absurdo que se proíbam, na prática, os partidos extra-parlamentares. Pode haver partidos que não queiram concorrer às eleições. Ou que só o queiram fazer de vez em quando.

Instituir este princípio significa acabar com vários partidos que surgiram no seguimento da revolução, e que constituem, além de um depósito de "resistência" à *cinzentização* do sistema (o que significa que contribuem para manter no sistema algumas das suas margens mais extremistas: o que é bom, é salutar), um verdadeiro património arqueológico vivo da revolução. Ilegalizá-los é atirá-los para a clandestinidade. Porque nenhum partido aceita ser atirado para o *nada*. A menos que, *de facto*, já não exista.

Penso aliás que, nesta matéria, a primitiva lei dos partidos, de 1974, tem um valor quase de constitucionalidade material, aliás enquanto uma das leis-pilares da institucionalização da democracia, na III República. Parece-me que subverter a sua ideia de partido é inconstitucional. Ora a autonomia da constituição de partidos resulta da referida lei. A lei considera que a formação, a criação de um partido não depende de autorização, apenas estabelece um registo. E esse deve ser o princípio, não constitutivo, mas apenas certificativo e integrador, em democracia.

b) Julgo divertidamente platónico que se pretenda, do exterior, legalistamente, converter o PCP à democracia formal burguesa, impondo a todos os partidos votações pessoais secretas. Ao mesmo tempo que se dá razão ao partido contra os seus membros conhecidos como "renovadores" no plano da disciplina partidária, é chocante como se pretende limitar o soberano direito de um partido com a história e as tradições do PCP a decidir como se organiza. Amanhã também se vai impedir que os sacerdotes da Igreja católica façam voto de obediência, pobreza e castidade? E o PCP não é menos religião que a Igreja Católica. Não se transformará nunca por lei o tigre em gatinho. E dizemo-lo, obviamente, como forma de admiração para com o PCP – admiração de quem está e sempre esteve de fora, bem entendido.

Repugna-nos profundamente esta ideia de instituição de tutela aos partidos, que o subsídio público, embora compreensível, também reforça. E que uma espécie de Código do Procedimento Administrativo partidário promoveria. Assim como uma eventual submissão das contas dos partidos não ao Tribunal Constitucional, mas ao administrativíssimo Tribunal de Contas.

A formatação partidária fere os arts. 46º e 51º da Constituição no que têm de mais profundo.

c) O limite de 5000 militantes para a sobrevivência de um partido coloca também problemas, até de "privacidade". Ir-se-á periodicamente vasculhar os arquivos do partido? Exigir declarações regulares de militância? O Tribunal Constitucional irá contar as cabeças de 5 em 5 anos?

Não se compreenderá que os partidos são organizações autónomas, e não repartições burocráticas do Estado? Esse é o preço de uma lógica de subsídio. Atrever-me-ia a uma provocação: propondo subsídio aos partidos por declaração pessoal no IRS ou no IRC, dedutível nos impostos respectivos, e bonificadamente. Tinha o benefício da transparência, e não nos obrigava a todos a sustentar, com os impostos, partidos de que não gostamos.

Contudo, o sistema de subvenção em função do voto também não é de todo mau.

Em contrapartida, há medidas simples que poderiam dar uma ajuda no melhoramento do sistema:

a) Campanhas inteligentes de sensibilização cívica e política nas escolas e nas televisões. Com auxílio de verdadeiro *marketing* e de prudência para se não cair na propaganda de mau gosto e má memória.

b) Introdução obrigatória das cadeiras de Introdução à Política e de Direito no ensino secundário por programas estabelecidos por quem sabe, não por ilustres desconhecidos da confiança dos ministérios. Os cidadãos precisam de ser formados politicamente, e não apenas com educações cívicas que ensinam a pôr talheres na mesa ou a gostar dos *animais, nossos amigos*. O que é também útil, mas está longe de ir ao cerne da questão.

c) Campanhas de recenseamento dos jovens. Apesar de o recenseamento ser obrigatório, muitos quedam alheados desse dever.

d) Voto electrónico, nos multibancos, por exemplo. Embora se tenha de ter cuidado para precaver eventuais situações de anulação do secretismo, de que se vai desconfiando em países que tal voto têm já instituído.

e) Abertura de todos os cargos electivos a grupos de cidadãos. Fim do monopólio da representação pelos partidos políticos. O que, aliás, só reforçaria a posição dos partidos, como normais representantes dos cidadãos, e poria fim ao mito de que são terríveis monopolistas. O resultado seria ficar provado que poucos seriam os candidatos independentes. Mas haveria que dar-lhes esse direito.

f) Limitação de todos os mandatos electivos, para, no máximo, dois mandatos consecutivos e três interpolados.

O grande problema da reforma do sistema político, como os recentes acontecimentos, em todos os seus aspectos, denunciam, é muito complexo, e não passa só pelo parlamento nem sequer só pelos políticos. Passa por todos os órgãos de soberania, pelas forças da ordem, e muito, muito, pela Educação.

Temo que a cortina de fumo que obnubilou os valores nos anos das "vacas gordas" dos subsídios europeus tenha profundamente envilecido alguns, e que a lógica do sucesso, do sucesso a todo o custo, haja queimado as raízes que nos permitiriam agora o suporte da terra.

Mas temos que fazer o nosso dever, apesar de todos os escolhos.

A função principal dos políticos é cumprir o seu dever. Montesquieu alertava: *quando numa república é mais proveitoso fazer a corte do que cumprir o seu dever, tudo está perdido*. O sistema político não pode, por isso, ser uma corte. Nem uma corte na aldeia, nem uma corte imperial.

5. Copiar a Constituição: ritual democrático e exercício de cidadania[88]

Não é vergonha nenhuma para um constitucionalista reconhecer que lida com Mitos. Ingenuidade máxima é não entender de que matérias são feitos os seus conceitos e a sua arte – que de ciência, ao menos de ciência "cientista", se não trata.

A Constituição – e por isso também o Direito Constitucional – é feita da carne dos Mitos. Se compararmos as noções de mito de Northrop Freye[89] com muitas das noções de Constituição dos constitucionalistas, chegaremos sem dificuldade à conclusão de que se está a falar de entidades semelhantes, ou de uma mesma coisa, que depois apresenta desenvolvimentos particulares.

Enquanto os líderes messiânicos ou os xamãs clânicos são figuras mitológicas que bebem a sua aura nas pulsões irracionais, a Constituição é como que a versão apolínea do mito, o seu lado racionalizador. Na "mito/logia" a Constituição é a componente do "logos".

O mito é um texto ritual. E o que é a Constituição senão um texto ritual moderno, fundado na racionalidade, mas cumprindo as mesmas funções legitimadoras e fundantes dos mitos antropologicamente estudados? Assim, como texto ritual, a Constituição bem pode (e julgamos que deve) ser celebrada, entronizada, em liturgia de Liberdade, em recitação, em reescrita, em cópia dos seus "modelos".

E é de reescrita que se trata. Não apenas reescrita democrática, mas reescrita com cópia ritual. Reescrever a Constituição, copiando-a à mão, é reviver, qual Pierre Menard revivendo o *Quijote* de Miguel Cervantes – como propõe a imaginosa ficção de Jorge Luís Borges, no seu *Ficciones*.

Os Gregos Antigos reescreviam, eles também, os seus mitos de quatro em quatro anos, como nós (re) elegemos os nossos deputados e, (in) directamente, o Governo.

---

88 Prefácio do volume manuscrito da Constituição da República Portuguesa, iniciativa cívica do MASP 3, distrito do Porto, a honroso convite da respectiva comissão organizadora.

89 FREYE, Northrop. *Littérature et mythe*, in "Poétique", nº 8, Paris, 1971, p. 489 ss.

Se a escrita japonesa é subtil forma de pintura, a escrita ocidental por vezes parece ser trabalho orante – e não só nos mosteiros medievais; há sagrado na escrita, como na leitura.

Ora a cópia da Constituição, por forma manuscrita e pela mão de muitos, é um trabalho ritual, que bem pode ser comparado a uma prece democrática. Prece que o Povo a si mesmo dirige.

Ao virem copiar os artigos da nossa Constituição, os Cidadãos leram-na e interiorizaram mais os seus artigos. Fui pessoalmente dos mais felizes, porque me calhou em sorte precisamente um dos que mais me diz: o do *Direito de Resistência*.

Oxalá frutifique destes cidadãos o exemplo. Estes podem copiar a Constituição re-escrevendo-a, em cópia de tinta sobre papel. Há quem o possa fazer imitando-a, copiando o seu espírito e a sua letra através de acções.

6. Liberdade, Constituintes e Constitucionalistas. "Em defesa da Constituição"

Havia na China um exímio pintor de dragões. O seu génio levara-o ao cume da arte. Sabia a fundo as tonalidades rebrilhantes das escamas, captara os volumes esquivos na anatomia subtil do portentoso híbrido, surpreendera a magia paradoxal da leveza do seu voo, e o fogo que o seu pincel sábio e seguro lhe fazia sair das entranhas parecia chamejar e queimar de verdade.

Seduzido, um rei-dragão, personagem mitológica que raro sai do seu não-ser de fábula, resolveu brindar o retratista com uma aparição. Ofuscado, o pintor fugiu a sete pés.

Assim é também a Liberdade.

Há quem a ame, de profunda paixão, encaixilhada nos pergaminhos vetustos, há quem a enalteça bem guardada nos infólios das Leis, há quem a proclame do alto das tribunas, ou diuturnamente a afague pelas gazetas, e proteste dar o peito às baionetas para a defender ...

Quando a Liberdade amada falta absolutamente, numa situação política de clausura, de mordaça, ou totalitarismo, é duro, muito duro, defendê-la. Há que arrostar com a perseguição, a prisão, o degredo, a tortura ... E aí, como o poeta, escrevemo-la no nosso *caderno escolar* com a letra redondinha de todas as utopias, qual suspiro saudoso pela amada ausente.

Um dia, o ditador morre, cai, é deposto. Grande festa da Liberdade na *Polis*, toda congregada, toda esperançosa, plena de saudade de Futuro. E a Liberdade, embora esquiva como a *fortuna* de Maquiavel, vem visitar-nos, a nós que tanto invocamos o seu nome santo.

E tudo, podendo aparentemente ter ficado mais simples, sem polícias, sem cárceres, sem censuras, sem barreiras para as avenidas grandes da Liberdade, todavia se torna muito mais complicado. Há que encarar a Liberdade, qual dragão que sai da mitologia e se faz gente como nós.

Por isso, tantos defensores teóricos da Liberdade, perante os seus desafios práticos (que estão muito para além das vãs filosofias sonhadas por todos os Horácios), fogem dela como o timorato pintor de dragões. É bela a Liberdade dos livros. É belo o dragão da pintura. O problema é conviver com uma e com outro.

Steven Lukes, no seu magistral livro *O Curioso Iluminismo do Prof. Caritat*, pintou várias sociedades que retratam muitos dos tipos-ideiais ideológicos de hoje, e alguns de sempre. Por vezes, aconselho esse livro aos meus alunos. Um dia, um estudante mais afoito, perguntou-me qual das sociedades lá explanadas eu preferia. Respondi *cum grano salis*, mas sem hesitar: "– Eu escolheria a pior de todas, a ditatorial Militaria ...".

A turma susteve a respiração. Afinal, tinham finalmente descoberto a ideologia do Professor ... e não era das mais simpáticas. Como conseguira ele ocultar o seu militarismo?

Claro que imediatamente completei, deixando-os desconsolados mas bem mais tranquilos: "– ... porque seria o único regime em que eu saberia com certeza absoluta o meu lugar, com a maior paz de espírito: em Militaria eu seria, naturalmente, da resistência."

Confessava a minha dificuldade em enfrentar dragões.

Ora o constitucionalista não pode pintar só de imaginação, nem sequer de memória. Tem que praticar com risco o desenho de modelo: dragões nus, chamuscados do fogo que realmente vomitam. E para esconjurar o medo, às vezes o Constitucionalista tanto se aproxima do dragão da Liberdade, que se faz político. Seria como um pintor que não só se atrevesse a olhar nos olhos o seu visitante, como ainda quisesse experimentar nele o retoque do seu pincel.

Quando se perde o medo do dragão, a Liberdade passa a ser uma exigência vital. E por isso, se alguns têm tendência a ver nessa intimidade com o monstro uma heresia, outros compreenderão que *a prova do bolo é comê-lo*, como a melhor forma de conhecer uma Constituição é fazer (ou ajudar a fazer) uma ... E isso só se faz lutando corpo a corpo com o dragão, como Jacob com o Anjo.

Mais um paradoxo para o constitucionalista responsável. Se melhor se aprimoraria no seu labor fazendo uma Constituição nova, desde que o texto da lei fundamental vigente seja ao menos razoável deve antes ser fiel servidor da Constituição em vigor, evitando a banalização constitucional. Deve promover essa *defesa da Constituição* de que falaram já tantos.

No Brasil, fala-se numa nova constituinte. Em Portugal, durante a pré-campanha eleitoral para as últimas eleições presidenciais, vieram também alguns propor mudança de Constituição, avançando até para um modelo que só rarissimamente foi nosso, no plano institucional, e que aliás sucumbiu tragicamente: o Presidencialismo.

As nossas constituições não serão perfeitas. Não há, aliás, constituições assim. Não estou avalizado a dizer do que necessitaria o Brasil em matéria de reforma constitucional. Para Portugal, defendo que pouquíssimo possa ser mudado, pelo menos por um bom par de lustros.

Mas é preciso cuidado, em qualquer dos casos. As Constituições, sagrados livros da liberdade, são como os dragões: é preciso deixá-los tranquilos, ainda que durmam. Nunca se sabe o que resulta de uma ruptura constitucional, como jamais se pode prever o que virá de acordarmos um pacato dragão adormecido ... E sobretudo se pintores pouco realistas se puserem a pintar os retratos dos mitológicos dragões. Mesmo o que é mítico tem um cânone. E a imaginação constitucional, como a pictórica, deve ter limites ...

Parte II

DIREITOS HUMANOS

1. O paradigma "Direitos Humanos". Um "suave milagre"[90]

1.1. REVOLUÇÃO EPISTEMOLÓGICA E AUTOGNOSE JURÍDICA

A Revolução dos paradigmas chegou ao Direito. Primeiramente avessos a *bordões de lin*guagem alheios à sua ancestral *episteme*, os juristas verificaram afinal que se não tratava de mais um instrumento de substituição,[91] mas de um operador interpretativo de muita valia. O qual, pela própria ideia de sucessão de paradigmas, de forma estratificada, sedimentar, e não dialéctica, permite também lidar com os fenómenos de esquecimento, inactualidade, inefectividade[92] e até de "moda" em Direito.

E depois há vantagens na importação, para o mundo jurídico, do "paradigma" dos "paradigmas".

Uma das grandes vantagens da vulgarização (e até da banalização algo barbarizadora) das teorias de Thomas Kuhn[93] sobre os *paradigmas* em ciência, foi o de ter contribuído para a massificação da ideia de relativismo do científico, sobretudo enquanto revelação da sua irrecusável historicidade.

A partir do momento em que se compreende uma evolução na ciência (e sobretudo nas ciências tidas como puras e duras, ditas "naturais" e "exactas"),

---

[90] Elaborado a partir do texto oral da Conferência de Abertura do Curso da Escola Superior do Ministério Público, em que o orador teve a honra de ser apresentado pela Prof. Doutora Têmis Limberger e comentado, a final, pelo Prof. Doutor Ingo Wolfgang Sarlet, Porto Alegre, 10 de Março de 2006 e da palestra *Direito Constitucional e Filosofia. Fundamentação dos Direito Humanos e Fundamentais*, no Ciclo de Palestra "Direito Constitucional. Teoria e Prática Interdisciplinar", na Escola Superior de Direito Constitucional, São Paulo, 5 a 19 de junho de 2006 (texto este a ser editado ulteriormente). Este estudo é tributário, na sua parte inicial, de um texto inicialmente elaborado para publicação pela Universidade Lusófona de Humanidades e Tecnologias, e que viria a ser publicado, numa primeira versão, numa secção do nosso *O Ponto de Arquimedes*. Aqui se publica a versão mais actualizada e concorde com o estádio actual do nosso pensamento.

[91] TRIGEAUD, Jean-Marc. *La Théorie du Droit face aux savoirs de substitution*, in "Persona y Derecho", vol. 32, 1995, p. 23 ss.

[92] CARBONNIER, Jean. *Effectivité et ineffectivité de la règle de droit*, in "L'Année Sociologique", 3ª série, Paris, P.U.F., 1957-1958, p. 3 ss.

[93] KUHN, Thomas. *The Structure of Scientific Revolutions*, University of Chicago Press, 1962, trad. cast. de Agustín Contín, *La estructura de las revoluciones cientificas*, Mexico, Fondo de Cultura Económica, 15ª reimp., 1992.

não só pela acumulação de novos dados, não simplesmente pela modificação dos instrumentos (sobretudo físicos) de análise, mas especialmente por diferentes formas de compreensão, diversos modelos cognitivos e hermenêuticos, a partir desse momento, a subjectividade ganhou novos foros de cidade enquanto elemento a ter objectivamente em muita conta no domínio das ciências.

O Direito, que durante os tempos marcantes do positivismo, tivera sucessivos complexos de inferioridade concretos (face às ciências da *psique*, face à economia, face à sociologia...) e um fundo angustiante de sentimento de privação relativamente a todas as ciências lógicas e matemáticas (que o levou a cunhar o injustíssimo e muito ilógico "silogismo judiciário" – comportando já a sua "inversão" e "subversão" –, e outras maravilhas doutrinais...), pode agora respirar fundo, e, com o auxílio de argumentos advindos do próprio campo das ciências, e da epistemologia, recobrar a sua auto-estima e os seus direitos no concerto universal dos saberes. Afinal, não é só o Direito que muda, e em matérias essenciais. Já se chamara a atenção para as revoluções copernicianas, para as profundas crises da própria física e astronomia, diante das quais as hesitações sobre o próprio Direito Natural seriam problemas pueris. Mas agora é o cerne da cientificidade que é atingido: e para bem dela, e nosso.

Os foros de antiguidade e o recorte especial da *ars iuris* nunca deveriam ter permitido esse duvidar de si próprio que certa modernidade foi progressivamente instilando na consciência do Direito. Mas a História não se pode reescrever, e a verdade é que só agora, só de há um par de décadas a esta parte talvez, é que tem renascido a autognose jurídica com uma ideia da plena dignidade (e das debilidades e limitações também) do Direito.

Paralelamente, ao reencontrar-se do Direito consigo mesmo, subsistem, evidentemente, muitos resíduos das épocas anteriores, e algumas ainda próximas de nós, em estado mais ou menos puro, ou mescladas entre si. Por isso, não será de estranhar que, com reivindicações de um Direito puro, se venham a imiscuir resquícios da *reine Rechtslehre* kelseniana[94] (afinal fazendo depender o Direito do Estado, e, assim, da pura política), ou pretensões que afinal reconduzem o Direito à "impureza" epistemológica do sociologismo ou do economicismo ...

1.2. OS DIREITOS HUMANOS FRENTE AO DIREITO

Sucede curiosamente que, do ponto de vista cronológico (e não apenas cronologicamente), esta demanda do Direito pelo Direito (ou melhor, pela

[94] KELSEN, Hans. *Teoria Pura do Direito*, 4ª ed. port., trad. de João Baptista Machado, Coimbra, Arménio Amado, 1976. Kelsen continua a fascinar. Ainda na Conferência Internacional de Direito Constitucional de 16-18 de Março de 2006, na Universidade de Wroclaw, a última sessão foi-lhe precisamente consagrada: "O legado jurídico de Hans Kelsen". *Sesja I "Dziedzictwo prawne Hansa Kelsena"*.

instância epistémica competente, no caso, a Filosofia do Direito, especificamente a Epistemologia Jurídica, dita Geral) [95] coincide com um decisivo desafio ao Direito, que não nasce no âmbito jurídico propriamente dito, não deriva das suas instituições próprias, mas tem sede político-mediática separada, e daí influi para o continente da juridicidade: os Direitos Humanos.

O Direito fica, assim, posto à prova pelos Direitos. Trata-se de um fenómeno novo e extraordinariamente interessante, porquanto a "marca" do jurídico não só é reivindicada por algo que não parece nascer no caldo de cultura da juridicidade, como, para mais, se lhe vai impor, com o tempo, clamando pela própria e até superior juridicidade desse mesmo *novum*. Os Direitos do Homem querem ser mesmo *direitos*, e mais: *direitos superiores* a esse Direito legislado, costumeiro, ou jurisprudencial que eventualmente (e este eventualmente pode ser mesmo frequente) os não respeite.

Prima facie, quer no plano da razoabilidade científica, quer no do bom senso institucional, este tipo de pretensões pareceria votado ao fracasso. Mas não: os direitos humanos não só estão sendo considerados Direito, como, de algum modo, no imaginário colectivo, acabam por figurar como uma espécie de *mais-que-direito*, ou, dito de outro modo, o verdadeiro Direito, o direito justo.

Como pôde a cidadela da juridicidade, tida por pétrea, conservadora, e bem defendida, ser assaltada por esta forma, tão directa, tão profunda, e tão rápida afinal? E também tão eficaz e decisiva, ao ponto de nos encontrarmos hoje, não apenas num tempo jurídico de direitos humanos, como num tempo global de direitos humanos, que acabam por ser um dos paradigmas mais evidentemente fundantes da nossa mundividência comum, ou, pelo menos, da "ocidental"? É que os Direitos humanos não são apenas Direito, como se elevaram a *critério* de Direito e do *Bom Direito*, e, na verdade, um signo da nossa contemporaneidade. Não por acaso se fala na idade ou era dos direitos.[96]

1.3. FORÇA DOS DIREITOS HUMANOS E FRAQUEZA DO DIREITO

Afigura-se-nos que a razão do sucesso do "cerco" que os direitos humanos fizeram ao Direito tem a ver com múltiplas razões. Tais motivos derivam do seu modo de ser, e da sua estratégia de difusão:

a) Os direitos humanos afirmaram-se de forma *cativante*, não apenas como ideologia de consenso, num tempo de esmorecimento das ideologias

[95] Cf., *v.g.*, REALE, Miguel. *Filosofia do Direito*, 13ª ed., São Paulo, Saraiva, 1990, p. 306.

[96] BOBBIO, Norberto. *L'età dei Diritti*, Einaudi, 1990, trad. bras. de Carlos Nelson Coutinho, *A Era dos Direitos*, 4ª reimp., Rio de Janeiro, Campus, 1992.

tradicionais e de trauma profundo ante a dissolução do *socialismo real*, mas como verdadeira religião;

b) Os direitos humanos pregam de há muito tempo pela *positiva* e face a causas de inegável importância, tornando quase impossível a assunção de posições contrárias – e nisso são ajudados por um involuntário aliado, o *politicamente correcto*;

c) Os direitos humanos, ao contrário do direito tradicional, apresentaram as suas razões de forma *simples* (e até simplista), de acesso a todos, e passíveis de facilmente se resumirem na dicotomia entre justo/injusto, bem/mal.

Por outro lado, o velho Direito não podia senão continuar a ter um perfil fundamentalmente negativo, antipático, ou, no mínimo, muito pouco mobilizador.

Assim,

a) O Direito moderno, ou tardo-moderno, continuou a fazer o seu papel de pouco convincente reprodutor ideológico e legitimador normativo da sociedade mais ou menos capitalista e burguesa, ou a ser instrumento das burocracias do capitalismo de Estado, sem qualquer capacidade de exaltação.[97] Os jovens paladinos da justiça, que sempre os há idealistas, a breve trecho compreendem o funcionamento dos sistemas, como máquinas ao serviço dos interesses e poderes instalados: e ou se acomodam, ou se afastam.[98] A *desilusão* e a ausência de ideias são testemunhadas por inúmeras ilustrações literárias e cinematográficas, em que o quixotismo é uma excepção que se paga caro, e sem grandes garantias de sucesso, que não seja o simples salvar a alma. O romance de Camilo *A Queda de um Anjo* é sempre actual.

b) O Direito moderno, ou tardo-moderno, assemelha-se muito às estátuas dos palácios de justiça. A sua atitude é hierática, muda, pétrea, imóvel. O Direito visto do lado de lá não procura agir activamente em prol da Justiça, mas espera que lhe cheguem os processos. E, mesmo assim, há casos em que não pode fazer mais do que pedem as partes (*ultra-extra petita partium*), nem conhecer mais do que consta das peças do processo (*quod non est in actis non est in mundo*). A venda não é, assim, apenas sinal de não-acepção de pessoas, de tratamento "igual" para todos, grandes e pequenos. É, pelo menos também, como sugeriu já Radbruch,[99] e o nosso António José da Silva, dito o Judeu, magnificamente já intuira, uma crítica à incapacidade de a Justiça ver mais que um pequeno palmo à frente do seu nariz,

---

[97] Um texto de Agostinho da Silva parece-nos esclarecedor: SILVA, Agostinho da. "Justiça", in *Diário de Alcestes*, nova ed., Lisboa, Ulmeiro, 1990, máx. p. 23-24.

[98] Cf. CUNHA, Paulo Ferreira da. *Amor Iuris. Filosofia Contemporânea do Direito e da Política*, Lisboa, Cosmos, 1995, máx. p. 25 ss.

[99] RADBRUCH, Gustav. *Vorschule der Rechtsphilosophie*, trad. cast. de Wenceslao Roces, *Introducción a la Filosofía del Derecho*, México *et al.*, Fondo de Cultura Económica, 4ª ed. em cast., 1974, p. 141 ss.

um estigma para explicar como pode ser vesga. Assim sendo, a justiça do Direito oficial, morosa, burocrática, em que os juízes por vezes se vêem "de mãos atadas", é sobretudo uma justiça *negativa*. Uma justiça excelente a ver prazos caducados, requisitos não invocados, ou não preenchidos. Óptima, pois, a denegar, e muito cautelosa (avara mesmo) a conceder. Aliás, não é só uma característica decorrente dos chamados tempos de crise da justiça. Em certo sentido, toda a prudência jurídica vai no sentido muito mais de punir pelas faltas do que premiar pelos méritos. Não é por acaso que a imagem da justiça de Lilliput, com um saco de oiro para recompensar, é peculiar de uma utopia. Diz-se mesmo que a passagem do Digesto em que se refere ao premiar dos méritos não seria senão uma interpolação de Triboniano.[100]

Sabemos que não será bem assim, mas verdade é que os juristas fazem pouco *marketing* de si próprios e do seu labor. E pagam por isso em antipatia social e proconceito até.

c) O Direito moderno, ou tardo-moderno, não pode ser mais *esotérico*. Não só é apenas compreensível para especialistas, os juristas, como estamos em crer que progressivamente, mercê do seu gigantismo e incongruência, acaba por nem por muitos deles ser compreensível, ou sequer conhecido na sua razoável extensão. Trata-se de um universo infinito, em contínua expansão, inabarcável, por definição, pela mente humana mesmo apenas na sua literal realidade. Mas ao conhecimento das leis acresce o da jurisprudência e da doutrina, pelo menos, em expansão geométrica. E ainda a completa inteligência do expresso, que obriga a conhecimentos que, apenas na área do direito constitucional levaram já à qualificação (apenas deste ramo do jurídico) de hidra de mil cabeças, ciência enciclopédica, ciência impossível, etc. A inflação legislativa, o acréscimo da litigiosidade e consequentemente a proliferação jurisprudencial, e a torrente doutrinal (exponenciada pelas necessidades curriculares académicas em universidades que fabricam graus académicos em massa) tornam o conhecimento do Direito um permanente suplício de Sísifo ou das Danaídes.

1.4. REFUTAÇÃO DAS CRÍTICAS AOS DIREITOS HUMANOS

Com todos estes calcanhares de Aquiles, o Direito tinha de algum modo que sucumbir sob o impacto dos Direitos Humanos. Houve ainda vozes que se levantaram, explicando que:

a) a designação era um sem-sentido (ou uma tautologia);

[100] Desenvolvendo estas reflexes semióticas, simbólicas e iconogáficas, cf., por mais recente, o nosso *Le Droit et les Sens*, Paris, L'Archer, 2000, dist. P.U.F.

b) o conceito era difuso, ou perigoso (até porque parecia conceder tudo a todos, e a raridade económica, lei básica das nossas sociedades, apenas permite que alguns possuam, e nem tudo);

c) remava contra a corrente histórica da ciência do Direito;

d) na prática, esses direitos, acabariam por se tornar escandalosos, por serem todos os dias calcados aos pés por governos e instituições, em países ditatoriais e até (embora em menor medida) em países democráticos.

Nomes como os de Michel Villey,[101] Álvaro D'Ors,[102] Carlos Ignacio Massini,[103] e, mais recentemente, François Vallançon[104] e Stamatios Tzitzis,[105] puseram as suas reticências, mais ou menos profundas, mais ou menos radicais, relativamente à juridicidade ou à adopção pela juridicidade de um tal novo paradigma.

Mas os paradigmas estão realmente relacionados com grandes fases da respiração histórica das *epistemai*.

E por isso é que se trata realmente de um infrutífero remar contra a maré da história do Direito. E da própria História da civilização, do Humano.

O próprio Michel Villey o viu com a maior agudeza, quando, num gesto muito próprio do seu gosto pela heteronímia, redige uma pseudo-carta posfácio ao seu *Le Droit et les Droits de l'Homme,*[106] assinada por um fictício "E.F.", na qual este, com bonomia despreocupada de professor-político, lhe afirma que o seu livro, tão crítico face ao novo paradigma direito-humanista, acabará por ficar, no futuro, apenas pelo seu título (e acrescentaríamos nós: implicitamente vindo a ser tido como *pró-direitos humanos*, pela nefasta, mas arreigada tradição de venerar títulos que se não lêem). O próprio Michel Villey, sempre brilhante e desconcertante, acaba-

---

[101] *Inter alia,* cf. especialmente VILLEY, Michel. *[Précis de] Philosophie du Droit*, I, 3ª ed., Paris, Dalloz, 1982; Idem, *Estudios en torno de la nocion de Derecho subjectivo*, tr. cast., Presentación de Alejandro Guzmán Brito, Valparaiso, Ediciones Universitarias de Valparaiso, 1976; Idem, *La Formation de la Pensée Juridique Moderne*, nova ed. corrig., Paris, P.U.F., 2003; Idem, *Le droit dans les choses*, in AMSELEK, Paul; GRZEGORCZYK, Christophe. *Controverses autour de l'ontologie du droit*, Paris, P.U.F., 1989, p. 11 ss.; Idem, *Le Droit et les Droits de l'Homme*, Paris, P.U.F., 1983; Idem, *Le Droit Romain*, 8ª ed., Paris, P.U.F., 1987; Idem, *Réflexions sur la Philosophie et le Droit. Les Carnets*, Paris, P.U.F., 1995.

[102] D'ORS, Álvaro. "La Libertad", in *Ensayos de Teoría Política*, Pamplona, EUNSA, 1979; Idem, *Derecho y Sentido Común. Siete lecciones de derecho natural como límite del derecho positivo*, Madrid, Civitas, 1995.

[103] MASSINI-CORREAS, Carlos I. *Los Derechos Humanos, paradoja de nuestro tiempo,* Santiago do Chile, ed. do Autor, 1989.

[104] Cf., mais recentemente, para uma visão mais global do pensamento jurídico-político do autor, VALLANÇON, François. *L'État, le droit et la société modernes*, Paris, Armand Colin, 1998.

[105] TZITZIS, Stamatios. *Esthétique de la violence*, Paris, P.U.F., 1997; Idem, *Les droits de l'Homme entre le mythos et le logos*, "Actes des 1ères Journées scientifiques du réseau Droits Fondamentaux de l'AUPELF-UREF, Tunis, 1996", Bruyant, Bruxellee 1997; Idem, *Qu'est-ce que la personne?*, Paris, Armand Colin, 1999.

[106] VILLEY, Michel. *Le Droit et les Droits de l'Homme*, Paris, P.U.F., 1983.

ria por, entrevista ao *Le Monde*, dar a entender que, com a existência de jurisdição europeia dos direitos humanos eles começariam a ser levados a sério, e, assim, para levar a sério. Pelo menos assim interpretámos essa sua intervenção. Não cremos que haja sido irónico.

1.5. O CARÁCTER OCIDENTAL DO PARADIGMA "DIREITOS HUMANOS"

A maior prova da imperiosidade hodierna dos Direitos Humanos é a conversão hipócrita de mais ou menos todas as ditaduras do mundo ao seu discurso, à sua vã invocação. Mas, apesar de assistirmos a tão grotesco coro de falsos defensores dos direitos, a verdade é que, embora com conversões mais ou menos sinceras aqui e ali pelo mundo,[107] eles continuam a ser um paradigma ocidental. Tal como, aliás, sucedeu antes com o paradigma de Constituição, criação típica e especificamente ocidental,[108] também banalizado pela difusão imitativa[109] e *pro domo*.[110]

Não devemos surpreender-nos com esta radicação civilizacional. Nem se trata de etnocentrismo; muito pelo contrário. O mesmo sucedia já com o próprio conceito de "Direito" como entidade *a se stante*.[111] E essa sua radicação civilizacional foi, de resto, invocada por autores não-ocidentais como um dos factores relevantes para a impossibilidade de definição do Direito.[112]

Ao contrário do que uma cultura mediática pode fazer pensar, o paradigma ocidental direitohumanista não é o único, nem pode ser visto, numa perspectiva valorativa inter-civilizacional, como "o melhor" ... É apenas uma das formas de protecção das pessoas. Hipervalorizar este paradigma,

---

[107] Por exemplo, no mundo muçulmano, discute-se a compatibilidade dos direitos humanos com o Alcorão. E há três posições (como em quase tudo): que o são, que o não são, e que talvez o sejam ou possam ser.. Cf. LAGHMANI, Slim, *Pensées Musulmanes et Théorie des Droits de l'Homme*, no prelo; Id., *Pensées Musulmanes et Théorie des Droits de l'Homme*, no prelo; CHARFI, M. *Islam et droits de l'homme*, in "Revue Islamo-Christiana", 1983, p. 14 ss.; Idem, *Droit musulman, droit tunisien et droits de l'homme*, RTD, 1983, p. 405 ss.; AL-ASHMAWY, Muhhamd Said. *L'Islamisme contre l'Islam*, Paris/Cairo, La Découverte. Al Fikr, 1989, p. 11 ss.

[108] SOARES, Rogério Ehrhardt. *O Conceito Ocidental de Constituição*, in "Revista de Legislação e Jurisprudência", Coimbra, nos. 3743-3744, p. 36 ss.; p. 69 ss., 1986.

[109] TARDE, Gabriel de. *Les Lois de l'imitation,* Paris, 1895, trad. port., *As Leis da Imitação*, Porto, Rés, s/d.

[110] Cf. aportações importantes que se podem fazer confluir neste sentido, em passagens de AMARAL, Diogo Freitas do. *Estado*, in "Pólis", vol. II, Lx., Verbo, 1984, col. 1126 ss., e JORGE MIRANDA, *Manual de Direito Constitucional*, II. *Constituição*, 4ª ed., Coimbra, Coimbra editora, 2000, p. 13 (a propósito da "constituição em sentido institucional").

[111] Cf. CUNHA, Paulo Ferreira da. *Universalité des Droits Fondamentaux et Pluralité des Cultures. Une comptabilité pour toujours réthorique?*, in *Droits Fondamentaux et spécificités culturelles*, org. de Henri Pallard et Stamatios Tzitzis, Paris, L'Harmathan, 1997, p. 149 ss. , e *Respublica. Ensaios Constitucionais*, Coimbra, Almedina, 1998, p. 51.

[112] SINHA, Surya Prakash. *Why has not beeen possible to define Law*, in ARSP, 1989, LXXV, Heft 1, 1. Quartal, Stuttgart, Steiner, p. 1 ss.

obviamente localizado espácio-temporalmente, isso é que corresponde a uma perspectiva etnocêntrica e quiçá neo-colonialista ou imperialista. Aliás, não apenas no espaço este paradigma não é universal, também no tempo. E mesmo no seio da civilização ocidental outras fórmulas existem, designadamente os direitos *à Inglesa*, e os direitos ibéricos, certamente os mais antigos de todos.[113]

1.6. A MUDANÇA DE PARADIGMA

Mas a grande razão do triunfo do paradigma Direitos Humanos, que viria, numa fase mais tardia da sua expansão, a produzir um verdadeiro suave milagre de conversões, parece-nos ser outra. Trata-se da incapacidade que tem de uma maneira geral havido para dotar o Direito de um princípio normativo que consubstancie de forma suficientemente clara a Ideia de Direito, ou Justiça.

A partir sobretudo da II Guerra Mundial, assistimos ao renovo de ideias de "superação do positivismo jurídico", além de não raros autores pretenderem retomar a tradição do jusnaturalismo.

Não se trataria tanto, ou nem sempre, desse jusnaturalismo de que falam especialmente historiadores e filósofos (menos ainda o que inventaram os positivistas),[114] mas do jusnaturalismo com fundo clássico, muito mais antigo que a modernidade, que vai beber a sua fonte na Grécia clássica, e depois seria concretizado pelo génio prático dos Romanos, e o qual, finalmente, esse sábio que nem gostava de juristas, Tomás de Aquino, saberia incidentalmente recuperar, num dos muitos milagres (este laico) [115] da sua *Summa Theologiæ*.[116]

---

[113] Cf., por todos, LIRA, Bernardinho Bravo. *Derechos Politicos y Civiles en España, Portugal y America Latina. Apuntes para una Historia por hacer*, in "Revista de Derecho Publico", nº 39-40, Universidad de Chile, Chile, 1986; Idem, *Poder y respeto a las personas en Iberoamerica. Siglos XVI a XX*, Valparaíso, Ediciones Universitarias de Valparaiso. Universidad Católica de Valparaíso, 1989. Há, entre nós, referências esparsas mas muito impressivas e esses velhos e originais direitos na obra de Agostinho da Silva. O mais recente estudo nesta senda é a Parte II de CUNHA, Paulo Ferreira da; SILVA, Joana Aguiar E.; SOARES, António Lemos. *História do Direito. Do Direito Romano à Constituição Europeia*, Coimbra, Almedina, 2005. Há contudo que usar estas malhas conceituais com muitas cautelas, porquanto alguns autores procuram não a continuidade entre as velhas e as novas liberdades (liberais, e depois sociais), mas com a afirmação das primeiras procurar desacreditar as últimas. O que é uma simples *démarche* ideológica ...

[114] Como assinalou, agudamente, Jean-Marc Trigeaud.

[115] FASSÒ, Guido. *San Tommaso giurista laico?, in* "Scritti de Filosofia del Diritto", a cura di E. Pattaro/Carla Faralli/G. Zucchini, Milano, Giuffrè, I, 1982.

[116] E contudo os estudos concretos sobre a outra face do jusnaturalismo, a jusracionalista, nomeadamente em Portugal, parece levar-nos a pensar que talvez a diferença deste relativamente ao típico realismo clássico talvez não fosse tão marcante. Impõe-se um estudo de revisão desta dicotomia, que suspeitamos também em grande medida fruto de preconceito e ideologia, quiçá até de um banda e de outra ...

Ora, apesar da confluência anti-positivista de tantos, os procedimentos usuais no Direito real, no *Law in action* (não no *Law in the books*) têm sido de índole intrinsecamente positivista. Nas repartições continuamos, com maior ou menor subtileza, a ouvir o ponto fixo de Arquimedes de todas as resoluções e de todos os arbítrios: "São ordens" (ou, muito recorrentemente também, na formulação mais castiça, "são ordes" (*sic*)). Nos tribunais é rara, raríssima, a sentença que, por mor da justiça, se encontre desconforme ao espartilho da lei. E o Código Civil português, aliás inconstitucionalmente já à luz da Constituição de 33 (cremos que agora ainda, por maioria de razão), obriga a esse cego servilismo à lei. Nas universidades, o mais que se poderia esperar, o mais que em muitos casos se pode esperar ainda, é que os docentes das cadeiras menos técnicas sejam, como dizia um eminente jurista, "jusnaturalistas até ao Natal". Findas as férias, começarão a "adiantar matéria", de forma positivista.

O positivismo jurídico (na sua principal versão, a legalista) postula fundamentalmente o *dura lex sed lex* (repristinando um brocardo da decadência romana para se dotar de foros de dignidade histórica), que constitui a súmula lapidar do paradigma vigente, o qual no debate doutrinal e com algumas decisivas realizações institucionais e jurisprudenciais, o novo paradigma direitohumanista visa destronar.

Neste render da guarda de paradigmas, o novo tem sobre o velho o aliado jusnaturalista, até certo ponto.

Numa primeira fase, o paradigma do Direito Natural, pré-moderno afinal colocou as suas reticências (e os seus representantes mais rigoristas ainda nelas persistem) ao novo paradigma *antropodikeu*. Mas alguns se foram dando conta (muitos espanhois, por exemplo) de que os direitos humanos não eram mais que uma adaptação aos tempos modernos do velho paradigma jusnaturalista, hoje impossível de recuperar de forma autónoma (pelo menos para as grandes massas, que o não compreenderiam). E assim muitos jusnaturalistas (a começar pelo Vaticano de João Paulo II) foram enfileirar a religião dos Direitos Humanos, sem todavia prescindirem do seu anterior credo.

1.7. ATRACÇÃO DE PARADIGMAS

Os principais problemas que agora se colocam para uma clara compreensão do que está verdadeiramente em causa na assunção dos diversos paradigmas em presença decorrem precisamente do facto de que existem movimentos de atracção de uns paradigmas por outros, designadamente factores de miscigenação, e recuperação.

1.7.1. Recuperação positivista

A vitalidade do paradigma positivista legalista é inesgotável. Como ideologia "espontânea" dos juristas (como dele afirmou, agudamente, António Braz Teixeira), consegue afeiçoar-se aos mais diferentes modelos políticos, económicos, sociais (por exemplo, foi comum paradigma das famílias de direito romano-germânica e soviética) e assimilar diversas metodologias, embora penda, naturalmente, para a banda do pensamento sistemático e dogmático, em detrimento do pensamento tópico ou problemático, e prefira o primado da lei ao judicialismo, que enfatiza a importância dos juízes e das sentenças.

Ora um dos perigos com que se debate (por vezes, as mais das vezes, sem o saber) o paradigma direitohumanista é o de vir a ser absorvido pelo positivismo legalista. O caso (ou a probabilidade) tem precedentes, de que salientaremos o mais significativo.

Após a vitória dos codificadores sobre os historicistas na Alemanha (na célebre polémica que opôs Thibault a Savigny), o código civil alemão, BGB, acabaria por concitar o apoio de muitos romanistas e muitos jusnaturalistas, porquanto, sendo, como alguém disse, as Pandectas de Windsheid sistematizadas em artigos, encerrava no seu organizado *corpus* os princípios de direito natural que o direito romano concretizara, agora adaptados, *mutatis mutandis*, aos novos tempos. Não haveria, assim (para os defensores de um direito natural ainda não efectivamente permeabilizado à ideia de *constante e perpétua vontade* de justiça (em dialéctica)), mais causas por que lutar: pois se tudo estava no Código?!

Ora, poderá afirmar-se que um novo perigo de recuperação de um paradigma por outro, devido à inanição de ideais, se encontra agora renovado. Desta feita, não é o direito natural engolido pelo monstro legal codificado do direito positivo. São os direitos humanos que, adoptados em inúmeras e tautológicas declarações, universais, regionais, sectoriais, nacionais, constituições e outros documentos legais, perdem o sopro renovador que adquiriram quando ainda eram mais políticos que jurídicos, e deixando-se enquistar ou cristalizar dentro das "folhas de papel", começam a ser interpretados segundo as fórmulas especiosas dos juristas.

A *ratio* institucionalizadora é sempre estioladora, claustrofóbica.

Quando os direitos se tornam taxativos, se deixam esquadrinhar em requisitos e pressupostos, e permitem que em torno de si se exerçam as mil e uma malícias das velhas e novas hermenêuticas *pro domo*, deixou de haver paradigma novo. É o velho *dura lex sed lex* que apenas tem de lidar com mais alguns tópicos, que acabarão por se comportar bem, no molde hermenêutico de Savigny, ou noutro, mais ou menos desconstrucionista ...

1.7.2. Miscegenação sociologista e jusnaturalista

A outra forma mais corrente de atracção entre os três essenciais paradigmas em presença reveste a forma de hibridação ou miscegenação, dependendo do grau de osmose a que possa chegar a "confusão".

A situação é facilmente explicável através desse processo a que se chama, na história das ciências (e noutros domínios historiográficos também), prosopografia.[117] Trata-se, no fundo, de investigar uma ciência e a sua evolução pelos percursos biográficos dos seus cientistas.

Ora a análise prosopográfica dos teóricos e dos adeptos doutrinais dos direitos humanos (e algo semelhante, mas decerto menos claro, se poderia detectar em empresa análoga no âmbito de uma pós/post-modernidade jurídica) levar-nos-ia certamente a concluir que confluem realmente na defesa dos direitos humanos sobretudo especialistas provenientes de duas escolas tributárias de dois paradigmas diferentes:

a) Por um lado, detectaremos os direitohumanistas mais propriamente ligados ao global meta/mega-paradigma da *pós-modernidade*, que, de uma maneira geral, se ligam às *ciências sociais*, e, no domínio do jurídico, se recrutam sobretudo entre os de algum modo ligados às ciências jurídicas humanísticas, mas especialmente a sociologia jurídica, a antropologia jurídica e alguma história jurídica, sendo menor a presença dos jusfilósofos (mais ainda assim alguns), e pouco significativa, que saibamos, a de juscomparatistas. Irrelevante, por seu turno, parece revelar-se a adesão de juristas técnicos. Conclusão: muitos dos aderentes ao paradigma antropodikeu são, de formação, positivistas sociológicos (ou sócio-historicistas), embora frequentemente (muito frequentemente) recusem o apodo de positivistas, e, não raro também, hajam superado as suas visões iniciais sobre filosofia (ou teoria) da História.

b) Por outro lado, a par destes positivistas sem o saberem e sem o quererem (normalmente identificam o positivismo jurídico com o simples legalismo, e assim auto-excluem-se dele), outro grupo, já referido, se detecta. São os jusnaturalistas. O que daqui resulta é uma transposição, para os direitos humanos, dos princípios de direito natural, e da metodologia própria dos jusnaturalistas. Há quem considere o perigo de o positivismo já se ter abrigado em boa parte no seio do jusracionalismo. Mas é uma questão a reavaliar ... Porque a tentação do decálogo ou do manual do escuteiro é comum a todos os jusnaturalismos: quer ao racionalista, quer ao realista (assumindo neste último caso a forma de jusnaturalismo positivista, quando enfatiza os títulos jurídicos positivos como formas de determinar o

---

[117] Cf., *v.g.*, KRAGH, Helge. *An Introduction to the Historiography of Science*, Cambridge, Cambridge University Press, 1987, trad. cast. de Teófilo de Lozoya, *Introducción a la Historia de la Ciencia*, Barcelona, Crítica, 1989, p. 227 ss.

suum de cada um, ignorando o maior título de todos, a natureza – ou condição, para alguns – humana).

Em muitas construções, atitudes e experiências de direitos humanos podemos detectar a maior ou menor mescla de elementos efectivamente positivistas ou de direito natural, frequentemente investigando as fontes inspiradoras principais dos seus actores e obreiros. E as suas predilecções ideológicas

O pólo de atracção mais claro acabará por ser o positivismo, porquanto, como vimos, mesmo a fonte jusnaturalista corre o risco da *deriva* positivista: o *jusnaturalismo positivista*,[118] como dissemos *supra*, todo preocupado com os títulos jurídicos em que se venha a fundar o *suum cuique* de cada qual. O que, embora alargando o sistema de fontes de direito envolvidas, acaba por retomar as preocupações e a metodologia do legalismo.

Também poderá existir uma deriva jusnaturalista dos direitos humanos, mas esse problema afigura-se-nos ainda mais complexo.

1.8. O PAPEL DO DIREITO NATURAL NOS DIREITOS HUMANOS

Se a atracção juspositivista não parece poder de modo algum conciliar-se, honesta e logicamente, com o paradigma dos direitos humanos (embora aconteçam e possam vir a ocorrer bastos fenómenos de recuperação ou miscegenação), o mesmo já não se poderá dizer do paradigma jusnaturalista.

Apesar da má fama que o jusnaturalismo foi ganhando em vários sectores, a qual se deve, estamos em crer, sobretudo às suas preversões jusnaturalistas-positivistas (que desfiguraram o direito natural e a sua teoria), aos seus aproveitamentos políticos, ultra-conservadores e reaccionários, e ainda a alguns cepticismos mais ou menos existencialistas, a verdade é que não conseguimos vislumbrar uma sólida teoria dos direitos humanos que não assente numa concepção aberta e moderna de direito natural, quer se chame assim, que se designe de outro modo – como é, aliás, grande tentação, para evitar mal entendidos.

Na verdade, a razoabilidade, tolerância, democracia, o pluralismo e outros princípios, valores ou tópicos essenciais dos direitos humanos, não podem fundar-se num simples comodismo utilitarista, sob pena de poderem ser sacrificados mal estale esse verniz civilizacional que os dita. Se não houver um respeito profundo pelo Homem e pela sua dignidade, fundado na ideia da transcendência ou sacralidade naturais (mesmo, eventualmente, laicas e até ateias) do Homem, de cada Homem concreto, dificilmente se sustentará filosoficamente e se manterá praticamente o ideal de tais direitos.

[118] Cf. já o nosso *Tópicos Jurídicos*, Porto, Asa, 1995, p. 76 ss.

Nos dias de hoje, em que a aplicação directa do direito natural é coisa raríssima (embora não de todo proscrita, mesmo em tribunais civis e em países de arreigada tradição jacobina ou napoleónica), em que se aboliram as últimas cátedras de direito natural, em que se procura asfixiar a própria filosofia do Direito, subordinando-a a outras áreas, desertificando os *curricula* do seu sopro inspirador e fecundador, é inegável que a grande mão actuante do direito natural são os direitos humanos. Eles "contam às crianças e explicam ao povo" o que até então só era acessível a uma elite. Aliás, é o próprio Villey que, no seu diário postumamente editado, o reconhece, afirmando que não recomenda o direito natural a todos, mas apenas àqueles (*happy few*, necessariamente) *que podem compreender*. Isto significa também que mesmo para o interior da casta dos juristas (doravante massificada) também os direitos humanos são uma forma de contar uma história e de difundir valores que razões múltiplas tornaram incompreensíveis ou inaceitáveis se propagados pelo veículo do direito natural.

O mais que se pode fazer, doravante, é assumir uma das seguintes posições:

a) Os mais *puristas*, continuarão alegando as contradições históricas, teórico/práticas, terminológicas e outras, mas serão incompreendidos e eventualmente estigmatizados. Defenderão um quixotismo cada vez mais sem sentido. Na verdade, funcionarão como Velhos do Restelo, por muito acertados que sejam os seus pruridos e temores.

b) Os mais *pragmáticos*, porão de parte qualquer alusão ao direito natural, olvidarão tais raízes, se as tiverem, e alguns até poderão caluniá-lo facilmente, como coisa do passado, etc.. Incorrerão no difícil problema de não terem qualquer ponto de apoio filosófico para as construções direito-humanistas. Porque o ponto fixo da alavanca gigantesca dos direitos humanos serão frágeis pés de barro se os pretendermos alicerçar nos candidatos hodiernos a pedra angular do sistema: o diálogo universal ou o consenso social das massas, ou o procedimento ritualístico e burocrático, ou véus de ignorância e posições originárias legitimadoras da democracia capitalista à americana.

c) Os mais *didácticos* procurarão essa síntese de que falava Bergson, do pensar como homens de acção (sem renegar o pensamento) e também agir como homens de pensamento (agindo efectivamente). Por isso, não deverão prescindir da grande âncora que é o direito natural, nestas águas revoltas, mas compreenderão que os remos ou quiçá o motor do navio da liberdade e da justiça são hoje os direitos humanos. Com a vantagem de, quando houver uma avaria ou faltarem os braços para mover a nave, o direito natural, que também é bandeira, poder ser desfraldado como vela, e captar sempre os ventos de justiça que sopram em todas as novas marés.

E será assim que, retomando um símile de Francisco Puy,[119] estes jogadores poderão superar os outros, porque enquanto a primeira equipa adora o jogar à bola (direito natural) detestando o futebol (direitos humanos), e a segundo equipa é adepta fervorosa do futebol (direitos humanos), abominando o jogar à bola (direito natural), estes outros compreendem que uma coisa e a outra se não são rigorosamente iguais, pelo menos são evidentemente complementares. E tanto gostam de um como de outro jogo.

1.9. DE RELIGIÃO A HERESIA

Os direitos humanos conseguiram, pois, inserir-se no mundo do Direito, e hoje pode verificar-se até uma certa reverência (dir-se-ia até exagerada e algo postiça em alguns sectores) por parte de ritualísticos oficiais desse ofício, que não querem deixar de sacrificar nesse novo altar, provavelmente pelo medo ancestral de represálias por parte da nova divindade.

Pôr uma velinha no nicho dos direitos humanos corresponde a citá-los a propósito (e sobretudo a despropósito) em discursos, em preâmbulos e relatórios, a fazer muitas declarações de direitos, a repeti-los em instrumentos internacionais, e, para os académicos, juristas e não juristas, a escrever muito sobre eles: o que se sabe e o que se não sabe, o que se leu e o que se inventou ... pouco importa.

A torrente doutrinal sobre direitos humanos não tem nada que se lhe compare. A *Internet* está literalmente congestionada com *sítios* sobre a matéria. E os catálogos das editoras de obras impressas despejam-nos títulos impossíveis de compulsar.

O carácter iterativo é próprio das religiões. Do mesmo modo, pelo menos na fase de sua expansão, normalmente o fenómeno religioso é proselítico, agressivo, conquistador. Intolerante também. Tal como o ideológico, aliás.[120]

E, como pressupomos que os fundadores das religiões são, em geral, Pessoas pacíficas e santas, é nessa dimensão expansiva que a própria religião se torna heresia de si própria.

Os direitos humanos têm já sido apelidados de religião.

Este apodo tem tido conotações diversas:

a) Uns, etiquetaram os direitos humanos como religião pensando, ainda que subconscientemente (mas sempre em termos positivos), que eles vieram *substituir*, em tempo de descrença, as grandes religiões ocidentais

---

[119] PUY, Francisco. *Derechos Humanos*, III. *Derechos Politicos*, Santiago de Compostela, Imprenta Paredes, 1985, p. 379.

[120] Cf. as sempre inspiradoras páginas, sobre o carácter religioso da revolução francesa, de TOCQUEVILLE, Alexis de. *L'Ancien Régime et la Révolution*, ed. de Paris, Gallimard, 1967, p. 68.

que os precederam como fés totais: o cristianismo (nas suas diversas confissões e denominações) e o marxismo-leninismo (nas suas diversas versões ideológicas e concretizações práticas).

b) Outros, designaram os direitos humanos de religião com uma ponta de *ironia*, apesar de uma adesão de princípio. Como que chamando insensivelmente a atenção para um perigo que talvez não soubessem ainda identificar, mas que é normal consequência de todas as cosmovisões militantes. No fundo, um perigo de totalitarismo.

c) Finalmente, outros chamaram aos direitos humanos religião já com uma carga assumidamente *crítica*, como sinónimo de crença ou até superstição, fé irracional e eventualmente nociva.

Há a possibilidade de encarar o qualificativo de "religião" de uma forma positiva. É que realmente de religião de trata, porque, além de se encontrarem hoje envolvidos de uma aura de *sagrado*,[121] se bem entendidos, os direitos humanos constituem uma *religação* (e isso é que é uma religião): no caso, do Homem e do seu Direito com a Natureza Humana e o Direito Natural (e aqui teríamos o nosso e quarto sentido de "religião" dos direitos humanos).

Consequentemente, os abastardamentos dos direitos naturais não são parte da "religião" dos direitos humanos, mas de heresias.

Claro que quando se começam a estabelecer linhas divisórias entre ortodoxias e heterodoxias, a excomunhão anda por perto, e os próprios direitos humanos perigam no seu cerne. Todavia, este novo paradigma não pode confundir-se numa amálgama infernal de imprecisão e incerteza, onde tudo convive com tudo, e tudo tolera tudo.

Há certamente coisas que não são relativas, nem negociáveis, há verdade e erro e não apenas perspectivas, etc. Embora essa separação não passe pelos preconceitos a tal propósito imperantes, ou os que dados iluminados reivindicam: é tudo muito mais complexo do que parece. A possibilidade de verdade não quer dizer que se persigam os que erram, ou que pensam de forma diversa. Embora se não possa viver na eterna indiferença ou fungibilidade.

Os direitos humanos têm assim, também, as suas heresias. Há dois grupos principais a considerar:

a) A primeira heresia dos direitos humanos é a da *falsa discriminação*,[122] ou do mau uso do discurso da discriminação. Consiste sobretudo em eleger um grupo, normalmente de facto vítima de abusos, ou segregado de alguma forma, no presente, no passado, ou em certas condições ou casos,

---

[121] V., *v.g.*, ELIADE, Mircea. *Traité D'Histoire des Religions*, Paris, Payot, 1949, nova ed. port., trad. de Natália Nunes e Fernando Tomaz, *Tratado de História das Religiões*, Porto, Asa, 1992, p. 25 ss.

[122] Cf., entre nós, o lúcido trabalho de ALMEIDA, Aníbal de. *Sobre o Espaço lógico da Discriminação*, separata do "Boletim de Ciências Económicas", Faculdade de Direito de Coimbra, Coimbra, 1997, e o nosso *Igualdade, Minorias e Discriminações*, in "O Direito", ano 131º, 1999, III-IV, p. 289 ss.

para daí extrapolar uma regra injusta de discriminação, a qual seria de abolir, substituindo-a por uma nova regra, mas esta de discriminação positiva. Isto é, a forma de compensar os discriminados seria de os passar a privilegiar. A isto se chama por vezes, mais eufemisticamente, *acção afirmativa*. Esquece-se frequentemente que nenhum privilégio (mesmo a ex-segregados) se confere senão à custa de discriminações (mesmo a ex-privilegiados, ou pessoas numa hipotética situação "neutra"). A discriminação positiva, que raramente contempla os pobres, mas favorece sobretudo as camadas de elite de certas "minorias" (os activistas políticos e sociais que delas se possam reivindicar por razões de género, raça, cultura, actividade, etc.), estabelece uma nova hierarquia de pessoas, em que o homem comum, desprotegido, fica prejudicado, e muito prejudicadas minorias não contempladas. O caso da entrada na Universidade do judeu DeFunnis, nos EUA,[123] é paradigmático: também pertencia a uma minoria, mas das não-eleitas ("não elegíveis" segundo os cânones imperantes sobre discriminações) ... Outro aspecto deste erróneo uso do operador (ou micro-paradigma) "discriminação" é a sua detecção onde ela não existe. A impossibilidade legal ou estatutária numa Universidade de um cego ser aluno de História de Arte ou de Pintura será verdadeira discriminação, como muitos pensam, ou decorrerá antes da "natureza das coisas"?[124] Também não há discriminação nenhuma em muitos tratamentos desiguais de situações efectivamente desiguais. O discurso da pseudo-igualdade anti-discriminatória desconhece ostensivamente o velho princípio jurídico de "tratar o igual igualmente e o desigual desigualmente na medida da sua desigualdade". Esta cegueira aos matizes das realidades chega a situações clamorosas, das quais as falsas antinomias entre direitos são um exemplo, mesmo ao nível da própria teoria dos mais positivos e técnicos direitos fundamentais *proprio sensu*.[125] Dois exemplos de escola: a proibição de andar sem roupas pelos locais públicos a tais práticas não reservados não é um atentado à liberdade de circulação. Nem um actor poderá reclamar, brandindo com a liberdade de expressão artística, se vier a ser procurado pela polícia por ter praticado um homicídio voluntário em cena. O grande problema desta heresia começa por ser a falta de bom senso, mas alastra pela educação imitativa e pela formação mediática. O que é um absurdo torna-se na "ideia corrente", pelo facto de as pessoas não serem formadas para analisar criticamente e a construir criativamente, mas apenas para receberem os produtos mentais de pronto-a-pensar.

---

[123] Comentado, por exemplo, mas num sentido que consideramos inaceitável, por DWORKIN, Ronald. *Taking rights seriously*, trad. cast. trad. de Marta Guastavino, *Los Derechos en serio*, Barcelona, Ariel, 1984.

[124] E contudo nem esta afirmação é definitiva: vimos, na Pinacoteca do Estado de São Paulo, excelentes trabalhos de educação artística para pessoas com deficiências visuais, mesmo totais.

[125] Cf., entre nós, as observações e os exemplos de falsas concorrências entre direitos em ANDRADE, José Carlos Vieira de. *Os Direitos Fundamentais na Constituição Portuguesa de 1976*, Coimbra, Almedina, 1983, máx. p. 216.

b) A segunda heresia dos direitos humanos é a do *fundamentalismo*[126] ou *totalitarismo* (a melhor expressão ainda estará por escolher para o caso). Curioso perigo, paradoxal, mesmo. Mas verdadeiro. Alguns dos sacerdotes da nova religião levam tão a sério o seu papel que pretendem reeditar o lema leninista "nenhuma liberdade para os inimigos da liberdade". Vai daí, está a instituir-se, à sombra da verdade e da bondade da religião verdadeira, uma heresia que já dá por nomes: *politicamente correcto*, *pensamento único*, etc.[127] Subtilmente, agora, não se sabe por que meios no futuro, há coisas que se não podem fazer, outras que não se podem dizer ... porque contrárias a essa nova cartilha. Os que ousam fazê-lo podem ser ou vir a ser vítimas de evitamento social, exclusão mais ou menos subtil: no limite, perseguição. A inércia e o interesse levam a que se imitem ideias e comportamentos politicamente correctos, a que se alinhe pelo pensamento único. E ao contrário do que sucedia com as ditaduras de antanho, agora o centro desse poder não são as instituições políticas, antes elas se submetem também a esse despotismo que faz dos *media* o seu natural veículo, e do preconceito, do interesse e do medo os seus presentes polícias e mentores. É o princípio da autocensura, da autorepressão, da *crimideia* do *1984* de Orwell.

Ainda é cedo para, no nosso país, fazer o levantamento dos malefícios da heresia. E ainda não é clara a sua ligação com os direitos humanos. Mas noutros países é já patente o que está em curso.

1.10. BALANÇO E PROSPECTIVA

As ameaças aos direitos humanos não vêm apenas, ao contrário do que se possa julgar, dos ditadores, dos regimes ou das ideologias tradicionalmente totalitários. Só ingénuos ou idealistas podem hoje acreditar na bondade de tais sujeitos e propostas. A sedução por fundamentalismos religiosos, racismos, nacionalismos xenófobos, colectivismos terroristas, utopias burocráticas só pode doravante exercer-se em tipos muito especiais de espíritos, e ainda não constitui ameaça real para as democracias. Apesar de a falta de politização e cultura de cada vez maiores massas de jovens os tornar presa muito mais vulnerável das seduções messiânicas, autoritárias, dogmáticas, e piores ainda ...

Mas há também a ameaça muito séria da degenerescência interna, se as democracias, cansadas, esgotadas, acomodadas, forem cegas a valores,

[126] Cf. CUNHA, Paulo Ferreira da. *Fundamentalismo,* in "Verbo. Enciclopédia Luso-Brasileira de Cultura. Edição séc. XXI", vol. XII, Lisboa / São Paulo, 1999, col. 1150-1153.

[127] ESTEFANÍA, Joaquín. *Contra el Pensamiento Único*, Madrid, Taurus, 1997.

permeáveis a forças corruptoras, como a clássica demagogia, o nepotismo, o clientelismo, e a falta de alma, de projecto, de renovação.

Mas há também hoje um perigo real novo. Dir-se-ia que a tirania encontrou precisamente nos instrumentos da liberdade hodierna um veículo onde propagar-se. E se os direitos humanos, a sua bandeira e a sua doutrina, conseguiram fazer cair de pedestais e bastiões ditadores e ditaduras, se denunciaram e fizeram corrigir abusos, e se nessa trincheira continuam lutando, a verdade é que à sombra dessa mesma bandeira, candidatos a novos privilegiados, e quiçá a novos tiranetes, vão tomando posições e estudando estratégias.

Muito ingénuos seríamos se acreditássemos que a geral conversão dos direitos do homem não escondia hipocrisia de uns e oportunismo de outros, para além da generosidade da maioria.

Em suma, e à guisa de conclusão, poderá dizer-se que:

a) Os Direitos Humanos *renovaram* a face do Direito, embora ainda esteja por fazer a sua completa harmonização, designadamente quanto a uma teoria compreensiva quer dos direitos, liberdades e garantias, quer dos direitos sociais, económicos e culturais, ambientais, da sociedade da informação, etc. O sopro de ar fresco epistemológico permite hoje pensar conscientemente três épocas (três paradigmas) no Direito, depois da sua afirmação epistemológica, no *ius redigere in artem*: o direito objectivo clássico, o direito subjectivo moderno, e hoje o *direito pessoal-social*, que todavia ainda aguarda a sua revolução coperniciana ou einsteiniana, e de que os direitos humanos são uma espécie de profeta anunciador.[128]

b) Os direitos humanos persistem como *instância crítica*, política, e anti-positivista do Direito, apesar de todos quantos se converteram a um dieitohumanismo positivista, de ritual elaboração e exegese de textos protectores, mas quantas vezes recuperados e cristalizadores.

c) Os direitos humanos, religião nova que une o Homem à sua Natureza e o Direito à Justiça, encontram-se *ameaçados* por heresias que podem fazê-los sucumbir, por metamorfose em coisa muito diversa: especialmente a heresia pseudo-anti-discriminatória, que clamando por igualdade pode cavar fossos sociais e levantar barreiras de novas desigualdades, e a heresia totalitária, a qual, pretensamente zelosa pela pureza dos direitos, pode transformar-se numa polícia difusa do pensamento, nomeadamente pondo em perigo, para já, as liberdades religiosa, de expressão, de ensino, etc.

O balanço teorético dos Direitos humanos é francamente positivo. Quanto à prospectiva, preferimos reservar o nosso prognóstico. Tudo depende da inteligência e da argúcia dos *antropodikeus*, dos amigos dos di-

[128] Cf. especialmente o nosso *Teoria da Constituição*. II. *Direitos Humanos, Direitos Fundamentais*, Lisboa / São Paulo, Verbo, 2000, máx. 91 ss.

reitos do Homem. Depois da fase eufórica e da mística da luta, passa-se à consolidação, a um olhar segundo. É nesta fase que os "idiotas úteis" costumam ser eliminados pelos ditos "realistas". Seria a mais trágica das ironias da História se a liberdade viesse a sofrer seriamente, não pela mão visível dos seus "inimigos", mas pela luva subtil dos seus falsos amigos.

Para que tal não aconteça, é preciso que haja memória e prudência. Memória que dê exemplos da evolução, e seja mestra do futuro. Prudência, fundada na memória: capacidade de fazer escolhas certas, após ponderação informada. A Educação para os Direitos Humanos é, assim, essencialíssima. Uma Educação que tem de comportar História, Filosofia, Política, Direito. Educação para os Direitos Humanos é, pois, o grande modelo educativo dos nossos dias e para o futuro.

Na verdade, toda a nova Educação deve ser para os Direitos Humanos, porque os Direitos Humanos são, afinal, o grande projecto deste nosso novo século. E acabam por ser o grande novo epistema-paradigma englobante e pano de fundo de tudo o que, no Direito e no Homem, se revela como realmente novo.

1.11. CONCLUSÃO. DIREITOS HUMANOS: SUAVE MILAGRE

Os Direitos do Homem, como vimos, não são simples. Nem como categoria do Direito, nem como invocação política. E só se compreendem nas suas lutas, práticas e teóricas, ou seja, na sua História.

Se hoje os Direitos Humanos acabam por ser a mais visível parte do Direito e a mais nobre modalidade da política, ainda há não muitos anos eram alvo de críticas da parte de grandes juristas, e se recuarmos mais ainda, tiveram grandes adversários, desde logo nos campos utilitarista, marxista e católico. Felizmente, hoje em todos esses campos a crítica parece encontrar-se ultrapassada ...

Assistimos, nos últimos anos, sobretudo depois da queda do muro de Berlim e de algumas ilusões, e especialmente com o pontificado de João Paulo II, a um fenómeno a que só podemos chamar "suave milagre dos Direitos Humanos". Retomando um título do Prof. Doutor António Reis, de saborosa inspiração queiroziana, cunhado a propósito das sucessivas e subtis conversões à nossa *Constituição*. Foi há 30 anos.

Chegou-se hoje a uma tal difusão das adesões aos Direitos Humanos que não poucos dos que os proclamam o fazem sob reserva mental, na mais declarada hipocrisia. O pensamento único e o politicamente correcto, para lá dos seus mil e um dislates, colam-se às ideias com boa conotação. E os Direitos Humanos soam bem, têm boa fama. Já que *a hipocrisia é o preito que o vício presta à virtude* ... virtuoso parece ser esse "tabu" da intocabilidade absoluta dos Direitos Humanos. O problema começa quando se pergunta quais são esses direitos, como inter-agem, e qual o seu sentido profundo. Aí, os Direitos Humanos passam a ser Caixa de Pandora que alberga todas as esperanças de mistura com duvidosos interesses, sob capa de generosidades e de valores universais.

Com todas estas forças e fraquezas, os Direitos Humanos são a linguagem moderna do Direito Natural, isto é, a forma de conjugarmos hoje os verbos da Justiça. Por eles a Filosofia se fez prática.

No seu entusiasmo, muitos ignoram ou esquecem que antes da técnica e da "religião" dos Direitos Humanos houve outras formas de protecção da Pessoa. Muito antes da revolução americana e da revolução francesa, com os seus escritos constitucionais de protecção proclamatória dos Direitos Humanos, antes mesmo da *Magna Charta* inglesa de 1215, já nos concílios de Toledo, sobretudo no IV (633 d.C.), desaguariam formas de protecção, as quais vieram a irradiar pela América Latina. Mas cuja posteridade não teve depois fortuna internacional, do mesmo modo que hoje um investigador lusófono, para ser reconhecido, tem de valer muito mais que um outro, falante do inglês como língua materna. Alguns dos nossos melhores autores referiram-se a esses velhos direitos: Antero de Quental, Oliveira Martins, Teixeira de Pascoaes, Jaime Cortesão, e mais recentemente, Agostinho da Silva. Os juristas foram mais imunes a tais ecos – curiosamente.

A protecção concreta da Pessoa, da sua vida, da sua honra, dos seus bens, garantida no território que viria a ser Portugal e Espanha, ao mesmo tempo que povos hoje muito civilizados ainda faziam sacrifícios humanos, já era uma forma de protecção de Direitos Humanos.

Para quê separar Direitos Humanos modernos de outros direitos, mais antigos? Só com o fim ideológico de enaltecer o tradicionalismo e apoucar o liberalismo e seus sucessores sociais.

Também boa parte das críticas aos Direitos do Homem partem de perspectivas tecnicistas e historicistas. Em que igualmente se poderá detectar uma intenção de demarcação político-ideológica.

Mas os Direitos Humanos têm sido mais fortes: o mais esclarecido de todos os críticos, Michel Villey, diria, (como referimos brutamente *supra*) na sua última entrevista, ao "Le Monde":

> "Na verdade, não sou contra os direitos do homem. Creio bastante nos direitos do homem europeu, já que existe na Europa um Tribunal de Justiça ..."

Permanecendo coerente, Villey reconhecera a realidade. *Suave milagre*.

2. O parentesco dos Direitos Humanos: direitos de personalidade e figuras afins[129]

2.1. DA LEI À DOUTRINA

O Código Civil Brasileiro, nos seus arts. 11 a 21, e o Código Civil Português, nos seus artigos 70 a 81 expressamente regulam, como bem sabemos, direitos da personalidade, contendo vários direitos de personalidade em particular. E podendo parecer pressupor o Código brasileiro uma personalidade em geral, enquanto o Código português explicitamente a afirma.

Todos nós conhecemos estes dispositivos legais. Também, para lá dos meandros doutrinais, certamente todos recordaremos a cristalina (embora hoje muito desadequada – porque tudo se foi complicando) fórmula de De Cupis sobre estes direitos, como *minimum sine qua non* do conteúdo da personalidade.[130]

O que nos traz aqui hoje é a questão do seu enquadramento e relações, na cada vez mais complexa maranha de categorias jurídicas, e, dentro delas, de direitos.

Onde se situam os direitos de personalidade quando vivemos naquela a que Bobbio chamou *Idade dos Direitos*?[131]

Qual a sua ligação com outras categorias?

Será possível uma arrumação sistemática, clara e distinta entre elas?

Vamos desiludir o ilustre auditório. Não iremos poder satisfazer o nosso desiderato teórico completamente *hic et nunc*. Trata-se apenas, por agora, de aduzir alguns subsídios para ir desbravando caminho nessa senda:

[129] Texto que serviria de base a Conferência na Escola Superior da Magistratura do Estado do Rio Grande do Sul, em 10 de Março de 2006, apresentada pela Vice-Presidente Drª Maria Aracy Menezes da Costa, e tendo como "debatedor" o Prof. Doutor Ingo Wolfgang Sarlet.

[130] CUPIS, Adriano de. *Os Direitos de Personalidade*, trad. port. de A. Vera Jardim e M. Caeiro, Lisboa, 1961, p. 17: "o '*minimum*' necessário e imprescindível do conteúdo da personalidade".

[131] BOBBIO, Noberto. *L'età dei Diritti*, Einaudi, 1990, trad. bras. de Carlos Nelson Coutinho, *A Era dos Direitos*, 4ª reimp., Rio de Janeiro, Campus, 1992.

e caminhos de floresta, *Holzwege* hedeggerianos. As estradas militares (como expressamente diria Kant) do dogmatismo da dogmática só poderão vir depois, após nos havermos perdido – para nos re-encontrarmos com a realidade profunda da *selva oscura* do pulsar dos direitos à solta.

Na verdade, a sistematização terá de vir na sequência de haverem sido levantados e amplamente discutidos os problemas na comunidade científica. Procurar uma dogmática estruturação agora seria prematuro e sobretudo uma empresa votada ao fracasso, como todos esses esforços excessivamente individuais e solipsistas que seriam caricaturados no séc. XIX por aquele dito sobre o direito natural jusracionalista. Lembram-se que ele aparecia em novas oito versões a cada abertura de uma nova feira do Livro em Leipzig?

Teremos de fazer, para já, algumas digressões de índole conceitual, histórica e filosófica sobre o problema dos direitos – antes de tudo o mais. Não com intuitos eruditos, mas com finalidade compreensiva. Como dizia um autor hoje pouco de moda, mas que devia assustar menos a quem ainda assusta, e entusiasmar mais comedidamente aqueles a quem arrebata, "*Aller Anfang ist schwer, gilt in jeder Wissenschaft*". O nosso começo é difícil aqui também. Confesso ter lutado com este tema durante anos, como Jacob com o Anjo.

Há uma multiplicidade de situações em quem aparecem vocábulos próximos de "pessoa", "pessoal" e "personalidade" para recortar ou enquadrar categorias jurídicas. Antes de mais, será necessário elencar, ainda que de forma não exaustiva, essas situações. Esse elenco nos permitirá ir problematizando diálogos possíveis com figuras próximas e afastadas. E finalmente problematizar uma possível inspiração mais geral e profunda desta categoria jurídica.

Devemos advertir desde já que nos repugna sobremaneira o nominalismo, o conceptualismo, o confusionismo jurídico e a multiplicação dos entes para além do necessário. De bom grado brandiríamos a navalha rente de Ockham, sustendo apenas o seu trabalho de *inutilia truncat* quando se nos depare o tal "direito nebuloso" de que fala Schwerdtner.[132] Caberá aliás desde já sublinhar que, havendo uma tutela jurídica geral da personalidade (referida ao "*jus in se ipsum* radical", de que falava Orlando de Carvalho), como pano de fundo de direitos de personalidade especiais, podemos estar mais à vontade quanto às classificações e divisões destes últimos, na medida em que existe uma relativa fungibilidade das mesmas.[133] O problema que agora nos ocupa não é o da filigrana subtil das divisões internas dos direitos de personalidade, mas o da sua feição externa, do seu "rosto social".

---

[132] SCHWERDTNER, V. Petter. *Der zivilrechtliche Persoenlichkeitsschutz*, in "Juristische Schulung", 1978, p. 290.

[133] Neste sentido, *v.g.*, PINTO, Paulo Mota. *Notas sobre o direito ao livre desenvolvimento da personalidade e os direitos de personalidade no direito português*, in *A Constituição Concretizada. Contruindo pontes com o público e o privado*, org. de Ingo Wolfgang Sarlet, Porto Alegre, Livraria do Advogado Editora, 2000, p. 67, n. 26.

2.2. PESSOA

Há unanimidade, ao menos proclamatória, no reconhecimento da dimensão (filosófica e não naturalística) de Pessoa a todo o ser humano.[134]

A Pessoa surge no direito desde logo como um dos elementos da tópica ontológica da Justiça, captada (ainda que de forma aproximativa, talvez melhor dito "intuída já" – porque talvez haja uma *décalage* histórica na compreensão *proprio sensu* da pessoa, *in casu*) por Ulpiano no célebre brocardo: *Iustitia est constans et perpetua voluntas suum cuique tribuendi*. O agente desta atribuição, assim como a razão de ser da mesma, são pessoas. O direito medeia ou consiste na atribuição por uma Pessoa de algo a uma outra Pessoa. O direito é comunicador e liame entre pessoas. Essa é também uma das suas assinaladas características: a alteridade, mais que a bilateralidade, porque o sistema simples descrito pode complexificar-se com a intervenção de várias pessoas. Fazendo já a ponte para o tópico seguinte, caberá a este propósito referir uma reminiscência pessoal académica: logo no nosso primeiro curso de Introdução ao Estudo do Direito, o texto policopiado das lições por que estudámos citava Mounnier: "A experiência primitiva da pessoa é a experiência de segunda pessoa. O *tu* e adentro dele, o *nós*, precede o *eu*, ou pelo menos acompanha-o".[135]

Contudo, não é um conceito simples, este de Pessoa. Sobretudo em relação com o de personalidade. Com graça, mas sem nos resolver muito as angústias, a Enciclopédia Einaudi abre o seu verbete respectivo com a seguinte frase: "Ninguém ousaria afirmar que o seu gato é uma pessoa, mas por outro lado não hesitaria em atribuir-lhe uma personalidade".[136]

Assim como o robot feminino (ou a robot feminina?) do filme *O Homem Bicentenário*: tem personalidade, mas não será (pelo menos ainda) uma pessoa. Este tema tem sido aliás muito glosado em vários filmes, da chamada "ficção científica".

Se a Pessoa em sentido filosófico nos colocaria no centro do vendaval especulativo de quase sempre, a Pessoa em sentido jurídico está, de igual modo, bem longe de ser questão pacífica. Sobretudo se nos lembrarmos dos agudos problemas biojurídicos e tanáticos: se menos problemas há no período após o "nascimento completo e com vida" e até à morte claramente detectada, antes desse nascimento e até depois dele (ou em fases de transição) as dúvidas sobre a personalidade (ou as suas dimensões e implicações),

[134] Neste sentido, e abonando-se em autores como Orlando de Carvalho, Kant, Hegel, Kaufmann, Larenz e Carlos Mota Pinto; PINTO, Paulo Mota. *Notas sobre o direito ao livre desenvolvimento da personalidade e os direitos de personalidade no direito português*, p. 61.

[135] MOUNNIER, E. *Personalismo*, trad. port., p. 59, *apud* NEVES, António Castanheira. *Introdução ao Estudo do Direito*, 1ª versão, Coimbra, s/e, s/d, (policóp.), p. 117.

[136] (M. A.). "Pessoa", in *Enciclopédia Einaudi*, edição portuguesa, vol. 30, Lisboa, Imprensa Nacional – Casa da Moeda, 1994, p. 106.

o seu reconhecimento, ou atribuição são deveras complexas. Mas com esta reflexão já estamos noutro domínio: o *conceito de personalidade* jurídica, que, como veremos, é diferente do bem jurídico da personalidade.

2.3. PERSONALISMO

Além de poder ter uma dimensão ideológica (ou anti-ideológica, como diria, em célebre título, um dos seus conhecidos teóricos),[137] o personalismo em Direito pode aproximar-se mais de uma humanitarização jurídica (relevando, a propósito, a distinção entre humanismo e humanitarismo jurídicos). Um Direito personalista não será expressão muito utilizada, em português, contudo relevando, quando ocorre, de uma avaliação ideológica sobre a bondade humanista, social, ou afim de certos normativos. Não nos levarão a mal se afirmarmos uma convicção talvez polémica: creio que dificilmente uma legislação ferozmente neo-liberal ou sufocantemente colectivista se poderá dizer concorde com um personalismo jurídico.

Não sendo a expressão comum, como acabamos de dizer, registamos contudo com agrado a utilização da expressão pelo nosso Colega de Coimbra Paulo Mota Pinto, nos termos seguintes, que consideramos justos: "Ao consagrar o direito geral de personalidade, o nosso legislador revelou, além de atenção ao sentido de desenvolvimentos dogmáticos noutras ordens jurídicas, uma preocupação personalista que é de louvar".[138]

A categoria em causa tem todavia sobretudo relevância no âmbito da política do direito, da avaliação política e ideológica até, do sentido da legislação (ou da jurisprudência). Decerto mal comparando, dá contudo vontade de dizer que, quando, por exemplo, na Paraíba, o advogado Dr. Ronaldo Cunha Lima e o Juiz da Comarca, Dr. Roberto Pessoa de Sousa, trocaram peças processuais em verso pedindo e concedendo a liberdade de um violão aprendido numa serenata, cremos poder dizer-se que, embora a questão verse directamente sobre coisa e não sobre pessoa, estamos perante um exemplo de direito personalista. No caso, porejado de humanidade e sensibilidade, até. Como afirma o juiz, na bela sentença:

Emudecer a prima e o bordão,
Nos confins de um arquivo, em sombra imerso,
É desumana e vil destruição
De tudo que há de belo no universo.

---

[137] LACROIX, Jean. *Le personnalisme comme anti-idéologie*, trad. port. de Olga Magalhães, *O Personalismo como Anti-Ideologia*, Porto, Rés, 1977.

[138] PINTO, Paulo Mota. *Notas sobre o direito ao livre desenvolvimento da personalidade e os direitos de personalidade no direito português*, p. 72.

2.4. ASPECTOS OBJECTIVOS DA PERSONALIDADE

Sendo tendência natural pensarmos que a personalidade tem sobretudo carácter e atinências subjectivas, há contudo casos em que a pessoa funciona como destinatário de uma ordem objectiva. Julgamos poder surpreender este fenómeno em diversas áreas:[139]

a) *Nos privilégios*, que uma etimologia antiga considera leis privadas – aqui, as leis beneficiam determinadas pessoas (naturalmente não tratando igualmente, nem com tanto favor algumas outras).

b) *Nos estatutos pessoais*: apesar da multiplicidade de ordens jurídicas com que contacta, um viajante ou um peregrino sempre consigo preserva um certo estatuto jurídico pessoal, desde logo ligado à sua condição de nacional de um determinado Estado (ou de apátrida), e em que se incluem afinal direitos de personalidade e até direitos humanos.

c) *Na personalidade das leis*, no sentido de personalidade colectiva, sobretudo étnica ou afim, nos ordenamentos jurídicos em que haja coexistência de várias comunidades, normalmente com expressão daquilo a que antes de chamaria "raça" ou "sangue", cultura e eventualmente língua diversas, e que tenham assumido separação de jurisdições ou, pelo menos, corpos ou subcorpos normativos específicos. Como ocorreu no território hoje português aquando dos domínios visigótico e muçulmano, e mais tarde, já depois de criada a nacionalidade portuguesa, claramente no âmbito das Ordenações Afonsinas. A estas formas de *apartheid avant-la-lettre* se chamou em alguns casos *ordenamentos jurídicos personalistas*. O que, pela simples expressão, pode causar alguma confusão[140] como que num desses "falsos amigos" linguisticamente advertidos.

Como pano de fundo, o que prevalece, neste ponto, é o legado objectivista romano: ao contrário do que ocorre com os direitos de personalidade, que são essencialmente direitos subjectivos, os direitos em Roma eram objectivos.

Afirma o filósofo português, não há muito falecido, Orlando Vitorino, que não tendo formação jurídica possuía uma rica imaginação para pensar o Direito, e chegou a ser publicado pelos *Archives de Philosophie du Droit*, e pelo *Boletim da Ordem dos Advogados* portuguesa:

> "A forma predominante do direito romano não é, pois, o contrato, mas a propriedade, que tem o significado que na palavra verbalmente exprime: o que é próprio das coisas, o que reside nas coisas mesmas e

[139] Cf. alguma intersecção de pensamento neste ponto com FRANCISCO PUY. *Tópica Jurídica*, Santiago de Compostela, Imprenta Paredes, 1984, p. 487 ss.

[140] Questão interessante, e decerto não ociosa, seria a de saber se o normativo que na Constituição do Brasil considera um estatuto particular para os índios corresponde a uma situação do tipo da referida no corpo do texto. Com efeito, prescreve o art. 4º, Parágrafo único: " A capacidade dos índios será regulada por legislação especial".

não em quem as possui. Em direito romano não se poderá dizer, como em direito moderno, que 'as coisas são propriedade de alguém', mas sim que 'as coisas têm propriedade'".[141]

Importa precisar os conceitos, o que a didáctica positivista nem sempre faz.

Para muitos, passou a ser sacrossanta e incontrovertível a errónea ideia segundo a qual os direitos teriam todos duas faces, como cara e coroa: sendo uma o direito e outra o dever, numas situações, e, noutras casos, encontrando-se de um lado o direito objectivo e de outro o direito subjectivo.[142]

Nesta última perspectiva, o direito objectivo seria o direito concedido pela ordem jurídica e posto nos seus textos: em último termo, o direito objectivo seriam os próprios textos; o direito subjectivo, o poder ou faculdade que tais textos atribuem a pessoas em concreto: no limite, os poderes e faculdades concretos das pessoas jurídicas.

Realmente, o direito objectivo não se prende com a contextualização e determinação externa (dita, por isso, objectiva) das faculdades ou poderes individuais, mas, pelo contrário, com o carácter real, palpável, concreto dos poderes dos sujeitos sobre as coisas (*latissimo sensu*). E o correlato subjectivo (pessoalmente radicado) de uma atribuição de direitos pela ordem jurídica (direito em sentido normativo, e não objectivo), numa situação a que designámos já como de "liberdade dos antigos", não é verdadeiro direito subjectivo. Donde, como é óbvio, o direito objectivo e o direito subjectivo serem, afinal, modalidades de direitos com grande autonomia, configurando sistemas diversos de relação com as coisas. Uma, a objectiva, mais directa, mais imediata; a outra, a subjectiva, mais subtil, mais intelectualizada.

Se quiséssemos um símile muito grosseiro, mas talvez exemplar, diríamos que o tipo-ideal dos actuais direitos reais (sobretudo a propriedade plena) radica na ideia de direitos objectivos, enquanto os direitos obrigacionais, sobretudo os mais modernos e evanescentes, pareceriam estar inspirados no direito subjectivo.

Ora o Direito Romano em tudo aponta para o carácter objectivo dos seus direitos. Os indivíduos não gozam de poderes contra o Estado, aliás.

É certo que um Cícero (apesar de tudo, historicamente o vencido, recordemo-lo) exalta a liberdade romana. Mas esse *nomen dulce libertatis* está longe de significar o que hoje quer dizer, designadamente no domínio

---

[141] VITORINO, Orlando. *Refutação da Filosofia Triunfante*, Lisboa, Guimarães Ed., 1976, p. 179.

[142] MAUSS, Marcel. *Sociologie et Anthropologie*, com introd. de Claude Lévi-Strauss, Paris, P.U.F., 1973 (inclui, na 2ª parte: *Essai sur le don. Forme et raison de l'échange dans les sociétés archaïques, in ex* de "Archives de Sociologie", 2ª série, 1923-1924, t. I); WEBER, Max. *Rechtssoziologie* (capítulo VII da 2ª parte do primeiro tomo de *Wirtschaft und Gesellschaft: Grundriss der Verstehenden Soziologie* , 1922), trad. fr. de Jacques Grosclaude, *Sociologie du Droit*, Paris, P.U.F., 1986, máx. p. 44 ss. e 116 ss.; VILLEY, Michel. *Estudios en torno de la nocion de Derecho subjectivo*, tr. cast., Presentación de Alejandro Guzmán Brito, Valparaiso, Ediciones Universitarias de Valparaiso, 1976.

dos direitos pessoais e das suas garantias. A liberdade dos romanos é sobretudo o *ser romano*, ou seja, partilhar a cidadania e o seu "fardo": que é acima de qualquer outra coisa *participação*. E embora se possa falar de direitos como a liberdade de domicílio, circulação, religião, reunião, associação, de profissão, de acesso às carreiras públicas, direito de voto, liberdade de pensamento e de expressão e liberdade do acusado até ao veredicto,[143] a verdade é que as limitações a tais direitos, mesmo legais, foram significativas.

Recordemos que os escravos, ainda que tidos como pessoas por alguma doutrina jurídica, são tratados, em geral e sobretudo, como coisas.[144] Rara embora a documentação certificadora do direito de vida e de morte sobre os escravos, ela foi reencontrada por Yann Thomas (mas apenas num "codex" do Baixo Império e sob a formulação *jus vitæ nesciquæ potestas*), em resposta a um repto lançado por Michel Villey, que lhe houvera prometido, anos antes, a recompensa de uma garrafa de champanhe se conseguisse encontrar a "prova" perdida. Bebê-la-iam juntos, em boa confraternização académica.[145]

Não apenas no domínio da escravatura se assistia a uma saliente tendência reificadora (embora o exemplo pareça hoje algo flutuante). Veja-se, por exemplo, o que sucedia em matéria de obras de arte, em que o *opus* era a própria coisa: situação que se prolongaria pela Idade Média fora, com surpreendente (aos nossos olhos modernos) mas real cegueira aos direitos não meramente patrimoniais. Do mesmo modo, a propriedade, *ex iure quiritium*, é vista como uma *plena in re potestas*, donde se lhe associem prerrogativas tão radicias como o direito de dela usar, fruir e abusar: *ius utendi, fruendi et abutendi*. O direito de abusar só se compreende, na verdade, pela concepção instrumental e reificada dos direitos, numa forma de visão do mundo que prefigurará de algum modo o futuro individualismo possessivo[146] e proprietarista.

Neste contexto, o brocardo *dura lex sed lex*, para muitos caracterizador do direito romano, pareceria totalmente adequado. O direito romano seria apenas uma normatividade rígida, legalista, sem contemplações: ignorando, afinal, a componente da equidade.

---

143 RAMPELBERG, René-Marie. *O Nomen dulce Libertatis, in Libertés, pluralisme et droit. Une approche historique*, dir. De H. Van Goethem, L. Waelkens, K. Breugelmans, p. 25 ss., máx. p. 31 ss.

144 Sobre a escravatura em Roma, MADDEN, John. *Slavery in the Roman Empire. Numbers and Origins*, in "Classics Ireland", University College Dublin, Ireland, Volume 3, 1996, *on line*: http://www.ucd.ie/~classics/96/Madden96.html .

145 LYNN, Yvon (Michel Villey). *Notes d'un spectateur*, in *Droit, Nature, Histoire*, IV.me Colloque de l'Association Française de Philosophie du Droit (Université paris II, 23-24 Novembre 1984), *Michel Villey, Philosophe du Droit*, s.l, Presses Universitaires de Marseille, 1985, máx. p. 194; YAN THOMAS. *Michel Villey, la Romanistique et le Droit Roman, in Ibid.*, máx. p. 40.

146 MACPHERSON, C.B. *The Political Theory of Possessive Individualism*, Clarendon Press, Oxford Univ. Press, 1962.

Contudo, ao invés dessa corrente rigidificadora, ainda pensamos que não é esse um retrato fiel do *Ius Romanum* clássico. Ainda nos mantemos (como dissemos) fiel aos *mitos* (?) de um direito romano apesar de tudo flexível, inteligente, e sensível à justiça, com uma formulação moderníssima do direito natural (considerando-o mesmo comum a homens e animais), tal como no-lo apresentou em Coimbra Sebastião Cruz[147] e o vimos também na obra de Michel Villey,[148] e na lição presencial dos seus discípulos François Vallançon e Stamatios Tzitzis.

Mas julgamos entender o sentido dessa máxima, sem dúvida da decadência, mas a única que poderia ainda salvar o império que se afundava. *Pode parecer que a lei, manifestação voluntarista do direito, é dura. Mas ela não é mais que a manifestação do Direito, e por isso a dureza não o será tanto.* Ou então, numa versão mais pessimista: *a lei é dura, mas é preciso que seja cumprida, porque ela é a única ordem vinculante, a única que ainda liga a sociedade*, num tempo de ruína como o dos finais do Império.

Com as invasões bárbaras[149] triunfantes, que se sucederam a uma lenta e amistosa invasão (muitas vezes por atracção civilizacional, outras vezes por mercenarismo bélico), os valores romanos e a cosmovisão romana afundam-se. A Igreja desses primórdios medievos também mostrara grande desafeição por essa espécie de dupla moral (fé dominical e fé semanal se lhe chamará mais tarde) [150] que permitira a própria criação epistemológica do Direito. E os seus mais elevados teorizadores não escondiam a sua aversão ao direito romano. Não estava então em voga o cristianíssimo preceito laicista *A César o que é de César*. S. Agostinho permanecerá por muito tempo como exemplo dessa justiça de tom religioso: dito de outro modo, o (erradamente) chamado *agostinismo político* (melhor se designaria gelasianismo, pois se deve antes ao Papa Gelásio) não é mais que a síncrise entre a moral, a religião, a política, o direito e outras instâncias extraídas da velha e primordial primeira função dos indo-europeus. E com retrocesso, portanto, face ao *ius redigere in artem*. O agostinismo político será o paradigma medieval pelo menos até Tomás de Aquino. "Justiça" passará a significar mais justiça divina, ou recta conduta moral, ou administração da justiça que a *constans et perpetua voluntas* dos romanos.[151]

---

[147] Cf. CRUZ, Sebastião. *Direito Romano*, I , 3ª ed., Coimbra, s/e, 1980.

[148] Além de muitas referências esparsas, cf. a obra de síntese sobre a questão, VILLEY, Michel. *Le Droit Romain*, 8ª ed., Paris, P.U.F., 1987.

[149] Cf., por todos, RICHÉ, Pierre. *Les Invasions Barbares*, Paris, P.U.F., 1953.

[150] HUXLEY, Aldous. *Proper Studies*, trad. port. de Luís Vianna de Sousa Ribeiro, rev. de Maria Eduarda e José Neves, *Sobre a democracia e outros estudos*, s.l., Círculo de Leitores, s.d., p. 17.

[151] VILLEY, Michel. *[Précis de] Philosophie du Droit*, I, 3ª ed., Paris, Dalloz, 1982, p. 110 ss. Para esses tempos, o exemplo de *justo* não é o *bonus paterfamilias*, pagador das suas dívidas, respeitador dos seus compromissos, mas o sofredor Job, tentado pelo demónio, mas fidelíssimo a Deus.

2.5. SUBJECTIVIDADE E PERSONALIDADE. ALGUNS EXEMPLOS

Como situações subjectivas activas, que revelam sobremaneira a personalidade jurídica, estão, como é sabido, casos como os do direito subjectivo em geral, do poder, da faculdade, da expectativa, do interesse legítimo, e do *status*. Como que a *meio caminho* entre o activo e o passivo, encontraremos decerto o poder-dever e o ónus. E como situações subjectivas passivas contam-se o dever, a obrigação, a sujeição.[152] Mas não se trata em nenhum caso de direitos de personalidade propriamente ditos, apesar das relações entre direito subjectivo e direito de personalidade. Pelo menos em alguns casos.

Como aflorámos já, não se deve também, de modo algum, confundir o binómio personalidade / capacidade jurídica (sendo o primeiro instituto um juízo liminar absoluto sobre a "capacidade" geral, e o segundo uma categoria relativa, que permite níveis de maior e menor in/capacidade), que incidem, na formulação portuguesa, sobre a Pessoa desde o nascimento completo e com vida até à sua morte (arts. 66º e 68º do Código Civil Português), e o bem jurídico da personalidade humana, que – para além do mais – se alarga efectivamente para além desses limites.[153]

2.6. ETAPAS E ÂMBITO DA PERSONALIDADE

Os tempos foram acrescentando perspectivas e permitindo o aprofundamento da personalidade. Podemos considerar três grandes tempos.[154] De início, podemos falar de uma personalidade jurídica criada com os romanos, depois de uma personalidade moral alcançada pelo cristianismo (a que não foi alheia a filosofia greco-romana), e só mais tarde, com as revoluções liberais, triunfará uma personalidade política. Nos nossos tempos de novos ritos e novos mitos,[155] as metamorfoses da máscara (*persona* era o seu nome nos teatros da Grécia Antiga) estão já a fazer-se sentir.

---

[152] Algo diferentemente, mas em geral concorde com este esquema, TORRENTE, Andrea; SCHLESINGER, Piero. *Manuale di Diritto Privatto*, 16ª ed., Milão, Giuffré, 1999, p. 62 ss.

[153] SOUSA, Rabindranath Capelo de. *O Direito Geral de Personalidade*, Coimbra, Coimbra Editora, 1995, p. 106 ss.

[154] CAMPOS, Diogo Leite de. *Lições de Direitos da Personalidade*, 2ª ed., Separata do vol. LXVI (1990) do "Boletim da Faculdade de Direito", Coimbra, 1995, p. 17 ss.

[155] DORFLES, Gillo. *Nuovi Riti, nuovi miti*, Einaudi, 1965, trad. port. de A. Pinto Ribeiro, *Novos Ritos, Novos Mitos*, Lisboa, Edições 70, s/d.

2.7. FUNDAMENTO JUSNATURAL, JUSHUMANISTA E CONSTITUCIONAL DO DIREITO DE PERSONALIDADE

Para os jusnaturalistas, parece evidente que os direitos de personalidade deverão ter o seu fundamento e raiz no Direito Natural. Seria óbvio que assim fosse. Mas nem mesmo é necessário, hoje em dia, alinhar por essa perspectiva ontológica do Direito (alguns diriam "ontologista") para reconhecer um fundamento não auto-suficiente nem simplesmente legalista dos direitos de personalidade.

Na medida em que os direitos humanos em geral já implicam tais direitos de personalidade (como claramente se vê na Declaração dos Direitos do Homem e do Cidadão francesa de 1789, e na Declaração Universal dos Direitos do Homem), e na medida em que as constituições os consagram, a invocação do direito natural deixa de ter, neste caso, um sentido completamente indispensável, embora possa ser um argumento autónomo. O que, aliás, liberta o direito natural para novas aventuras do espírito e de aplicação: nomeadamente as tópicas e as metodológicas.[156]

A Declaração Universal dos Direitos do Homem assenta num direito geral ao "livre e pleno direito fundamental da personalidade", a Constituição alemã fala no "livre desenvolvimento da personalidade" – *Jeder hat das Recht auf die freie Entfaltung seiner Persönlichkeit* ..., art. 2, 1, e quer a Constituição Brasileira (art. 1°, 3) quer a Portuguesa (art. 1°) se fundam, antes de mais, na *dignidade da pessoa humana*[157] (figurando nesta última uma fórmula equivalente à alemã, no seu art. 26, n° 1) a qual se pode quiçá considerar como pedra de toque e angular do edifício dos direitos de personalidade (embora também de outros, como os direitos fundamentais em geral).

Pode assim dizer-se que o *direito de personalidade*, e os direitos *de* personalidade, se fundamentam no direito e nos *direitos à personalidade*, sendo estes direitos naturais, humanos (e fundamentais), e aqueles direitos sobretudo civis (por agora, com alguma ambiguidade no uso desta expressão – que potenciará uma polissemia inspiradora: civis, cidadãos; civis, da cidade, etc.).

O que as constituições consagram em geral, antes de mais, e para além de direitos concretos, é o direito geral à personalidade (o caso alemão pa-

---

[156] Cf., por último, CUNHA, Paulo Ferreira da. *Direito Natural, Filosofia e Política. Ensaio Crítico sobre o Estado da Arte*, no prelo.

[157] CRORIE, Benedita Mac. *O recurso ao princípio da dignidade da pessoa humana na jurisprudência do Tribunal Constitucional*, in *Estudos em comemoração do décimo aniversário da Licenciatura em Direito da Universidade do Minho*, Coimbra, Almedina, 2004, p. 151-174; COSTA, José Manuel Cardoso da. *O princípio da dignidade da pessoa humana na Constituição e na jurisprudência constitucional portuguesa*, in Sérgio Resende de Barros e Fernando Aurélio Zilveti (coords.), *Direito Constitucional. Estudos em homenagem a Manoel Gonçalves Ferreira Filho*, São Paulo, Dialética, 1999, p. 191-200.

rece claro). Os direitos de personalidade são aplicações, concretizações, especialidades desse direito natural e humano tornado fundamental pela constitucionalização. Assim se dirá, porém, se se não observar uma paridade e sinonímia entre dois ou três destes termos – apesar, *et pour cause* também, da queda em desuso da expressão (porém cheia de pergaminhos históricos) "Direito Natural". Mas se se considerarem sinónimas algumas destas expressões, a questão ficará, realmente, mais clara.

Corre-se, na verdade, o risco de se começar por afirmar a quase sinonímia entre Direito Natural e direitos humanos, com Francisco Puy. É saboroso o exemplo (já citado) que dá sobre jogar à bola e jogar futebol. Os Direitos Humanos seriam jogar à bola, o Direito Natural jogar futebol. Embora por purismo haja quem ame um destes desportos e diga abominar o outro, realmente eles são a mesma coisa.

Para um idêntico fenómeno, desta feita entre direitos fundamentais e humanos, parece apontar um passo de Paulo Bonavides[158] (embora matizando questões culturais aí envolvidas)

Finalmente, por exemplo Paulo Mota Pinto, vem considerar que, pela essencialidade dos direitos de personalidade, eles serão em regra direitos fundamentais.[159]

Perante estes testemunhos, e outros como estes, já se não saberá muito bem para que servem os quatro nomes, as quatro designações. E *contudo, movem-se*, e permanecem com sentido. Mas a ajuizar de forma mais subtil.

Os problemas estão longe de se simplificar.

Não podemos ainda esquecer que uma eventual "pirâmide" de influências, raízes, determinações pode ter de entender que, apesar de nem sempre tal se ter verificado, em alguma medida o Direito Constitucional faz as vezes de Direito Natural. E essa substituição é perfeitamente coerente, na medida em que, como afirmou Pietro Grasso, o primeiro foi mesmo concebido para substituir o segundo. E o mesmo autor dá conta que tal objectivo tanto ocorre na visão clássica-cristã, como na moderna racionalista[160] – categorias que julgamos estarem contudo a perder algum sentido (atentas investigações mais recentes, menos politicamente empenhadas) mas tal não importa para a presente questão.

---

[158] BONAVIDES, Paulo. *Curso de Direito Constitucional*, 17ª ed., São Paulo, Malheiros Editores, 2005, p. 560: "A primeira questão que se levanta com respeito à teoria dos direitos fundamentais é a seguinte: podem as expressões direitos humanos, direitos do homem e direitos fundamentais ser usadas indiferentemente? Temos visto nesse tocante o uso promíscuo de tais denominações na literatura jurídica, ocorrendo porém o emprego mais frequente de direitos humanos e direitos do homem em autores anglo-americanos e latinos, em coerência aliás com a tradição e a história, enquanto a expressão direitos fundamentais parece ficar circunscrita à preferência dos publicistas alemães".

[159] PINTO, Paulo Mota. *Notas sobre o direito ao livre desenvolvimento da personalidade e os direitos de personalidade no direito português*, p. 63.

[160] GRASSO, Pietro Giuseppe. *El Problema del Constitucionalismo después del Estado Moderno*, Madrid / Barcelona, Marcial Pons, 2005, p. 23 ss.

No entanto, cumpre delimitar direitos de personalidade e direitos fundamentais. Em grande medida, como vamos ver, as primeiras tentativas para o levar a cabo, mais formalistas, assentavam na *magna divisio* direito público / direito privado. O problema, porém, é que já se vai proclamando (ou comentando com o dedo no dique, segurando as águas) o "fim do direito civil" (na verdade de *um certo* direito civil) e, de todo o modo, a evidente "publicização do direito privado", e, especificamente, "constitucionalização do direito civil".[161]

2.8. DIREITOS DE PERSONALIDADE E DIREITOS FUNDAMENTAIS

A relação entre Direitos Fundamentais e Direitos de Personalidade reveste-se de bastante importância teórica. Por aqui passa o problema da perfeição ou simetria arquitectónica dos direitos em geral, no todo da ordem jurídica.

Para quantos, como a maioria dos juristas portugueses, estejam habituados a considerar a Constituição como o topo (ou quase) da pirâmide normativa, impondo os seus comandos em todas as áreas do ordenamento, públicas e privadas, a ideia de uma duplicação de direitos, pelo menos parcial, ou de uma distribuição de competências sobre direitos, ao menos tendencial, é um tanto estranha, ou, pelo menos, não parece coerente.

E todavia para a primeira hipótese parece apontar a lição de Menezes Cordeiro, e uma posição, já pelo próprio superada, de Jorge Miranda, faria pensar na segunda.

Com efeito, o primeiro autor considera que "Os *direitos fundamentais* dobram uma série de figuras que disfrutam de protecção noutros níveis, várias disciplinas, que vão desde o Direito de personalidade ao Direito penal, ao Direito público e ao Direito do trabalho, quando se atente na *materialidade* dos bens neles em jogo, ou na *substancialidade das soluções* que propiciem".[162]

E o segundo, tendo chegado a opinar que "os direitos fundamentais são os direitos de personalidade no Direito público; os direitos de personalidade são os direitos fundamentais no Direito privado".[163] Acabaria mais

[161] FINGER, Julio Cesar. *Constituição e direito privado: algumas notas sobre a chamada constitucionalização do direito civil*, in *A Constituição Concretizada. Contruindo pontes com o público e o privado*, org. de Ingo Wolfgang Sarlet, Porto Alegre, Livraria do Advogado Editora, 2000, p. 85-106; AZEVEDO, Antônio Junqueira. *O Direito Civil tende a desaparecer*? "Revista dos Tribunais", nº 472, p. 15-21.

[162] CORDEIRO, António Menezes . *Tratado de Direito Civil Português*, I. *Parte Geral*, tomo I, Coimbra, Almedina, 1999, p. 159.

[163] MIRANDA, Jorge. *Ciência Política*, II, Lisboa, p. 213.

tarde por considerar haver nisso "algum exagero", preferindo assinalar que, havendo vasta coincidência, ela não é confusão, mas intersecção, pois quedam de fora dos direitos de personalidade vários direitos fundamentais. E ainda que são diversos uns direitos dos outros, no sentido, na projecção, e na perspectiva. Assim,

> "Os direitos fundamentais pressupõem relações de poder, os direitos de personalidade relações de igualdade. Os direitos fundamentais têm uma incidência publicística imediata, ainda quando ocorram efeitos nas relações entre os particulares ...; os direitos de personalidade uma incidência privatística, ainda quando sobreposta ou subposta à dos direitos fundamentais. Os direitos fundamentais pertencem ao domínio do Direito constitucional, os direitos de personalidade ao do Direito civil".[164]

Pode haver a tentação de assim equacionar a questão: das duas, uma – ou os direitos fundamentais são direitos simplesmente do âmbito publicístico, e não tutelam matéria privada, prescindindo mesmo da sua característica de *têtes de chapitre* nesse âmbito, cabendo aos direitos de personalidade essa função, ou então os direitos fundamentais tutelam público e privado, sendo o que há de fundamental em todo o ordenamento, e por isso ganhando dimensão pública, ainda que com incidência privatística. A dicotomia tem algum exagero, também ...

Antes de tudo, coloca-se de novo a *vexata quæstio* da distinção entre os direitos público e privado, a qual está longe de se encontrar esgotada, e tem conhecido até recentemente novas aportações.[165] E o problema não é simples.

As pretensões privatísticas a prevalecerem-se de uma precedência histórica dos direitos de personalidade face aos direitos fundamentais constitucionais só podem compreender-se no âmbito de uma epitemomaquia que se deveria superar, e à luz de uma acanhada concepção de Direito Constitucional, que o limite à sua realidade moderna, pós-revolucionária. Também a sede privatística nos códigos civis de muitos direitos não lhes confere uma materialidade privatística, apenas a respectiva formalidade (como ocorre noutros domínios, *v.g.* em sede de fontes do direito).[166] E contudo, não se compreenderá cabalmente o direito privado se dele se fizer um reduto de particularismos. Como bem refere Larenz:

---

[164] MIRANDA, Jorge. *Manual de Direito Constitucional*, vol. IV, 2ª ed., Coimbra, Coimbra Editora, 1993, p. 58-59.

[165] AYUSO, Miguel. *Ocaso o Eclipse del Estado? Las transformaciones del derecho público en la era de la globalización*, Madrid / Barcelona, Marcial Pons, 2005, p. 15 ss.

[166] Cf. CUNHA, Paulo Ferreira da. *Constituição, Direito e Utopia. Do jurídico-constitucional nas utopias políticas*, Coimbra, Stvdia Ivridica, Coimbra Editora/Faculdade de Direito de Coimbra, 1996, p. 285 ss.

"O Direito privado é um segmento da ordem jurídica global e, assim como esta, não cura de indivíduos que vivem isoladamente, antes de pessoas que com outras vivem numa comunidade social. Encontra-se ainda subordinado a exigências da justiça social. É certo que ao Direito privado cabe antes de mais a realização da personalidade particular nas relações com os outros. A autonomia privada ocupa em consequência aqui o ponto central, e o 'princípio social' tem perante ele só o controlo de um princípio constitutivo que a limita e a integra – mas, como tal, é imanente ao Direito privado".[167]

Inclinamo-nos a considerar que pelo menos a maior parte dos direitos de personalidade são algo como uma versão privatística de direitos fundamentais *stricto sensu*; donde, serão verdadeiros direitos fundamentais, com ou sem "duplicação" em sede de constituição *formal*. Porque nos não devemos esquecer da constitucionalidade material. Na Constituição Portuguesa, os direitos da personalidade podem considerar-se perfeitamente integrados nos "quaisquer outros constantes de leis" que acrescem aos formalmente constitucionais, segundo o art. 16º, nº 1.

Coloquemos uma hipótese para testar a teorização em curso. Se um dia a lei administrativa resolver estabelecer uma doutrina garantística muito sólida e consequentes códigos administrativos para a consagrar (e decerto para tal caminharemos – já que, como dizia Francisco Puy, o Direito Administrativo já é mais de meio Direito), nem por isso diremos que os direitos públicos atinentes à administração e outras matérias do âmbito do Direito Administrativo sejam apenas administrativos e não constitucionais. E o mesmo se diria, noutro exemplo semelhante, para o Direito do Trabalho, que num seu futuro código (que teria de ser bem diferente do actual código português sobre a matéria) pode também estabelecer a sua "carta de direitos", etc.

O Direito Constitucional (mas sobretudo pela tutela constitucional – designadamente no plano da aplicabilidade directa a entidades quer públicas quer privadas) não pode nem deve, em princípio, ser esvaziado do seu conteúdo, mesmo sob as pretensas *tordesilhas* teóricas que dividiriam a sua esfera de influência com um ramo antigo e prestigiado do Direito como é o Direito Civil.

Todavia, há uma situação em que se admitirá essa *desconstitucionalização*. Seria o caso (meramente hipotético e por absurdo) de uma Constituição de grau superior à nacional (mundial, regional, ou, de qualquer modo, supranacional) vir a despovoar de direitos fundamentais (ou de direitos de personalidade, ou políticos, ou sociais) a ordem constitucional de uma comunidade de que fizéssemos parte. Ora, se tal sucedesse, seria legítimo que o reduto de tais direitos fosse visto pela doutrina e pela jurisprudência (e pela actividade normal da administração) na própria lei ordinária,

[167] LARENZ, Karl. *Allg.Teil*, 97 ss.

que se constitucionalizaria materialmente, uma vez que seria de contar que, entretanto, a Constituição nacional expressamente se subordinasse à supranacional.

O problema superveniente seria porém, outro: poderiam ainda as leis (e os códigos) ordinárias furtar-se a uma uniformização geral do Direito? Só na medida em que o pudessem seria útil esta perspectiva. Embora saibamos histórica e comparatisticamente que a pluralidade normativa facilita sempre a margem de manobra dos aplicadores do Direito: para o bem e para o mal ...

Contudo, esta hipótese releva sobretudo da utopia, e mais em particular da distopia, a utopia malévola, negativa.

Em suma: continuamos a pensar que os direitos de personalidade são a manifestação privatística de direitos fundamentais, e que estes não são apenas a sua versão publicística, mas, ao invés, de entre todos, os Direitos *fundamentais*, em geral – independentemente de atinências aparentemente mais publicísticas ou privatísticas. O facto de vincularem entidades públicas e privadas (art. 18º, nº 1 da Constituição da República Portuguesa) [168] parece-nos cabalmente esclarecer que se não limitam ao direito público, ou às relações em que um dos sujeitos seja público. Também valem nas relações totalmente *inter pares, inter cives* ... Além disso, há direitos fundamentais de pessoas colectivas e organizações. E recordemos aqui (sem infelizmente haver tempo para a poder desenvolver) a profunda investigação de Ingo Wolfgang Sarlet, que, além do mais, começa por expressamente comparar, neste ponto, a situação constitucional brasileira com a portuguesa.[169]

Como sucede em todas as querelas epistemológicas, é normal que cada um dos lados alargue o seu âmbito, acabando por residir muito da diferença no simples plano da congregação actuante, do estilo, da divisão em sede de fontes de direito. Assim, por exemplo, se considerarmos um direito geral de personalidade, como faz Orlando de Carvalho, enquanto "direito à pessoa ser e à pessoa devir", e se o compararmos com o *direito ao livre desenvolvimento da personalidade* (art. 26º nº 1 da Constituição da República Portuguesa) vemos como a coincidência ou fungibilidade objectiva está ocorrendo crescentemente.[170]

---

[168] Cf. algumas sugestões a este propósito num lugar paralelo: NICHOLAS BAMFORTH. *The Application of the Human Rights Act to Public Authorities and Private Bodies*, in "Cambridge Law Journal", 58 (1), Março 1999, p. 159 ss.

[169] SARLET, Ingo Wolfgang. *Direitos Fundamentais e Direito Privado: algumas considerações em torno da vinculação dos particulares aos direitos fundamentais*, in *A Constituição Concretizada. Contruindo pontes com o público e o privado*, org. de Ingo Wolfgang Sarlet, Porto Alegre, Livraria do Advogado Editora, 2000, máx. p. 120 ss.

[170] CARVALHO, Orlando de. *Teoria Geral da Relação Jurídica*, Coimbra, 1970, p. 36. Cf. CANOTILHO, José Joaquim Gomes. *Direito Constitucional e Teoria da Constituição*, Coimbra, Almedina, 1998, p. 362.

Uma perspectiva que não coloca em questão aquela que tendemos a preferir, mas que tem a vantagem de uma delimitação mais substancial (e menos formal/epistémica) é, por exemplo, a de Torrente e Schlesinger. Embora refiram expressamente que os direitos de personalidade são do foro do direito privado, vão estes professores italianos mais ao cerne da questão, afirmando:

> "I diritti della personalità (detti ache diritti personalissimi o sulla propria persona), sono, dunque, diritti assoluti, inerenti attributi essenziali della personalità: essi perciò si dicono essenziali o necessari, perchè non possono mai mancare. È concepibile che esistano individui così poveri da non avere alcun diritto su bene del mondo esterno (diritti reale) o verso altra persona (diritto di credito), ma questi individui avrano pur sempre, per esempio, il diritto alla propria integrità fisica, al proprio nome, ecc.".[171]

Algumas dificuldades teóricas se têm de ultrapassar por simultaneamente parecer muito alargado o consenso sobre o carácter privatístico dos direitos de personalidade e, ao mesmo tempo, ter de se reconhecer que existe tutela constitucional sobre a personalidade,[172] e que o direito geral de personalidade (no art. 70º do CC português) ser um direito materialmente constitucional,[173] logo, de direito público. Ou só de direito constitucional enquanto *tête de chapitre*?

Uma pista poderá abrir novos caminhos ... ou confusões: a ideia de um *direito civil constitucional*, avançada já por Perlingieri.[174] Nesse caso, os Direitos da Personalidade seriam, em geral (sempre deixamos a reserva, porque eles não estáo sujeitos a *numerus clausus*), Direitos Fundamentais (ainda repugnará dizer que são também Direitos Humanos?) de um *Direito Privado Constitucional*.

2.9. DESAFIOS AOS DIREITOS DE PERSONALIDADE: AO REENCONTRO DAS LIBERDADES IBÉRICAS HISTÓRICAS

Há casos em que a distância temporal não o é no plano conceptual e da homologia de situações ou seu tratamento. Perante uma caracterização privatística dos direitos subjectivos, impõe-se uma comparação com as ve-

[171] TORRENTE, Andrea; SCHLESINGER, Piero. *Manuale di Diritto Privatto*, p. 288.

[172] SOUSA, Rabindranath Capelo de. *O Direito Geral de Personalidade*, p. 96 ss.

[173] *Ibidem*, p. 619 ss.

[174] PERLINGIERI, Pietro. *Perfis de Direito Civil. Introdução ao Direito Civil Constitucional*, trad. port. de Maria Cristina De Cicco, Rio de Janeiro, Renovar, 1997.

lhas liberdades que floresceram no território hoje português e espanhol, como formas de protecção da pessoa anteriores aos direitos subjectivos.

Embora ainda sublinhando muitos aspectos de política pura e simples, ou de direito público, autores como os brasileiros Gilberto Freyre,[175] Sérgio Buarque de Holanda,[176] Darcy Ribeiro,[177] e Vamireh Chacon[178] são, a este propósito, muito inspiradores. Também os portugueses Teixeira de Pascoaes,[179] poeta que abandonara a advocacia, o pedagogo-filósofo Agostinho da Silva,[180] o historiador Jaime Cortesão,[181] e o historiador do direito chileno Bernardino Bravo Lira[182] podem auxiliar-nos nesta demanda.

---

[175] FREYRE, Gilberto. *Casa Grande & Senzala. Formação da Família Brasileira sob o Regime de Economia Patriarcal*, Lisboa, Livros do Brasil, s.d., *passim*, *v.g.*: p. 17, p. 30, p. 198, *et passim*. O autor alude expressamente a um momento fundador: "... em Toledo, no concílio celebrado em 633, os bispos tiveram o gosto de ver o rei prostrado a seus pés".

[176] Limitamo-nos a citar dois trechos, que nos parecem muitíssimo significativos, de HOLANDA, Sérgio Buarque de. *Raízes do Brasil*, 4ª ed. (1ª portuguesa), Lisboa, Gradiva, 2000: "... pela importância particular que atribuem ao valor próprio da pessoa humana, à autonomia de cada um dos homens em relação aos semelhantes no tempo e no espaço, devem os espanhóis e os portugueses muito da sua originalidade nacional (p. 14); "E a verdade é que, bem antes de triunfarem no mundo as chamadas ideias revolucionárias, portugueses e espanhóis parecem ter sentido vivamente a irracionalidade específica, a injustiça social de certos privilégios, sobretudo os privilégios hereditários. O prestígio pessoal, independente do nome herdado, manteve-se continuamente nas épocas mais gloriosas da história das nações ibéricas" (p. 17).

[177] RIBEIRO, Darcy. *O Povo Brasileiro*, 11ª ed., São Paulo, Companhia das Letras, 1995 (nova ed. 2006).

[178] CHACON, Vamireh. *O Futuro Político da Lusofonia*, Lisboa, Verbo, 2002; *Idem*. *A Grande Ibéria. Convergências e Divergências de uma Tendência*, UNESP, 2005.

[179] PASCOAES, Teixeira de. *Arte de ser Português*, cit., p. 78-79: "... Em plena Idade Média, enquanto outros Povos gemiam sob o peso do poder absoluto, impúnhamos à nossa Monarquia a forma condicional: o Rei governará se for digno de governar, e governará de acordo com a nossa vontade, expressa em cortes gerais reunidas anualmente.
Temos ainda várias leis antigas emanadas do Costume, as quais receberam dele uma nuance original que também caracteriza o génio português".

[180] SILVA, Agostinho da. *Ir à Índia sem abandonar Portugal*, Lisboa, Assírio & Alvim, 1994, máx. p. 32-34: "Mas os Portugueses é que, realmente, levaram o Império Romano até aos seus confins, o Império Romano que ainda hoje dura! Porque aquela história do Império Romano ter acabado quando entraram os Bárbaros, quando entrou o Cristo ... coisa nenhuma! O Império veio por aí fora. Hoje, tudo é governado pelo Direito Romano! ... Claro que Portugal tinha o seu próprio Direito ! É o drama da Península! O Carlos V, que é um Imperador Alemão, veio para Espanha cheio de Direito Romano... As coisas que ele traz para Espanha, traz para a Península. Mas a Península nem era do Direito Romano, nem do mercantilismo capitalista, nem da Contra-Reforma. Também não era da Reforma, era ela, era a Península ... Porque o que os Espanhóis queriam era manter os 'fueros y costumbres', não era a porcaria do Direito Romano, sobretudo do fim do Império, não é?"

[181] CORTESÃO, Jaime. *O Humanismo Universalista dos Portugueses: a Síntese Histórica e Literária*, Lisboa, Portugália, 1965 (vol. VI das Obras Completas); e especialmente Idem, *Os Factores Democráticos na Formação de Portugal*, 4ª ed., Lisboa, Livros Horizonte, 1984, p. 176 ss.

[182] Cf., *inter alia*, LIRA, Bernardinho Bravo. *Poder y Respeto a las Personas en Iberoamerica. Siglos XVI a XX*, Valparaíso, EDUVAL, 1989; Idem, *Mello Freire y la Ilustracion Catolica Nacional en el mundo de habla castellana y portuguesa. Apuntes para una Historia por hacer*, Separata da "Revista de Derecho", Univerisdad Catolica de Valparaiso, EDUVAL, VIII, 1984; Idem, *Entre dos Constituciones. Historica y Escrita. Scheinkonstitutionalismus en España, Portugal y Hispanoamérica*, in "Quaderni Fiorentini per la Storia del Pensiero Giuridico Moderno", nº 27, Florença, 1998, p. 151 ss.

Em geral, este pensamento "lateral" e não oficial sobre as nossas raízes, além de fazer recuar de séculos legados que atribuíamos às três revoluções modernas e burguesas – inglesa, americana e/ou francesa[183] – remetem-nos, directa ou indirectamente, para os concílios toledanos e para Santo Isidoro de Sevilha[184] (obviamente não portugueses, mas património iniludível desse fundo histórico comum).[185] Aí se poderá ver um conjunto de protecção com fórmulas realistas, concretas, que não são apenas direitos de personalidade, mas que se diria têm neles o seu cerne. Mas também não haveria mal em ver nestes direitos a raiz dos direitos humanos.

É verdade que os direitos de personalidade, ao contrário dos direitos políticos (cujo mais exuberante nascimento estamos habituados a datar de *Setecentos*), sempre parece terem tido uma qualquer forma de protecção.[186] Contudo, esta protecção ibérica parece haver sido particularmente feliz e garantística. Sobre o seu contexto afirmou um dos seus primeiros teóricos, Bravo Lira:

> "... tem havido três formas fundamentais de abordar a protecção dos componentes da comunidade. Em primeiro lugar, estão as garantias pessoais, que assumem um grande desenvolvimento entre os povos de língua castelhana e portuguesa. Depois vêm os direitos subjectivos nos povos de língua inglesa. Por último, estão as declarações universais de direitos que se difundem com a ilustração. Dos três, a mais desconhecida é a hispana e hispano-americana ..."
>
> Para logo de seguida passar a concretizar:
>
> "esta tradição hispânica é, de longe, a mais antiga da Europa e, portanto, também da América. Caracteriza-se antes de mais pela sua ati-

---

[183] Para a nossa interpretação destas três revoluções modernas "canónicas", cf. CUNHA, Paulo Ferreira da. *Teoria da Constituição*, vol. I. *Mitos, Memórias, Conceitos*, Lisboa / São Paulo, 2002, p. 127-248.

[184] Sobre o papel jurídico de S. Isidoro de Sevilha, cf. CUNHA, Paulo Ferreira da. *Para uma História Constitucional do Direito Português*, p. 93 ss.; CUNHA, Paulo Ferreira da, *et al. História do Direito*, Coimbra, Almedina, 2005, p. 141 ss.

[185] Cf. uma súmula da questão in CUNHA, Paulo Ferreira da. *Teoria da Constituição*, vol. I. *Mitos, Memórias, Conceitos*, p. 112-126. Do ponto de vista metodológico, importa distinguir esta liberdade ibérica tradicional da liberdade dos antigos. Enquanto esta é mais politicamente interventiva, a hispânica é sobretudo concretamente protectiva, mas compaginável também naquela ideia de Luis de Gôngora que manda: "*traten otros del gobierno, del mundo y sus monarquias*". Quanto à distinção entre liberdade dos Antigos e dos Modernos, a bibliografia seria enorme. Retomemos uma fonte clássica, e pioneira, CONSTANT, Benjamin. "De la liberté des anciens comparée a celle des modernes" in *Cours de politique constitutionnelle*, ed. por Éduard Laboulaye, 2ª ed., paris, Guillaumin, 1872, vol. II, p. 548 : "Le but des anciens était le partage du pouvoir social entre tous les citoyens d'une même patrie. C'était là qu'ils nommaient liberté. Le but des modernes est la sécurité dans les jouissances privées; et ils nomment liberté les garanties accordées par les institutions à ces jouissances". Cf., por exemplo, CELSO LAFER. *Ensaio sobre a liberdade*, São Paulo, Editora Perspectiva, 1980 (que aliás cita este passo canónico). Sobre liberdades "antigas", cf., por todos, GOETHEM, H. Van; WAELKENS, L.; BREUGELMANS, K. *Libertés, Pluralisme et Droit. Une approche historique*, Bruxelas, Bruylant, 1995.

[186] CAMPOS, Diogo Leite de. "Os Direitos da Personalidade: Categoria em Reapreciação", *in Nós. Estudos sobre o Direito das Pessoas*, Coimbra, Almedina, 2004, p. 155.

tude eminentemente prática. Visa proteger de forma imediata e directa a pessoa em si ou o que de algum modo lhe pertence. Ocupa-se de coisas concretas, a sua vida, a sua integridade física, a sua liberdade física ou de residência, a sua casa, os seus cargos, os seus haveres.

Por outras palavras, a protecção não recai sobre direitos, mas versa imediatamente sobre coisas. Não se fala de direito à vida, à liberdade, à honra ou à propriedade, mas antes simplesmente desses mesmos bens. Além do mais a própria noção de direito subjectivo, ou seja como faculdade de uma pessoa, é muito recente ..."

E assim conclui, apontando para o carácter prático e concreto de tais direitos:

"Devido ao seu carácter prático, esta tradição não se materializa, como na dos direitos humanos, em pomposas declarações, mas em meios concretos de protecção".[187]

2.10. OS DIREITOS DE PERSONALIDADE E O DESAFIO PARADIGMÁTICO-METODOLÓGICO DE UM DIREITO PÓS-SUBJECTIVO

Duas realidades em crescente problematização de estatuto nas letras jurídicas podem redimir ou perder o Direito. São elas os Direitos Humanos e os Direitos de Personalidade.

Sobre os primeiros, dir-se-á apenas que transformaram a mais notória e mediática imagem da juridicidade numa simpática religião protectiva, chegando a fazer as vezes de alimento espiritual das velhas metanarrativas ideológicas, sobretudo desacreditadas depois dos anos 80 do século passado.

Sobre os segundos, eles conservam e alargam o espaço vital de cada pessoa, numa permanente tensão com uma sociedade de massas, de risco, de espectáculo, de *media*. E de poder.

Seja como for, os direitos humanos desafiaram já o paradigma dominante "direito subjectivo" e a respectiva teoria geral da relação jurídica. Há bastantes anos já, Orlando de Carvalho escrevia sobre o sentido e limites desta teoria, tendo sido interpretado como um crítico da mesma. Defendeu-se, brilhantemente, explicitando (além de que a sua crítica seria ideológico-política, como aliás o seria todo o Direito) que fazia reparos ao clima de "neutralismo ideológico", "cientismo", "anti-humanismo" e "conceitualis-

[187] LIRA, Bernardinho Bravo. *Poder y respeto a las personas en Iberoamerica. Siglos XVI a XX*, Valparaíso, Ediciones Universitarias de Valparaiso. Universidad Católica de Valparaíso, 1989, p. 36-37.

mo" do "operador" relação jurídica.[188] E Michel Villey iria mais longe ainda, porque pondo ainda mais em evidência a historicidade do paradigma ...[189]

Mais próximo de nós, Diogo Leite de Campos questiona inovadoramente as nossas ideias feitas sobre os direitos de personalidade, sublinhando uma sua estrutura sublevadora, sobretudo em tempos críticos, baseada no critério do poder: quem o deveria exercer (e o não pode), quem efectivamente o exerce (e o não deveria) e quem sofre as consequências (em injustiça).[190] Com a crueza desta lucidez, não podemos ficar tranquilos, porque a inefectividade[191] dos direitos cresce.

Ao apercebermos a dependência dos direitos de personalidade de factores absolutamente fácticos, e de poder (logo, políticos) temos dificuldade em colocá-los ainda apenas no terreno privatístico. E ao assim situá-los, aproximamo-los muito mais dos Direitos Humanos, pelo menos na sua sorte, *fortuna*.

De todo o modo, num caso como noutro, a redução destes direitos paradigmáticos no novo ordenamento jurídico a poderes ou faculdades de exigir ou pretender ... consoante a típica definição do direito subjectivo, parece parco para os captar na sua integralidade.

Quiçá a experiência e as formas destas duas categorias de direitos poderão ajudar a criar, na lenta forja do tempo, tão meticulosa quanto o vagar dos moinhos dos deuses, um novo Direito. Um Direito já nem objectivo nem subjectivo[192] na sua essência: mas a um tempo *social e pessoal*. No fundo, se não fosse voltar a confundir a questão, dir-se-ia: um Direito mais *humano*.

---

[188] CARVALHO, Orlando de. *Para uma Teoria Geral da Relação Jurídica Civil. I. A Teoria Geral da Relação Jurídica. Seu sentido e Limites*, 2ª ed. actual. Coimbra, Centelha, 1981, máx. p. 13-15, n.1.

[189] VILLEY, Michel. *Estudios en torno de la nocion de Derecho subjectivo*, tr. cast., Presentación de Alejandro Guzmán Brito, Valparaiso, Ediciones Universitarias de Valparaiso, 1976.

[190] CAMPOS, Diogo Leite de. "Os Direitos da Personalidade: Categoria em Reapreciação", *in Nós. Estudos sobre o Direito das Pessoas*, p. 154 ss.

[191] CARBONNIER, Jean. *Effectivité et ineffectivité de la règle de droit*, in "L'Année Sociologique", 3ª série, Paris, P.U.F., 1957-1958, p. 3 ss.

[192] Quanto ao carácter subjectivo dos direitos de personalidade, *v.g*, SOUSA, Rabindranath Capelo de. *O Direito Geral de Personalidade*, p. 608, nn. 9 e 10, citando ainda Orlando de Carvalho e Pierre Tercier.

3. Dos Direitos Humanos no projecto de Constituição europeia: seu contexto e co-texto

3.1. CONTEXTO DOS DIREITOS HUMANOS NA CONSTITUIÇÃO EUROPEIA

A actualidade política, veiculada com estrídulo pelos *media*, sempre nos traz infelizmente à lembrança, pelo doloroso da prática, o que deveria ser tão-somente uma solene e profunda verdade teórica: o enraizamento da ideia de liberdade, pluralismo, e direitos na Europa e nas comunidades políticas que se revêem no seu legado. Ao contrário do que sucede noutras paragens.

Vezes de mais nos podemos interrogar, frente às notícias que nos vão chegando, como afinal ainda há tanto caminho a percorrer no sentido da mais simples tolerância – não ousamos dizer já "convivência" com plena aceitação do outro, que pode ser, apenas, o vizinho, ou o colega, ou o irmão, ou o filho com outra opinião ou outra qualquer opção de vida. E é caso também para nos questionarmos se um direito natural ou valores e princípios comuns às diversas nações não estarão a ser obnubilados por circunstancialismos retrógrados.

Claro que esta mesma Europa cujos princípios de liberdade se não vêem tão expandidos como se desejaria, foi a mesma que cunhou as perspectivas críticas do etnocentrismo, do imperialismo, do chauvinismo ... E nesse sentido, é sempre possível devolver-lhe a crítica, acusando-a de estar a tomar a sua nuvem particularista por uma Juno mais geral ... ou de um particularismo que se auto-valorize pretendendo-se universalismo, no caso.

Contudo, chega sempre o momento em que se não pode viver totalmente no relativismo, sobretudo no magno relativismo ético para o qual tanto é aceitável a liberdade de expressão como a censura e repressão política. Raymond Aron inspira-nos sempre, ao recordar-nos algo como isto: que está na natureza da ditadura ser despótica, e, logo, ser algo de nocivo, de fero. Tal como um tigre não é um gato, mas um felino especialmente perigoso. E do mesmo modo Michel Villey lembrava também que é da natureza de uma rosa ser bela e ter perfume. Portanto, há um legado que é património universal que se cultivou sobretudo na Europa, e no mundo Ocidental (hoje alargando-se já, depois das Américas, à Europa de Leste...), e esse legado não é positivo por ser de origem europeia, longe disso. Esse legado é positivo pelo seu intrínseco valor. Os ocidentais, de resto, redescobrem a arte, a literatura e as espiritualidades orientais – numa perspectiva mais aberta e mais profunda que as do antiquarismo, orientalismo e exotismo. Como bem lembrou Bernard Faure, o próprio Cristianismo, a quem ninguém negará a ligação anímica com a velha Europa, começou por ser uma religião do Próximo Oriente. Não considerando os fenómenos de moda (apenas pontuais e não relevantes para um movimento cultural sério), não se dá essa abertura pelo mero snobismo ou atracção pelo estranho, mas pelo valor intrínseco dessas realidades.

Há, assim, um importante património de Direitos Humanos na Europa, que se funda nos legados judaico-cristão e greco-romano, principalmente, e em que curiosamente há até primeiras florações da maior importância no território ibérico, que hoje é Portugal e Espanha. Apesar de as velhas liberdades hispânicas se encontrarem ainda muito longe de ter a audiência que possuem os fenómenos jushumanistas das revoluções pré-liberais e liberais inglesa, americana e francesa. E contudo muito haveria a aprender com a forma clara, directa, e não abstracta e simplesmente proclamatória dessas formas de protecção de direitos – de que falamos um pouco já, no capítulo anterior.

A jurisdição dos Direitos Fundamentais e Humanos ao nível europeu, precisamente, teria mesmo convertido o seu mais inteligente e profundo crítico, Michel Villey, a quem incomodava, além de uma falta de purismo e rigor na linguagem, a falta de eficácia judicial de tais direitos. A partir do momento em que passou a ser clara a jurisdição europeia sobre tais direitos, tal como no mito judicialista inglês (para o qual só há lei depois de um juiz a ter interpretado/aplicado num litígio), passou a haver, de pleno, leis sobre direitos fundamentais e humanos.

Ora o projecto de tratado instituidor de uma Constituição Europeia continua nessa linha, de aprofundamento e consagração formalmente constitucional desse sistema de Direitos.

Um dos primeiros argumentos que em Portugal surgiu em defesa da Constituição Europeia, foi precisamente de índole jushumanística, ou, como outros dizem, *antropodikeia*, num primeiro momento. Se a Carta Europeia de Direitos Fundamentais, integrada na Constituição Europeia (e muito bem aí colocada, por serem tais direitos, de pleno, direitos constitucionais), poderia ainda impressionar alguns pela magnitude da sua protecção ou pela generosidade das suas prescrições, tal não nos parece ocorrer, certamente, com os Portugueses, que se dotaram de um longo e muito bem nutrido acervo de disposições desse tipo, já na Constituição da República de 1976. Por outro lado, as instâncias jurisdicionais já aplicavam sem receio e abertíssimamente a Convenção Europeia dos Direitos do Homem, outra fonte de reconhecimento de vastos direitos.

Daí que muito do entusiasmo por este texto não resida, a nosso ver, tanto na novidade como na consagração constitucional ao nível europeu. E nesse sentido não há dúvida de que se trata de uma formalização importante.

3.2. PROBLEMAS FUNDAMENTAIS DOS DIREITOS FUNDAMENTAIS

Não seria fácil nem proveitoso um tentâme de resumo dos direitos fundamentais na Constituição Europeia: levar-nos-ia muito longe, mas também nos enredaria em redundâncias, porque esse texto é, afinal, um ponto de chegada de muitos direitos já consabidos, e doutrinal e jurisprudencialmente já testados.

Neste breve artigo não podemos senão atentar em alguns aspectos fundamentais, e muito sumariamente. Não deixando, porém, de referir algumas conexões dogmáticas e estruturais (e estruturantes) que dão corpo e substância (ao menos adjuvante) aos direitos em causa, ainda que não constituindo, em si, verdadeiros e próprios direitos.

Parece antes de mais muito positivo, e de algum modo pouco usual nas constituições ocidentais (embora mais frequente nas dos países do antigo Bloco de Leste, desde logo na da ex-República Democrática Alemã), que o Preâmbulo desta Parte sublinhe a correlação entre direitos e deveres (normalmente, estes últimos são esquecidos), e o faça com uma formulação bastante lata, abrangendo um conjunto de sujeitos pouco usual, mas rigorosamente exacto: "O gozo destes direitos implica responsabilidades e deveres, tanto para com as outras pessoas individualmente consideradas, como para com a comunidade humana e as gerações futuras."

Além de alguma inovação pelo carácter explícito da invocação dos deveres e perante a Humanidade, no tempo e no espaço considerada, é um preceito com coragem, e que não poderá deixar de ser tido em conta na aplicação prática dos direitos e deveres, tantas vezes vista de forma etnocêntrica, até mesmo paroquial, e cronocêntrica, imediatista, sem curar de eventuais hipotecas do futuro.

Do mesmo modo, a utilização excessiva e ínvia desta parte da Constituição é proscrita, como abuso do direito (II-114°). Jamais se validando qualquer interpretação coonestadora quer de uma eventual anulação dos direitos ou liberdades por ela reconhecidos, quer de possíveis restrições desses direitos, quer ainda, segundo nos parece, por hipótese estabelecendo não verdadeiramente liberdades maiores do que as previstas na presente, mas licença (s) mais latas, que se não compaginem nas remissões gerais feitas para outros diplomas que, legitimamente, as possam consagrar.

Já porém ressalta como limitador prescrever-se, logo no Preâmbulo, o deverem ter-se em conta, na aplicação, tanto europeia quanto dos Estados-Membros, as anotações elaboradas sob a autoridade do *Præsidium* da Convenção que redigiu a Carta e actualizadas sob a responsabilidade do *Præsidium* da Convenção Europeia. Simplesmente trata-se não de "interpretação autêntica" mas de observações a ter "na devida conta", o que, em linguagem jornalístico-política dos nossos dias se traduziria pela expressão: essas anotações "valem o que valem", i.e., *valerão o que efectivamente valerem ...*

O Preâmbulo da Carta, que agora se propõe plenamente constitucionalizada, expõe as suas fontes, que, naturalmente, nelas próprias, e na jurisprudência que sobre elas se suscitou, hão-de ter um relevantíssimo papel hermenêutico adjuvante futuro: reconhecendo assim

> "no respeito pelas atribuições e competências da União e na observância do princípio da subsidiariedade, os direitos que decorrem, nomeadamente, das tradições constitucionais e das obrigações internacionais comuns aos Estados-Membros, da Convenção Europeia para a Protecção dos Direitos do Homem e das Liberdades Fundamentais, das Cartas Sociais aprovadas pela União e pelo Conselho da Europa, bem como da jurisprudência do Tribunal de Justiça da União Europeia e do Tribunal Europeu dos Direitos do Homem."

Mas o projecto de tratado constitucional estabelece ainda normas de aplicação e hermenêutica desta Parte, que merece a pena referir, e que certamente poderão ser também de alguma importância analógica para a interpretação de outras passagens de todo o texto da Constituição. Assim, desde logo, a Parte II apenas tem lugar no domínio da aplicação de Direito da União Europeia, e não de direito dos Estados-Membros, e sempre no respeito pelo princípio da subsidiariedade (II-111°, 1).

Com uma conhecida técnica de redundância, toda feita de cautelas interpretativas e a bem da promoção da clareza, o projecto reitera:

> "A presente Carta não torna o âmbito de aplicação do direito da União extensivo a competências que não sejam as da União, não cria quaisquer novas atribuições ou competências para a União, nem modifica as atribuições e competências definidas por outras partes da Constituição" (II-111°, 2).

Além de vários outros cuidados, salientem-se:

– a necessidade de preservação do círculo mínimo de cada direito no caso de restrição por via legal de direitos e liberdades, e sob condição da verificação do requisito da necessidade, da conformidade com objectivos de interesse geral da União ou da necessidade de protecção de direitos e liberdades de terceiros, e do princípio da proporcionalidade (II-112º, 1);

– a proibição *a contrario* de uma interpretação de direitos menos favorável que a que resultaria da Convenção Europeia para a Protecção dos Direitos do Homem e das Liberdades Fundamentais (II-112º, 3);

– o princípio de que as legislações e práticas nacionais *singulares* devem ser plenamente tidas em conta na interpretação (II-112º, 6), pressupomos que nos casos de aplicação atinente aos respectivos Estados-Membros; já no caso de que nesta Parte II se reconheçam direitos fundamentais decorrentes das tradições constitucionais *comuns* aos Estados-Membros, tais direitos devem ser interpretados em concordância com essas tradições (II-112º, 4): pressupomos que em toda a União, se tais tradições a toda a União forem comuns, ou mais restritamente a grupos de Estados-Membros mais afins juridicamente em cada concreto domínio, se tal for o caso. Pois não faria sentido que uma tradição jurídica apenas parcialmente comum viesse a valer como critério interpretativo para Estados-Membros a ela alheios. Numa comunidade já tão plural juridicamente (e aberta a alargamentos) acabaria decerto por contemplar um muito vago efeito útil este preceito se apenas tivesse em vista tradições jurídicas comuns a todos os Estados-Membros.

O princípio fundamental de aplicação é sempre o da interpretação mais favorável ao cidadão, jamais podendo haver prejuízo ou limitação decorrentes da hermenêutica constitucional face ao que resultaria de outros diplomas, quer internacionais (nomeadamente a Convenção Europeia para a Protecção dos Direitos do Homem e das Liberdades Fundamentais), quer nacionais, especificamente, das Constituições dos Estados Membros (II-113º).

Esta última referência é fundamental, porquanto em boa medida elimina o problema do paradoxo da supra-constitucionalidade da Constituição Europeia. Porquanto é ela própria que se auto-limita, preferindo a solução da Constituição de um Estado-Membro quando possua mais profunda, lata, ou eficaz protecção dos cidadãos.

Muito sumariamente, os direitos fundamentais consagrados são considerados direitos, liberdades, ou princípios, e divididos em vários títulos, que curam sucessivamente da dignidade (I), liberdades (II), igualdade (III), solidariedade (IV), cidadania (V), justiça (VI).

Um último título refere-se às normas hermenêuticas.

Relativamente a matérias nem sempre claras na nossa comum cultura jurídico-política (embora a maior parte deles já património constitucional português explícito), o texto introduz algumas precisões importantes, que funcionarão em certos casos como "avanços", de que nos permitimos destacar apenas um punhado:

a) Clara proibição da pena de morte (II-62°, 2).

b) O consentimento livre e esclarecido em matéria médica e biológica (biojurídica), e a proibição do eugenismo, da mercantilização do corpo ou de suas partes, e da clonagem reprodutiva de seres humanos (II-63°, 2).

c) O respeito pela *libertas docendi*, ou liberdade académica (II-73°, *in fine*).

d) O direito ao trabalho (II-75°) e de participação empresarial (II-87° ss.), protecção em caso de despedimento sem justa causa (II-90°) e outros direitos sociais e de segurança social (II-94° ss).

e) Uma mais generosa forma de encarar o princípio da não-discriminação (II-81°). Que se analisa, além do mais, em maior atenção às minorias, às diversidades culturais em geral (II-82°) e de género (II-83°), etc.

São todos progressos civilizacionais. De dignidade humana e justiça, de limitação de uma perversa aplicação da ciência-tecnologia num sentido inumano e de reconhecimento da liberdade do saber, de sensibilidade social e abertura mental e "tolerância" (embora a expressão seja ainda algo preconceituosa) e convivência com o (s) outro (s). Sem prejuízo do reconhecimento de muitos direitos, liberdades, garantias e princípios mais clássicos, do que se chamou já direitos fundamentais das "primeiras gerações".

3.3. DO CONTEXTO AO CO-TEXTO DOS DIREITOS NO PROJECTO DE CONSTITUIÇÃO EUROPEIA

Os Direitos Fundamentais na Constituição Europeia devem ser lidos em contexto, num documento que muito contribui para uma visão integradora e integral dessa categoria protectiva. E devem ser considerados como desenvolvimentos da Constituição Axiológica e dos grandes Princípios da vida democrática da União, que funcionam, no caso, como seu co-texto.

3.3.1. Constituição Axiológica

3.3.1.1. Essencialidade do axiológico na Constituição Europeia

Os valores são reputados essenciais – como devem ser, aliás – no projecto de tratado constitucional europeu.

A entrada para a União Europeia encontra-se condicionada a que os estados candidatos respeitem os valores constitucionalmente reconhecidos e se comprometam a promovê-los em comum (I-1°, 2).

Contudo, jamais projecto de tratado constitucional europeu poderia assumir um qualquer fundamentalismo valorativo, nem esquecer a pluralidade ética que reina hoje na democracia europeia. É precisamente em atenção a esse pluralismo salutar, que o projecto traça os seus valores olhando para a realidade do presente e suas promessas para amanhã. O que também não significa qualquer tipo de capitulacionismo ético-normativo, ou sociologismo. O fundamental são valores políticos, porque, num assumido laicismo que é legado da nossa própria civilização, o que para o caso interessa são realmente valores políticos: e não outros, de outra ordem, sobre os quais a política e o direito político não se podem nem se devem pronunciar. Embora sobre eles possam em última instância basear-se, submetendo-os a um processo complexo de recepção, depuração e "re-aplicação", dentro do seu novo contexto.

Contudo, esta lucidez constitucional quanto à escolha axiológica fundamental nem sempre seria acompanhada de rigor e coerência na enunciação e esclarecimento das relações entre os valores políticos que assume.

3.3.1.2. Constituição Axiológica: Os Valores (I-2º)

O art. I – 2º explicita expressamente a relação da União Europeia com os valores políticos.

São considerados valores fundantes da União Europeia entidades do mundo mental / espiritual que podem ser consideradas quer valores, quer princípios, quer ainda atitudes e cumprimento de deveres fundadas nuns e noutros (como o *respeito* pelos direitos, incluindo os das pessoas pertencentes a minorias).

Assim, indiscriminadamente se consideram valores a liberdade e a igualdade, que o são, mas também aspectos ou desenvolvimentos de uma e de outra (e também da Justiça, outro valor, que não é considerado expressamente como tal): como a democracia, e o Estado de Direito (além do referido respeito pelas pessoas pertencentes a minorias).

Neste aspecto, o projecto de tratado constitucional europeu tem no seu seio uma contradição classificatória patente: se a democracia e o Estado de Direito se encontram no elenco muito vasto de "valores" no art. I-2º, já no Preâmbulo da Carta dos Direitos Fundamentais da União, da Parte II, integrado de pleno direito e com total valor jurídico no projecto de Constituição, com muito mais acerto se afirma que a democracia e o Estado de Direito são antes princípios. Embora ainda excessivamente generoso, o Preâmbulo é mais comedido que o referido artigo I-2º, considerando "valores indivisíveis e universais" apenas a dignidade do ser humano, a liberdade, a igualdade e a solidariedade. A afirmação, no Preâmbulo da Carta dos Direitos, de que a instituição da cidadania da União e a criação de um espaço de liberdade, segurança e justiça colocaram o ser humano no cerne da acção da mesma União pode parecer tautológica, mas tem o significado muito útil e pedagógico de arredar as visões puramente economicistas de uma Europa dos *trusts* ou dos comerciantes.

Mas voltemos ao art. I-2º. De forma algo redundante, mas evocativa (com má técnica jurídica, mas talvez boa capacidade de comunicação), acrescenta-se a caracterização da sociedade resultante da aplicação destes valores, comuns aos Estados-membros. É a descrição abreviada da eutopia realizável pelo projecto de tratado constitucional europeu: uma sociedade "caracterizada pelo pluralismo, a não discriminação, a tolerância, a justiça, a solidariedade e a igualdade entre mulheres e homens".

Todos aspectos que desenvolvem, mas se poderiam reconduzir, à tríade valorativa liberdade, igualdade e justiça. A "justiça" ultimamente enunciada deixa a dúvida se tem dimensão axiológica ou apenas se invoca como resultado.

Seja como for, a forma impressionista do artigo não põe em causa a sua bondade intrínseca.

O art. I-4º sublinha alguns aspectos concretos da aplicação do valor da Liberdade, como a livre circulação de pessoas, serviços, mercadorias e capitais, e liberdade de estabelecimento; e a proibição de toda a discriminação em razão da nacionalidade. Com ressalvas que remetem para um argumento sistemático, assim acautelando visões mais primárias e literalistas (politicamente correctas) e maximalistas dos direitos, que vêm discriminação em tudo. É, mais uma vez, uma cedência da boa técnica jurídica à clareza e legibilidade pelos leigos.

3.3.2. Os Princípios da "Vida Democrática da União"

3.3.2.1. Princípio da Igualdade dos Cidadãos (I-45º). Importância fundante da Cidadania Europeia

O título (VI) consagrado à "vida democrática da União" muito eloquente e positivamente logo se inicia por ter os cidadãos como principais protagonistas e objecto da normação. Poderia ter-se falado no início da igualdade entre os Estados, ou da transparência das instituições da União. Mas não: com esta primazia dos cidadãos se vai ao cerne da legitimação e da vivência democráticas. E não havendo Povo europeu, mas sim vários Povos, o elemento pessoal que releva é o dos cidadãos europeus, pertencendo a diversos Povos, mas entre si iguais. É essa igualdade entre os cidadãos da União que desde logo se pretende sublinhar – em todas as actividades da União ela respeita o princípio da igualdade dos cidadãos europeus, e a mesma atenção é a todos e cada um prestada por parte de instituições, órgãos e organismos.

Evidentemente que essa igualdade entre cada um e todos os cidadãos europeus pode, numa certa interpretação, pôr em risco a igualdade entre os Estados. Designadamente quando se reivindique para tal igualdade de cidadania o princípio "um homem, um voto": obviamente em favor dos estados mais populosos. Pelo que a conciliação dos dois princípios obrigará, certamente, à mútua limitação. Cremos que um genuíno princípio de federalização necessitaria que se viesse a atribuir maior peso à "personalidade" das Nações ou Povos (seja ela representada total ou parcialmente pelos actuais estados, seja por outra forma – mais próxima dessa Europa com "cem bandeiras" de que já se falou). A consideração apenas numérica, demográfica, ao invés de valorizar a pessoa individual, cada pessoa individual, realmente trata-a como massa, espécie de título em carteira dos estados.

3.3.2.2. Princípio da Democracia Representativa

A União funda-se, no seu funcionamento, no princípio da democracia representativa. Não se trata nem de democracia dita "popular", como nos estados satélites da ex-URSS, nem de democracia "orgânica", como em estados autoritários e fascizantes, nem de democracia "directa", "de base", ou "autogestionária", etc., etc.

Esta democracia representativa assenta, na estrutura e funcionamento da União, numa dupla base: por um lado, baseia-se directamente na cidadania europeia, e por outro, repousa, indirectamente, na representação dos poderes dos Estados-Membros (eles próprios representando os respectivos cidadãos democraticamente).

Assim, os cidadãos estão directamente representados no Parlamento Europeu e indirectamente no Conselho Europeu pelos respectivos chefes de Estado ou de Governo, e no Conselho de Ministros pelos respectivos Governos (I-46°, 2). Estas instâncias estaduais são, obviamente, responsáveis perante os respectivos cidadãos. O texto do projecto de tratado constitucional europeu refere que o são também perante os respectivos parlamentos (I-46°, 2): mas é uma generalização excessiva, porquanto sobretudo as relações dos chefes de Estado com os parlamentos muitas vezes não relevam do princípio da responsabilidade, sobretudo quando assentem em legitimidades autónomas (dinásticas, na monarquia, ou eleitorais directas, especialmente quando o sistema não seja puramente parlamentarista).

Embora o articulado não o expresse, na verdade todas as instituições da União têm um cunho representativo, embora mais ou menos directo, conforme a sua natureza.

O Tribunal de Justiça que, como todo o poder judicial, tem sempre um certo cunho "aristocrático" e depende em boa medida da competência técnica, é composto por juízes repartidos pelos Estados-Membros. Trata-se de um processo de democracia com base na competência, mas que não prescinde de uma composição nacional/estadual plural.

O mesmo se diga do processo complexo de constituição da Comissão Europeia, em que múltiplas regras e requisitos de equilíbrio e aprovação concorrem para uma representatividade mais profunda, porque tendo em conta as diversíssimas variáveis, interesses e sensibilidades em jogo. O processo de constituição da Comissão presidida pelo antigo Primeiro-Ministro português José Manuel Durão Barroso foi um exemplo, ainda não muito distante, da necessidade de atender a várias sensibilidades, e sobretudo de não chocar algumas perspectivas.

Mas a democracia representativa não se limita à representatividade das instituições. Ela implica, por um lado, o princípio da subsidiariedade, consagrado já em sede de competências (I-11º), e desenvolvido no Protocolo anexo 2: por isso, as decisões da União são tomadas da forma o mais próxima possível dos cidadãos (I-46º, 3). Por outro lado, elas são participadas por esses mesmos cidadãos (o que releva também do princípio da democracia representativa), e tomadas de forma aberta, ou seja, transparente e com suficiente publicidade (I-46º, 3).

A participação dos cidadãos desenvolve-se de múltiplas formas no mundo plural e atomizado de hoje. Contudo, há instâncias já tradicionalmente representativas de agregações de perspectivas e projectos (e de interesses) que contribuem para a formação e expressão da vontade política dos cidadãos: os partidos políticos (I-46º, 4), que se europeízam em grande medida, agrupando os contributos nacionais por grandes famílias, de que se destacam, como se sabe, pela sua maior representatividade eleitoral, os Socialistas, Social-Democratas e Trabalhistas (unidos no Partido Socialista Europeu), os Conservadores, Democratas Cristãos e afins (constituintes o Partido Popular Europeu) e os Liberais e afins.

3.3.2.3. Princípio da Democracia Participativa (I-47º)

Como ficou já aflorado, alguns dos aspectos considerados numa democracia representativa dos nossos tempos são já ("redundantemente") de índole participativa. Hoje pode mesmo dizer-se que elas mutuamente se implicam, ultrapassadas (ou esquecidas) que estão quer as perspectivas elitistas da representação, com os seus preconceitos ou apreensões quanto à capacidade de discernimento e liberdade das massas, quer a dissolução do poder em fórmulas basistas desarticuladas e mais ou menos anárquicas e multitudinárias.

A democracia participativa é acolhida no funcionamento da União na medida em que as suas instituições dão voz pública aos cidadãos e às suas associações representativas (n.1), estabelecem com elas e com a sociedade civil um "diálogo aberto, transparente e regular" (n. 2), a Comissão procede a amplas consultas dos interessados para assegurar a coerência e transparência das suas actividades (n. 3), e é possível a petição, por um milhão de cidadãos europeus, provindos de um significativo número de Estados-Membros (cremos que não poderão ser apenas dois ou três), no sentido de que a

Comissão apresente uma proposta de acto legislativo. Esta última questão será regulada por lei europeia (n. 4).

Contribuem ainda para a democracia participativa a promoção, pela União, do papel dos parceiros sociais, e a facilitação do diálogo entre eles, respeitando a sua autonomia (I-48°), identicamente sucedendo com a promoção do diálogo com as igrejas e organizações filosóficas e não confessionais (assim também apartando estas últimas, e bem, das seitas, pelo menos na conotação negativa da expressão) (I-52°). Relevante neste domínio é ainda a instituição do Provedor de Justiça Europeu, que recebe queixas a propósito de casos de má administração nas várias instâncias da União, e sobre elas emite relatórios (I-49°). Refira-se ainda, neste âmbito, o estabelecimento, com injunções aos vários níveis, do princípio da abertura, designadamente pela realização de sessões públicas e acesso dos particulares à documentação (I-50°), com o correlato da protecção dos dados pessoais (I-51°).

3.4. PRIMEIRAS CONCLUSÕES

Todo o espírito, da "constituição *antropodikeia*" no projecto de Constituição Europeia, assim como o seu co-texto de preceitos que informam os valores e os procedimentos democráticos de democracia representativa e participativa na União Europeia são de molde a criar um clima geral de amizade pelos direitos, neste âmbito. Particularmente relevante nos parece ter sido o já referido levantamento das principais objecções à própria categoria dos "direitos humanos" por Michel Villey, precisamente com base na jurisdição europeia nessa matéria. Além do mais, a judicialidade sai significativamente clarificada e reforçada deste projecto.

Um clima textual-institucional de *amizade pelos direitos fundamentais* acaba por reverter-se num paradigma hermenêutico fundante. É de acordo com estes direitos que a vida jurídica da União teria que se conformar, sendo aprovado o projecto de tratado constitucional europeu.

Em contrapartida, sabemos que os direitos são entidades muito sensíveis na sua vida real e efectiva, e muito sujeitos a subversão das normas que os protegem. E se há um perigo para a sua vivência efectiva parece ser ele o do gigantismo e burocratização da máquina jurídica e política da União Europeia. Decerto que a protecção efectiva dos direitos requer mecanismos refinados, mas certamente a prática obrigará a formas mais directas e mais expeditas de protecção. Sobretudo a meios concretos que impeçam os álibis dos governantes e dos burocratas, barricados em procedimentos e papeladas, e que, pelo contrário, promovam o acesso dos cidadãos europeus à informação e aos meios de recurso graciosos e contenciosos. Cidadãos cheios de direitos que não podem usar facilmente e sem custos elevadíssimos, seriam *flatu vocis* de direitos.

Mas antes de se colocarem estes problemas subsiste a questão prévia. Até quando dormirá o seu sono retemperador de forças o projecto "vetado" pelos "Não" da França e da Holanda? Alguma vez se converterá, depois de necessárias correcções, em texto vigente? O seu grande paradoxo, claramente óbvio em matéria de direitos fundamentais, é o de tratar-se já de direito constitucional europeu materialmente constitucional mas ainda não formalmente constitucional.

No nosso entender, nada realmente impede que a Carta dos Direitos, ínsita na Constituição, seja aplicada desde já, na sua plenitude, apesar do restante da Constituição europeia codificada permanecer no limbo ... ou no purgatório. A Carta de Direitos já é Constituição Viva. E onde seja menos generosa, valerão, por vontade dela mesma, como se sabe, as Constituições nacionais.

4. Religião e Direitos Humanos[193]

4.1. AS RELIGIÕES SAGRADAS À LUZ DA NOVA RELIGIÃO LAICA

Há uma nova, pujante e universal religião no mundo. É a religião dos Direitos Humanos.

Ainda não há muito se utilizava pejorativamente o vocábulo "religião" para captar a natureza dogmática do marxismo-leninismo em acção (nessas sociedades a que se chamou "socialismo real" – e que deram normalmente bastante má fama ao utopismo em causa), mas agora o vocábulo recuperou dignidade e retomou a originária conotação devocional. Há uma crença e um culto dos Direitos Humanos, internacionalmente. E isso, apesar de todas as mesclas e corruptelas, é positivo: um dos sinais positivos na nossa conturbada contemporaneidade.

Claro que a religião, re-ligação do profano com o sagrado, ponte para o transcendente, é um fenómeno – para a analisar "cientificamente" temos que a tratar como fenómeno – que desde logo comporta, em princípio, um abrir de vias diferentes, as quais, precisamente porque se trata de assunto muito sério (o mais sério de todos, para os crentes), mutuamente se estigmatizam e excomungam, ao menos numa primeira fase. Religião implica, assim, em princípio, ortodoxia e heterodoxia. E esta última é normalmente tida pela primeira como heresia.

Claro que cada um dos pólos de uma crença dirá que o outro é o herético. *Ortodoxy is my doxy, heterodoxy is another man's doxy.* Esta simples frase tudo diz. E as heresias podem multiplicar-se, assim como a situação dos que estão fora do círculo da religião é de separação, menoridade, ou condenação radical. Curiosamente, a expressão *excomunhão* significa separação da comunicação ou da união.

Do ponto de vista da ideologia *soft*, *light*, que a democracia e o pluralismo modernos ocidentais têm espalhado pelo Mundo (embora não com

[193] Texto que serviu de base à Conferência de abertura do Seminário Temático Internacional "Religião e Educação", na Universidade de São Paulo, 22 de Fevereiro de 2006.

muito êxito), há neste tipo de pensamento exclusor muito de incompreensível. Falemos claro: a mentalidade religiosa tradicional, que implica em geral sacrifício, entrega, obediência, etc., nada tem a ver com a ideologia de alguma facilidade e de direito à felicidade (ou, ao menos, à sua busca ou demanda, como proclama um dos textos constitucionais fundadores dos EUA) imperante no mesmo mundo que gerou a nova religião, a dos Direitos Humanos.

Nas religiões, sobretudo nas religiões do Livro e suas derivadas, o sagrado está em alta tensão – como a sarça-ardente de Moisés –, e não é esperável que os crentes mais crentes sejam tolerantes. Eles estão profundamente convencidos de que possuem a Verdade (*direitos da Verdade* é expressão que figura em subtítulo mesmo de uma tese contemporânea sobre Liberdade religiosa, texto aliás fundamental neste tema).[194] E quem possui *a* Verdade *vai fazer o quê* com quem está no erro? Numa primeira fase pode apostar no "matem-se todos, Deus escolherá os seus", defendendo o holocausto dos heréticos, ou no "crê ou morres", numa atitude de agressivo proselitismo, ou ainda no "morro porque creio", pelo martírio próprio. Até que o sangue das guerras religiosas e provavelmente uma alteração da forma unitária e dogmática de fervor, vai traçando os difíceis caminhos da tolerância.

Primeiro, pela mão de filósofos mais ou menos eclécticos, ou até cépticos, e de governantes equilibrados ou oportunistas, desses que acreditando que *Paris bem vale uma missa*, com seu vício privado de cinismo e ambição contribuem para a virtude pública da concórdia. Depois, pela lenta mas sincera conversão dos crentes, que começam a respeitar e a conviver com outros crentes e com os que o não são.

Digamos que a cosmovisão ocidental pluralista dominante conseguiu conter as iniciais pulsões racionalistas excessivas, que identificavam, sem mais, religião como alienação, obscurantismo, irracionalidade, e domínio político de clero e deste em união com os poderosos política e economicamente – na célebre frase de Marx: *religião, ópio do povo*. Grinaldas idealistas que cobrem as cadeias bem reais, dos tais ferros a que o homem está *posto*, nas palavras iniciais do *Contrato Social* de Rousseau. Embora, de vez em quando, a mundividência laica peça ao mundo da religião comportamentos absolutamente insólitos para a lógica desta última. Assim, tendeu a ver o Papa, depois de Paulo VI e com João Paulo II, como uma espécie de líder de uma agência de bem-fazer e paz mundial. Pelo que nunca entendeu como há coisas, nas religiões, que não podem mudar ao sabor das aspirações ou das modas sociais. Embora (como vemos agora com a comissão

194 MACHADO, Jónatas Eduardo Mendes. *Liberdade Religiosa numa Comunidade Constitucional Inclusiva. Dos Direitos da Verdade aos Direitos dos Cidadãos*, Coimbra, Universidade de Coimbra / Coimbra Editora, 1996.

nomeada para acabar com o limbo) haja outros aspectos, mais subtis, que dependem de interpretação e de decisão dos poderes canónicos.

Claro que quando os crentes começam a ver mudanças no corpo dogmático de crenças que julgavam pétreo, começa a vacilar a fé. E por isso é que as hierarquias religiosas, em geral, são conservadoras – porque, se o não fossem, arriscavam-se a cismas rigoristas, tradicionalistas, fundamentalistas.

Aquela anedota irreverente – anedotas são caricaturas narrativas, é preciso ter muito cuidado e saber compreender os "géneros" nas interpretações ... –, mas benévola, sobre um visitante do inferno, é esclarecedora:

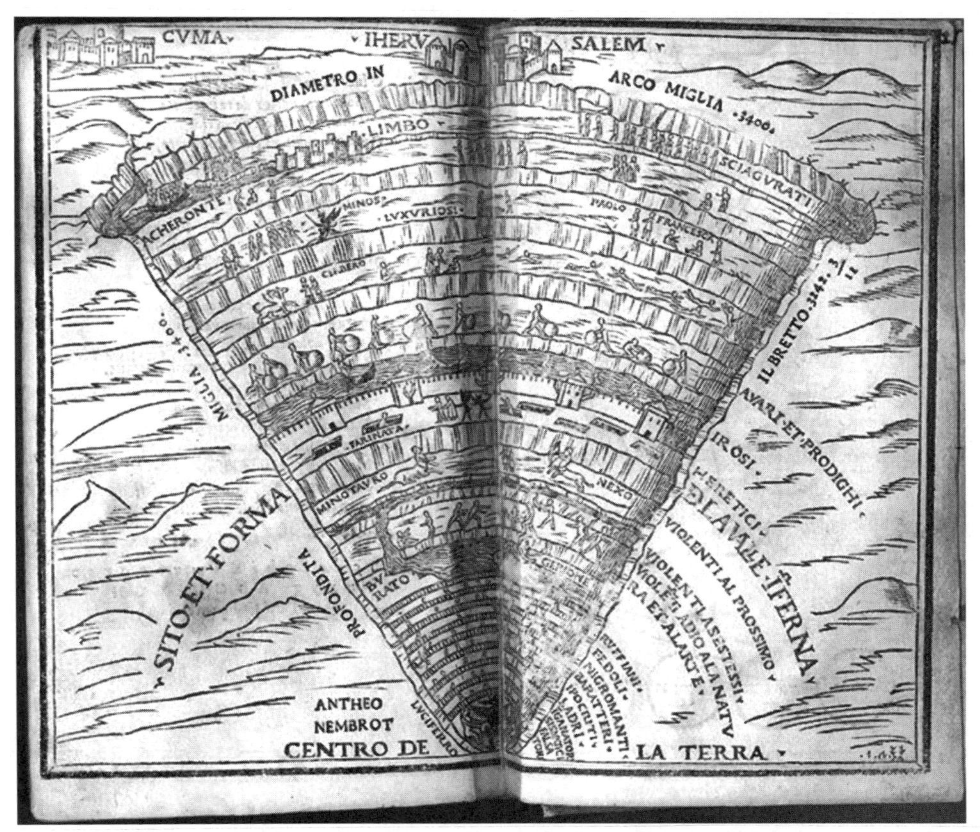

Gregorio de Gregoriis (ilustração do esquema moral do *Inferno* de Dante).
Fonte: http://bemcavalgar.blogspot.com/

Tendo um pacato cidadão (ainda vivo) ganho, não se sabe em que concurso, uma viagem de estudo ao inferno, naturalmente de ida e volta, impressionou-se com as lamentações de um supliciado, cujos tormentos até nem seriam, comparativamente, excessivos. Questionou-o directamente, e o danado replicou: "– A dor mais hostil, meu senhor, não é a provocada pelos tormentos que aqui padeço; é a dor moral de saber que a razão que aqui me retém e tortura já não é considerada hoje pecado no mundo dos vivos".

A anedota chama a atenção para a complexa tensão entre a ortodoxia e a heterodoxia dentro da mesma crença religiosa, numa perspectiva diacrónica. Pecadores de hoje poderiam, no limite, ser santos de amanhã, e vice-versa. A mudança de perspectiva sobre o bem e o mal é dos abismos mais perigosos e mais pânicos no seio de uma religião. Com ou sem ruptura, ou cisma.

Ora o que a ideologia *light*, politica e socialmente correcta dominante (que tem uma versão benévola e outra perversa) por vezes vem dizer às religiões, sobretudo às que se revelam mais normativas em matéria moral, é que deveriam fazer uma revisão periódica das suas prescrições, de modo a acompanharem os tempos. E como os tempos, em geral, têm sido mais e mais permissivos, do que se trataria, para as ortodoxias, seria, afinal, de abrir mão de sagrados valores, digníssimos princípios, bons costumes, virtudes excelentes, para os trocar pelo bródio.

Se muitas crenças religiosas, e sempre as vanguardas mais progressivas dentro de cada uma, se têm vindo a aproximar do mundo moderno, designadamente às concepções políticas do mundo moderno, há sempre redutos mais avessos ao alinhamento com a moda. Não esqueçamos, porém, que esse mesmo mundo moderno tem também muitos elementos de degenerescência. Muitas vezes o que se ganha em suavidade nas relações tem de perder-se na honra e na vergonha nas mesmas ... Só a moderação permite perder rigores excessivos sem ganhar laxismos dissolventes.

Pode dizer-se que a primeira conversão das religiões vai precisamente para os direitos de primeira geração, políticos e de cidadania. Enquanto, ainda no séc. XIX, o cristianismo execrava tanto liberalismo como socialismo, sabemos que, por exemplo no Reino Unido, quer o partido liberal quer o partido trabalhista casaram um a cruz com a fénix e o outro a cruz com a rosa, criando grupos de cristãos assumidos em organizações partidariamente associadas.

Mesmo a conversão ao ecumenismo vai sendo realizada. Quando antes estava privado da beatitude ou do paraíso quem não professasse o mesmo credo, agora abrem-se as portas do céu a "irmãos separados" e a outros ainda, mais distantes. As matérias morais (e especificamente de alguns "costumes") estão mais dificilmente permeáveis à mudança – embora, desde sempre, os missionários tenham tido que resolver o problema de converter organizações sociais com outras tradições, não facilmente abafáveis nem sequer por novas fés ... Mas ninguém foge totalmente ao seu tempo, e acreditamos – sem ter qualquer dado sociológico, apenas por intuição, como é óbvio – que as penitências prescritas nas confissões de hoje serão muito mais benévolas que as de há 30 ou 50 anos atrás.[195] Do mesmo modo, se aos olhos de alguns ainda é escândalo que se mastigue a hóstia consagrada, e que o sacerdote a dê a comungar na mão, creio que sociologicamente será fácil comprovar que a esmagadora maioria dos católicos mais jovens nem esses problemas sequer se colocam.

Mesmo o Islão, que passa mediaticamente por completamente avesso ao Direito e à Política democrática e pluralista da contemporaneidade, tem variedade de situações, em que se destacam alguns países e algumas correntes religiosas e intelectuais que se reclamam de uma cosmovisão juspolítica em tudo semelhante, ou pelo menos compatível, com a *Weltanschauung* dominante, ocidental.

Em síntese, o primeiro problema, o problema de base, na relação entre as religiões mais importantes (que se fundaram noutros tempos – e a mais nova das grandes é mesmo a islâmica; todas as outras são anteriores) e o mundo moderno, dominado pela nova religião dos direitos humanos, é uma questão de cor local, de ar do tempo. Haveria, em princípio, mentalidades muito diferentes a impregnar pelo menos os aspectos fanéricos, litúrgicos, e profanos das religiões. Porque elas não vivem só do *sancta santorum* esotérico – pelo contrário, nelas há uma componente exotérica, social, pública e política profundamente importante.

Parece já um milagre ver como política, poderes, comunicação social, ciência, universidade, *opinion makers*, em geral acabam por aceitar, em geral e em princípio (veremos que haverá limitações e diferenças), não só as religiões, como todas as religiões, e mais: acabam por, no rol dos seus direitos de primeira geração, incluir já alguma liberdade religiosa, alguns direitos das religiões, e de pluralismo religioso. Com limitações, evidentemente. Mesmo os tolerantes Althussius e Locke restringiam muito a sua tolerância religiosa. Para o primeiro, excluem-se do âmbito da sua tolerância nada menos que "epicuristas, sectários, hereges, sedutores, profanadores do domingo ... desprezadores da verdadeira religião, mágicos, adivinhos, perjuros, idólatras".[196]

[195] Alguém mais rigorista me chamou a atenção para um fenómeno curioso, no mundo católico, pelo menos: não acreditava o meu amigo que o número imenso de comungantes (quase a totalidade dos assistentes, em muitas igrejas) nas eucaristias se encontre, no momento, sem mácula de pecado ... Confesso a minha ignorância sobre os pecados alheios, mas, se os pecados são os do Catecismo da Igreja Católica, parece haver alguma ligeireza (que no meu tempo de criança corresponderia a pecado grave) nessas comunhões. Do mesmo modo não sei se por falta de tempo para confissão auricular pela banda dos sacerdotes, e da crise de vocações, a verdade é que muitos directores espirituais não aconselham os jovens à confissão regular e a afastarem-se da mesa da comunhão se tiverem cometido pecado mortal sem absolvição ulterior, e cumprimento da respectiva penitência.

[196] *Apud* KAMEN, Henri. *O Amanhecer da Tolerância*, trad. port. de Alexandre Pinheiro Torres, Porto, Inova, s/d (ed. orig., 1968), p. 220.

Mas é compreensível esta intolerância mesmo da parte dos tolerantes, pela profunda e sincera radicalidade de adesão, pela ligação directa à ideia de Verdade que a religião sempre convoca, para os crentes, e até para os não crentes, que se queiram militantes neste domínio. É um longo caminho, este, em que muitos preconceitos têm de ser vencidos, passo a passo.[197]

Não admira que haja atritos, incompreensões, entre as religiões e os poderes. Porque, antes de mais, foi preciso a uns e a outros comprimirem-se para darem lugar (espaço, mesmo) ao outro tipo de normatividade e de poder. Na verdade, em muitos casos históricos se terá começado com um poder de índole teocrática. E só com o tempo e o progresso social e político se passaria a admitir a cisão do mando, num ramo secular e num ramo sacral. A própria história da evolução do conceito (e da deusa) Maet ou Ma'at, no Egipto Antigo, de característica ou atributo do faraó, para instância dele autónoma, com capacidade de julgar o valor de justiça e verdade dos seus actos, parece esclarecedora, ilustrativa de uma das formas de evolução possível desse longo processo de separação dos gládios.

O grande problema do tratamento da questão religiosa do ponto de vista dos Direitos Humanos, é que, como desde o princípio vimos sugerindo, se trata, no limite, de pôr uma religião (laica) a avaliar e a regular outra religião (sacra). Por isso também, talvez, é que foram autores muito ligados a uma vinculação religiosa, mesmo no Ocidente europeu e sul-americano, os primeiros (e os últimos) a levantarem severas objecções de princípio aquando da vaga de fundo dos direitos humanos. E resistiram, firmando-se numa ortodoxia *à outrance*, mesmo depois de João Paulo II se ter armado paladino internacional desses mesmos direitos, num "suave milagre" de conversão da Igreja Católica Apostólica Romana a essa religião que até então tivera, sem dúvida, arautos crentes, mas permanecia sobretudo ligada ao legado republicano e laico da *Liberté, Égalité, Fraternité*.

Não tendo mandato de qualquer credo para fazer o contrário, nem nos sentindo à vontade para tanto, na nossa qualidade de constitucionalista e aprendiz de filósofo do Direito e da Política é que teremos de agir. Portanto, se fosse necessário esclarecer o que já decorre de toda a linha do discurso anterior, a máscara afivelada neste palco será sempre e só a da ciência, da arte e da técnica dessas disciplinas, e não poderá ser a da religião. Embora a formação e as convicções certamente não deixem de interferir, ainda que em pano de fundo. Esta perspectiva é, sem dúvida, limitativa. Mas não o seria qualquer uma?

---

[197] Cf., desde logo, os passos ainda preliminares de VOLTAIRE. *Tolerância, in Dicionário filosófico* (1764) e *Questões sobre a Enciclopédia*, (1771) e *Tolerância in Enciclopédia* selec. port., Lisboa, Estampa, 1974, p. 200 ss.

4.2. BREVE ANÁLISE CONCEITUAL

Vejamos então a Religião sob o prisma dos Direitos Humanos. Cabe, antes de mais, uma cautela metodológica. Quanto ao que seja religião, e quanto ao que sejam Direitos Humanos. Comecemos por estes últimos.

4.2.1. Direitos Humanos

Os Direitos do Homem não são uma realidade simples. Uma sua definição muito linear, além de cair na armadilha positivista, que de-fine para de-limitar, por certo os empobreceria. Os Direitos do Homem só se compreendem nas suas lutas, práticas e teóricas, ou seja, na sua História.

Se hoje os Direitos do Homem acabam por ser (retomando e adaptando a categoria de Thomas Kuhn)[198] o epistemo-paradigma mais relevante, quer da juridicidade quer da *praxis* (política), a verdade é que ainda há não muitos anos eram alvo de críticas da parte de grandes filósofos do Direito, e, se recuarmos mais ainda, tiveram grandes adversários, nos terrenos utilitarista, marxista e católico.

Assistimos, assim, nos últimos anos, depois da *détente*, e do esgotamento das energias utópicas revolucionárias, assim como após os pontificados de Paulo VI e, mais visivelmente, João Paulo II, a um fenómeno a que será certamente próprio crismar de "suave milagre dos Direitos Humanos".

Chegou-se hoje a uma tal conversão que não poucos dos que aderem e até proclamam os Direitos do Homem o fazem sob reserva mental, na mais evidente hipocrisia. Porque curiosamente, uma das características do pensamento único e do politicamente correcto é, para lá de mil e um dislates, apegar-se a grandes ideias feitas com bom curso. E uma dessas grandes ideias é a de Direitos do Homem. No muito mal que tem feito ao pensamento, à cultura e à higiene mental e moral, o politicamente correcto tem também um ou outro aspecto positivo. E já que a hipocrisia é o preito que o vício presta à virtude, virtuoso parece ser esse "tabu" da intocabilidade dos Direitos Humanos. O problema começa quando se perguntam quais são esses direitos, como interagem, e qual o seu sentido profundo. Aí, os direitos humanos são um saco que alberga todas as esperanças, e todos os interesses sob capa de generosidades e de universais valores.

Com todas estas forças e fraquezas, os Direitos Humanos são a linguagem hodierna do Direito Natural. Disso se foram persuadindo muitos jusnaturalistas de formação clássica. E di-lo expressamente um Francisco Puy.[199]

---

[198] KUHN, Thomas. *The Structure of Scientific Revolutions*, University of Chicago Press, 1962.

[199] Para o pensamento deste autor sobre a matéria, v. Francisco PUY. *Teoria Tópica del Derecho Natural*, Santiago do Chile, Universidad Santo Tomás, 2004; Idem. *Derechos Humanos*, Santiago de Compostela, Imprenta Paredes, 3 vols., 1985; Idem. *Tópica Juridica*, Santiago de Compostela, I. Paredes, 1984, máx. p. 149 ss.

No seu entusiasmo, muitos ignoram ou esquecem que antes da técnica e da religião jushumanista houve outras formas de protecção da Pessoa. Muito antes da revolução americana e da revolução francesa, com os seus textos constitucionais de protecção proclamatória e escrita dos Direitos do Homem, antes mesmo da *Magna Charta* inglesa de 1215, já nos concílios de Toledo, sobretudo no IV Concílio (633 d.C.), se tinham encontrado formas de protecção, as quais irradiariam, aliás, para Novo Mundo. Mas cuja posteridade não teve fortuna internacional. É o velho problema do preconceito e do *marketing*, e da sociologia universal da recepção dos produtos culturais.

Falando em termos latos, não repugna dizer que já era uma questão dos Direitos do Homem a protecção concreta da pessoa (da sua vida, da sua honra, dos seus bens) tutelada no território que viria a ser Portugal e Espanha. Nesses tempos medievais primeiros, quando alguns povos europeus, hoje muito civilizados, ainda faziam sacrifícios humanos.

Julgamos que englobar essas formas antigas de protecção das pessoas na história dos direitos humanos é a mais correcta forma de equacionar o problema em vez de se insistir num rigorismo de separação classificatória, de que só vemos o fim ideológico de enaltecer a monarquia tradicional e apoucar o liberalismo e seus sucessores.

De modo idêntico, boa parte das críticas aos Direitos do Homem são profundamente inactuais, e partem de perspectivas tecnicistas e historicistas. Nas quais também se poderá detectar uma intenção de demarcação político-ideológica. O mais esclarecido de todos os críticos iniciais dos direitos humanos, Michel Villey, haveria de declarar, na sua última entrevista, a Christian Descamps, do jornal "Le Monde", citemo-lo novamente, no original:

> "En fait, je ne suis pas contre les droits de l'homme. Je crois assez aux droits de l'homme européen puisqu'il existe en Europe une cour de justice. En conséquence, cela seul peut donner un sens à ce qui n'en a pas dans les textes."

Sabendo, assim, que podemos considerar a expressão Direitos Humanos num primeito sentido restrito (apenas direitos subjectivos actuais) e num primeiro sentido lato (todos os direitos de protecção da Pessoa, suficientemente vastos, de índole juspublicística, e abrangendo várias épocas, pré- e pós-revolucionárias) esbarramos com uma nova dificuldade.

Alguns autores, procurando já delimitar as águas, consideram que os Direitos Humanos seriam apenas a dimensão internacional da mesma ou de idêntica realidade a que no plano interno dos Estados se chamaria Direitos Fundamentais, e, no plano filosófico, Direito Natural. Sendo uma divisão didáctica, achamos que é restritiva, embora possa ser prática, sobretudo para os tais incapacitados de *compreender* coisas mais profundas, e por isso cegos ao Direito Natural, para usar a lógica e algumas expressões de Michel Villey.

A tripartição não nos satisfaz. Com apolínea clareza, de forma diversa explicitou Paulo Bonavides essa questão prévia que é sempre a terminológico-categorial:

> "A primeira questão que se levanta com respeito à teoria dos direitos fundamentais é a seguinte: podem as expressões direitos humanos, direitos do homem e direitos fundamentais ser usadas indiferentemente? Temos visto nesse tocante o uso promíscuo de tais denominações na literatura jurídica, ocorrendo porém o emprego mais frequente de direitos humanos e direitos do homem em autores anglo-americanos e latinos, em coerência aliás com a tradição e a história, enquanto a expressão direitos fundamentais parece ficar circunscrita à preferência dos publicistas alemães".[200]

Irenismo curioso é o dos que falam em "Direitos Humanos Fundamentais".

Há alguns anos, poderia observar-se que a expressão "Direitos do Homem" seria melhor português que "Direitos Humanos". Na verdade, esta última fórmula é tradução literal do *Human Rights* da língua inglesa. Contudo, o uso já parificou estas expressões no nosso léxico. E presentemente "Direitos Humanos" encontra-se mais em uso até.

Ora assim sendo, louvar-nos-emos na lição de Paulo Bonavides, e consideraremos Direitos Humanos também ao nível interno dos Estados, em sinonímia com Direitos Fundamentais.

Aliás, pouco sentido faria uma Amnistia Internacional defender de fora de um Estado direitos humanos que, lá dentro, seriam "apenas" direitos fundamentais ... Embora pareça que é prática desta organização fazer sobretudo acções de fora para dentro – por natural cuidado de protecção dos activistas, cremos nós.

A teoria de Perez Luño, segundo a qual os direitos humanos estariam, nas declarações internacionais, como segundo nível, entre o direito natural e os direitos fundamentais positivados no direito dos Estados, talvez não tenha tanta razão de ser histórica como aparenta,[201] porquanto alguns direitos nasceram enraizados nas comunidades políticas e não em *fora* internacionais. E se adoptarmos a concepção segundo a qual já são direitos humanos as velhas liberdades ibéricas, então, desde os velhos concílios toledanos às primeiras declarações internacionais ainda haveria um longo caminho a percorrer.

---

200 BONAVIDES, Paulo. *Curso de Direito Constitucional*, 17ª ed., São Paulo, Malheiros Editores, 2005, p. 560.

201 PEREZ LUÑO, Antonio Enrique. *Los Derechos Fundamentales*, 8ª ed., Madrid, Tecnos, 2004.

Positivados ambos, e com acolhimento ambos em muitas ordens jurídicas nacionais, apesar da sua raiz ser esta ou aquela, os Direitos Humanos/Fundamentais são uma realidade em boa medida unitária, e só ganham em unitariamente ser tratados. Usemos a célebre navalha de Ockham!

4.2.2. Religião

Não é nada fácil captar e menos ainda explicitar uma noção abrangente de religião. E não deixa de ser interessante (chocante, para alguns, certamente) que a própria Religião tenha que ser, de algum modo, captada (explicitada) pelos textos jurídicos. Desde logo, para definição dos padrões da sua liberdade, no âmbito do Estado, mesmo de Direito e Democrático. É, etimologicamente, como veremos logo, uma forma de alguma *pro-fanação.*

A Liberdade Religiosa foi, em Portugal, nomeadamente explicitada jurisprudencialmente pelo Acórdão do Tribunal Constitucional nº 423/87, o qual, depois de sintonizar a lei portuguesa com a Declaração Universal dos Direito do Homem (para a qual remete o art. 16º da Constituição da República Portuguesa), proclama que:

> "A liberdade de religião traduz-se na liberdade de adoptar ou não uma religião, de escolher uma determinada religião e de a praticar só ou acompanhado por outras pessoas, de fazer proselitismo num sentido ou noutro, de mudar de religião ou de não aderir a religião alguma, de não ser prejudicado por qualquer posição ou atitude religiosa ou anti-religiosa."

No entanto, fica por saber o que seja, em concreto (e o que não seja) religião.

Também a Procuradoria-geral da República procurou balizar o que fosse religião.

Afirma o Parecer 119 / 90:

> "Pode dizer-se que, num sentido amplo e descomprometido, 'religião' é todo um sistema ideológico que busca uma explicação transcendental, metafísica, para a razão de ser do universo e da vida exteriorizando-se em actos que traduzem uma relação do homem para com um ser seu superior – Deus. Será, assim, religiosa toda a atitude, individual ou colectiva, exteriorizável em actos, pela qual os homens manifestem a sua fidelidade aos princípios em que crêem, formando uma Comunidade ou Igreja.
>
> ... Adoptando noções já perfilhadas por este órgão consultivo, poder-se-ia dizer que a 'confissão religiosa' constituiu um todo complexo institucionalizado, comportando um núcleo de fiéis, um corpo de doutrina, bem como a exteriorização dos princípios ou prática confessional, integrando os chamados actos de culto, a tudo acrescendo, segundo certos autores, um elemento histórico consubstanciável na tradição.

Mais simplesmente poderá dizer-se que 'confissão religiosa' é uma comunidade assente num corpo de doutrina, exprimindo-se num culto, ordenada por um regime normativo e uma certa organização hierarquizada – cfr. bases IX, nº 3, XI, nºs 1 e 2, e XII, nº 2, da Lei nº 4/71. A distinção entre igrejas e seitas deve-se a Max Weber e Ernst Troeltsch; as primeiras serão grandes comunidades bem enraizadas na sociedade, com uma estrutura formal, burocrática e hierarquizada e que tendem a representar uma face da religião conservadora; as seitas são, em regra, comunidades de menor dimensão, menos organizadas, surgidas por separação de uma igreja, com um estatuto de igualdade para os membros, sem, ou contando com poucos sacerdotes.
A 'associação religiosa', no sistema da Lei nº 4/71, tem por substrato um conjunto de pessoas que põem em 'comum' os seus esforços para um objectivo, representando a emanação de um grupo religioso (de uma 'confissão').
Ou, adoptando a teorização acolhida pela citada informação parecer nº 116/75: a 'associação ou instituto religioso' pressupõe 'uma confissão professada e destina-se, fundamentalmente, à prossecução dos fins religiosos da comunidade em causa, quer de natureza marcadamente cultual, quer de índole mais alargada mas, de qualquer modo, visando fomentar o respectivo credo religioso'".[202]

Pessoalmente cremos também louvável a tentativa da Procuradoria-geral da República, mas ainda lacunosa, e ainda pouco captadora da complexidade do fenómeno. A tarefa não era para menos ...

Por detrás de boa parte de muitas das questões, aparentemente científicas, nesta matéria, está a questão da própria concorrência essencial entre Poder e Religião, o que, para nós obrigaria a recuar às razões – que se perdem na densa bruma do desconhecido – da cisão da primeira função mágico-jurídico-política dos indo-europeus, a que aludiremos adiante.

Decerto que uma perspectiva difusa de religiosidade muito alargada (e por isso de algum modo profana – para não dizer *profanada*: mostrada em excesso, segundo a etimologia) concorda em não colocar a questão do religioso como questão do sagrado. Mas, se quisermos ir ao fundo do problema decerto que a questão do sagrado haveria de ressaltar.

O sagrado constitui uma das dimensões mais intangíveis e contudo irrecusáveis do Homem.[203] A noção de sagrado é, pela sua própria natureza,

[202] http://www.dgsi.pt/pgrp.nsf/

[203] Sobre esta questão do sagrado na sua relação com o Direito e o Estado, permitimo-nos remeter para a nossa conferência *O Direito, a Política e o Sagrado*, conferência no âmbito do Seminário Internacional "Religião, Valores e Educação", na Faculdade de Educação da Universidade de São Paulo, 17-20 de Setembro de 2003. Cf. CUNHA, Paulo Ferreira da. *O Direito e o Sagrado. Reflexões Preliminares sobre o Sagrado no Direito Público*, in "Psicologia, Educação e Cultura", vol. VI, nº 2, Dezembro 2002, p. 363-377, e *Idem. O Direito, a Política e o Sagrado*, in "Mirandum", ano VIII, nº 15, 2004. Texto recolhido em *Idem. Anti-Leviathã*, Porto Alegre, Sérgio Fabris, 2005.

avessa à captação pelas malhas do *logos*. Se a ideia de *numinoso*, ou de *ganz andere*, com as investigações clássicas de Rudolf Otto,[204] podiam inicialmente servido, já mais perto de nós, o repensar das perspectivas antropológicas de Marcel Mauss[205] e antropo-linguísticas estruturalistas de Lévi-Strauss,[206] com estudos como os de Annette Weiner[207] e Maurice Godelier,[208] parece levar-nos a uma encruzilhada no plano da tradução ou significação do sagrado. No limite, o sagrado parece ser, antropologicamente, cientificamente, um sentido aberto, tão aberto que se arrisca – diríamos nós – ao não-sentido. *E contudo move-se ...*

Antropólogo e estruturalista, Lévi-Strauss considerara os conceitos-chave do sagrado *han* e especialmente *mana*[209] como "significantes vazios em si mesmos de sentido", "susceptíveis de receber qualquer sentido", "significados flutuantes", e até "símbolos em estado puro". Além de que " ... os símbolos são mais radicais que aquilo que simbolizam, o significante precede e determina o significado".

De "experiência terrífica e irracional" fala o historiador das religiões Mircea Eliade, aludindo à teorização do já citado Rudolf Otto.[210] Irracionalidade e carácter terrífico que se podem exprimir, afinal, pelo *mysterium tremendum* dessa realidade tão radicalmente diferente e transcendente daquelas outras da experiência comum e da experiência científica. Ao falar-se em *mysterium tremendum*, em *mysterium fascinans*, apenas se está a agir por metafórica analogia, e muito impropriamente:

> "... nós sabemos que esta terminologia analógica é devida justamente à incapacidade humana de exprimir o *ganz andere*: a linguagem apenas pode sugerir tudo o que ultrapassa a experiência natural do homem mediante termos tirados dessa mesma experiência natural".[211]

O Estado e o Direito do Estado sempre mais ou menos procuraram ou manipular ou abafar essa perigosa racionalidade-outra e poder-outro que,

---

204 OTTO, Rudolf. *Das Heilige*, 1917, trad. fr. de A. Jundt, *Le Sacré*, Paris, Payot, 1949.

205 MAUSS, Marcel. *Sociologie Et Anthropologie*, com Introd. de Claude Lévi-Strauss, Paris, P.U.F., 1973 (inclui, na 2ª Parte: *Essai Sur Le Don. Forme et Raison De L'échange Dans Les Sociétés Archaïques*, Originalmente Publicado *In* «L'année Sociologique», 2ª Série, 1923-1924, t. I), ed. port. traduzida por António Filipe Marques, *Ensaio sobre a Dádiva*, Lisboa, Edições 70.

206 LÉVI-STRAUSS, Claude. Introdução à Obra de Marcel Mauss, in *Ensaio sobre a Dádiva*, de Marcel Mauss, trad. port., Lisboa, Edições 70, 1988.

207 WEINER, Annette. *Inalienable Possessions: The Paradox Of Keeping-While-Giving*, Berkeley, Univ. California Press, 1992.

208 GODELIER, Maurice. *L'énigma du Don*, Paris, Fayard, 1996, trad. bras. de Eliane Aguiar, *O Enigma do Dom*, Rio de Janeiro, Civilização Brasileira, 2001.

209 Sobre este último, por todos, ELIADE, Mircea. *Traité d'histoire des religions*, Paris, Payot, 1949, nova ed. port. trad. por Fernando Tomaz e Natália Nunes, *Tratado de História das Religiões*, Porto, Asa, 1992, p. 46-52.

210 ELIADE, Mircea. *Das Heilige und das Profane*, trad. port. de Rogério Fernandes, *O Sagrado e o Profano*, Lisboa, Livros do Brasil, s.d., p. 23.

211 *Ibidem*, p. 24.

mesmo no mais laico dos Estados, acaba sempre por constituir a realidade das confissões organizadas. A história do direito da religião ou das religiões é sempre a história dos avanços e recuos de mais ou menos (im-) piedosos (ím-pios) governantes por se autonomizarem do jugo do teocrático, por lhe imporem a sua vontade, e, no limite, por conseguirem eliminá-lo. É uma história sem dúvida com episódios interessantes e edificantes (depende do ponto de vista, mas sempre com *moral*). Todavia, pouco diz, na verdade, sobre o sagrado.

Porém, por detrás dessa tensão permanente entre Estado e Religião encontra-se a unidade essencial, profundíssima, e histórica, dos hoje dispersos componentes da primordial primeira função da trifuncionalidade indo-europeia. A razão de fundo do conflito entre Poder e Religião (seja o poder quer o do Estado, quer o do Direito, quer o de ambos) é que todos estão possuídos de sacralidade. Há uma sacralidade religiosa propriamente dita e uma sacralidade estadual e jurídica, que pode mesmo, em certas circunstâncias, transformar o Estado e o Direito (embora "direito" com muitas aspas...) em verdadeiras religiões laicas. E agora se percebe também melhor porque se pode falar de "religião dos direitos humanos"!

As próprias expressões usadas para designar o sagrado, no diálogo do pensamento de Mircea Eliade com Rudolf Otto, têm todo o sabor ao *imperium* e à *potestas* do Estado e do Direito. Fala-se em "poder terrível", "cólera divina", ou até mesmo de *majestas*, repetidas vezes:

> "Encontra o sentimento de pavor diante do sagrado, diante deste *mysterium tremendum*, diante desta *majestas* que exala uma superioridade esmagadora de poder".[212]

Um questão falsa poderá assomar agora. O Estado e o Direito terão copiado a linguagem sacral das religiões, ou, pelo contrário, terá sido o inverno? Não se trata de cópia ou de "influência", mas de participação de base na mesma essência: a primeira função indo-europeia, da soberania, da magia, do poder, abarcava em união o que depois se dividiria no religioso, no jurídico e no político.[213] Tudo daí decorre.

Quando se fala da "intensidade axiológica equiparável" ou ao desempenho na vida de alguém de uma função "semelhante à da religião" estamos perante um sentido desacralizador de religião, e, *de jure constituendo*, não podemos deixar de nos questionar se não seria pensável constituir um outro direito, não apenas de liberdade religiosa, mas de liberdade de crença, mundividência, cosmovisão, com autonomia efectiva, em que coubessem ideologias antigas e modernas, sobretudo as mais totalizantes e totalitárias

---

[212] *Ibidem*, p. 23-24.

[213] DUMÉZIL, Georges. *Mythe et Dieux des Indo-Européens*, textos reunidos e apresentados por Hervé Coutau-Bégarie, Paris, Flammarion, 1992.

(embora isso tenha os seus perigos...). Desde logo, o pacifismo, o ecologismo ou o ambientalismo, a defesa do património, algum feminismo ... Mas não já, pelo contrário – esses são hoje grandes exemplos do não-direito – o racismo, ou a xenofobia, etc.

Mas é muito complicado incluir as ideologias nas crenças ... Se se mescla neste super-conceito generalíssimo de religião-crença, os druidas, a cientologia, o pacifismo e até o comunismo, onde estará a diferença entre religião, seita, ocultismo e ideologia? E não será esta uma forma de uma certa perversidade de uma errónea versão de laicismo de confundir o sagrado com o simplesmente idiossincrático com vocação totalizante? Tal é uma visão neutralista, mas não capta a essência dos fenómenos, e pode vir a ter que proteger realidades que nada têm de idiossincraticamente valioso, ou seja, religiões sem alma, uma espécie de "esperantos" religiosos.

E quanto à própria distinção entre religião e seita, sempre se nos poderá ser respondido, com algum cinismo e fria crueza histórico-sociológica, mas todavia invocando um argumento a ponderar, que "as religiões seriam seitas mais antigas e bem sucedidas". Falaremos disso um pouco mais, adiante.

4.3. DIMENSÕES DOS DIREITOS HUMANOS DE LIBERDADE RELIGIOSA

4.3.1. O Círculo Mínimo da Declaração Universal dos Direitos do Homem

Há muitas dimensões dos Direitos Humanos de Liberdade Religiosa. A Declaração Universal dos Direitos do Homem contém os principais, sobretudo no seu art. 18º:

> "Toda a pessoa tem direito à liberdade de pensamento, de consciência e de religião; este direito implica a liberdade de mudar de religião ou de convicção, assim como a liberdade de manifestar a religião ou convicção, sozinho ou em comum, tanto em público como em privado, pelo ensino, pela prática, pelo culto e pelos ritos."

Claro que este artigo representa ainda como que um círculo mínimo de tais direitos. Mas representaria já um enorme passo, a ser integralmente cumprido. A este círculo mínimo acrescem várias dimensões importantes, designadamente relacionadas com o dever de respeito: quer no domínio da tolerância ou convivência, quer no do proselitismo, quer no da laicidade, designadamente na sua repercussão no ensino, quer finalmente no fenómeno sectário. Apenas a estes nos referiremos por agora.

4.3.2. Da Tolerância ao Respeito, do Respeito à Convivência

Embora a expressão esteja enraizada, e a partir da sua cosmovisão implícita tenha evoluído o Direito, encurtando razões preferiria uma *convivência* entre credos e crenças, ou, se tal fosse reconhecido como utópico, creio ser muito menos afrontosa a ideia de *respeito*. Porque não *respeito* pelas diferenças em matéria de religião em vez de *tolerância* – que implica sempre alguma sobranceria e menosprezo, como aliás lembra, ainda recentemente (e de forma talvez excessiva), France Farago, numa precisão conceitual que tem a grande vantagem de, pense-se dela o que se pensar, aproximar a noção de tolerância dos padrões da juridicidade:

> "... on tolère ce que l'on n'a pas le courage de prohiber. Signe de faiblesse de l'autorité, la tolérence se définit ainsi comme dérogation par rapport à la loi. Une tolérance en ce sens se définit par différence d'avec le droit : ce qui est toléré n'est ni autorisé, ni interdit, ni obligatoire".[214]

Julgamos que esta noção pode ser bem compreendida aqui no Brasil, já que foi aqui que conhecemos essa excepcional (e irónica) categoria de *tertium genus* jurídico, a de "meio proibido". O "meio proibido", como o "meio permitido", parece ser realmente o tolerado ...

Ainda como contributo para a construção do conceito de tolerância, Joseph Raz coloca-nos um problema interessante. Porque se, como afirma "a pessoa só é tolerante quando tem, *a priori*, uma vontade de não tolerar determinado comportamento", então caímos num paradoxo. Pois a mais benevolente das pessoas (que seríamos tentado a qualificar como tolerante, se o tolerante não fosse, assim, um intolerante que se reprime) precisamente porque *nem tem ganas* de ser intolerante, passaria a ser, *ipso facto*, intolerante. Ou seria apenas tida como amorfa?

4.3.3. Limites do Proselitismo

O proselitismo é sem dúvida um dever para muitas religiões, mas pode ser um perigo, não apenas para a sociedade em geral, como para o sossego (pelo menos) de cada cidadão em particular. A grandeza de uma religião ver-se-á pela agressividade do seu proselitismo? Terrível questão. Talvez melhor se diga: o carácter institucional de uma religião é inversamente proporcional ao seu proselitismo. Donde as seitas são proselíticas, e as religiões muito menos. Pelo que, por vezes, franjas de uma religião institucional podem assumir uma deriva sectária (de seita) na medida em que se deixem levar por um proselitismo excessivo.

Importa precisar ainda que o proselitismo pode revestir muitas formas, sobretudo três: o mediático e de uma única e centralizada fonte para uma

---

[214] FARAGO, France. *La Laïcité, tolérence voilée?*, Nantes, Éditions Pleins Feux, 2005, p. 7 ss.

pluralidade de alvos anónimos; o massivo, mas directo, plural na emissão (missionária) como que porta-a-porta; e o elitista, que visa apenas certos sectores sociais (como os ricos, os pobres, ou os intelectuais). Os dois últimos são os que colocam mais problemas de respeito pelo silêncio, pelo direito a estar sozinho, e pela privacidade (além de outros). Já que o direito do cidadão a desligar o televisor, proclamado por João Paulo II, acaba por poder ser o último reduto contra os infra-produtos da televisão. E contudo, há um direito ao bom senso e ao bom gosto na TV, que deveria ser acautelado, se não quisermos viver no decadente resvalar para o nível de preocupações e seduções mediáticas da *faxineira de 40 anos*, para que aletaria um Bernard Pivot.

Mas voltemos à questão teórica. Pessoalmente creio que não será pelo refinamento definitório que melhor se protegerão os direitos, que, realmente, tanto existem na *fonte* como no *alvo*, desde que o proselitismo seja moderado. Afigura-se-me que não se trata de um problema de conceito, mas de pré-conceito, preconceito, ou pré-juízo, ainda que inconsciente, nomeadamente a favor da soberania jurídica e de conformação sócio-cultural e simbólica dos Estados, que aliás redunda na mais vasta *doutrina da margem de apreciação*. É sintomático que mesmo quando se protegem concretamente os visados, se procura ter o cuidado, nas sentenças europeias, de deixar incólume o edifício jurídico dos Estados.

A questão pode repercutir-se, aliás. A propósito do caso Handyside *vs.* Reino Unido, 1976, no Tribunal Europeu dos Direitos do Homem, recorda-se que o mecanismo da Convenção Europeia dos Direitos do Homem é subsidiário dos sistemas nacionais. E que aliás o princípio da subsidiariedade nesta matéria já estava previsto no respectivo art. 1°. Se vier a haver no futuro a aprovação de uma Constituição Europeia codificada, e a institucionalização formal do seu primado, como ficarão as coisas?

Natan Adams parece considerar que há uma cada vez maior diferenciação dos estados não com base em critérios políticos, mas antes religiosos. Sinceramente, esperamos que haja outros critérios válidos, até pelo facto de que, precisamente pela diversidade nacional, as religiões ganharem neste e naquele país feições muito diferentes. As romarias e o Santo Antoninho portugueses pouco terão a ver com a Semana Santa andaluza, com as lutas políticas sob bandeira religiosa na Irlanda do Norte, ou com as crucifixões rituais voluntárias de populares nas Filipinas ...

Além disso, e creio que voltando ao cerne da questão, parece-me que o grande problema é o de conseguir o equilíbrio entre os direitos de quem é *fonte* e invoca a religião ou a crença para o fazer, por um lado, e os limitativos pontos do n° 2 do art. 9° da Convenção Europeia dos Direitos Humanos, por outro lado: protecção da segurança e ordem pública; protecção da saúde pública; protecção da moral pública; protecção dos direitos e liberdades de outrem.

É uma malha apertada para a liberdade de proselitismo, mas quiçá necessária, quando se liga hoje no Brasil a televisão e nos vendem milagres em mais ou menos *um terço* dos canais ...

E precisamente porque me parece ilustrar – além de casos ocorridos, por exemplo, na Grécia – a pedra angular do edifício teórico em causa revela-se paradigmática a questão suscitada pelo filme *Liebeskonzil*, em que o Tribunal Europeu dos Direitos Humanos deu razão às autoridades austríacas em nome da *paz religiosa*. Conceito que se compreende, como uma espécie de ordem pública neste domínio, mas cujo alargamento de aplicação, *ad libitum*, poderia comprometer seriamente não só a liberdade religiosa como o próprio pluralismo religioso em si mesmo. A paz pode ser paz podre. E a liberdade por vezes exige que se empunhe a espada ou o chicote.

Temos pessoalmente uma posição eclética em matéria daquilo a que chamaria, com algum exagero, a teoria pura (para distinguir da aplicada) dos direitos humanos e fundamentais.[215] Consideramos os instrumentos hermenêuticos da concordância prática, mas também não podemos recusar a ideia de uma ponderada, textual e factualmente fundada (e topicamente aplicada) ordem de valores. No caso concreto, não é fácil, *a priori*, estabelecer uma ordenação entre os valores em causa, pelo que a tradicional perspectiva da concordância prática, numa sua aplicação igualmente tópico-problemática, se nos afigura como satisfatória.

E contudo, estamos inclinado em pensar que, numa sociedade latamente demo-liberal como a nossa (em que aliás sofremos e suportamos bombardeamentos mediáticos e publicitários em geral de uma agressividade intolerável), valerá decerto ainda um pouco mais o direito relativo de, com moderação e sem invasão, proclamar ao vizinho a sua "Boa Nova", que o direito absoluto deste se fechar na sua crença ou não crença, batendo-lhe a porta na cara. Afirmamos a impressão de que vale mais, não que o possa valer a todo o custo, ou que o direito de ser deixado em paz não tenha também valor. Evidentemente. Mas um firme vai vê-lo quem quer!

De certo modo, esta posição aflorará também na perspectiva de um Tedh, que parece afirmar que, no âmbito de um proselitismo legítimo, este prevaleceria sobre o direito de cada um a manter a sua religião.

A propósito do proselitismo de oficiais da força aérea gregos face aos seus subordinados, colocou Sara Guerreiro, numa excelente tese que tivemos a honra de arguir, o problema da vontade do alvo em ouvir o agente do proselitismo e da sua relevância jurídica. Cremos que é muito complicada a situação de um subordinado hierárquico, e nesta matéria ainda mais. O mesmo sucederia com um paciente face a um médico, a menos que este fosse fungível, e o mesmo problema encaramo-lo claramente num trabalha-

[215] CUNHA, Paulo Ferreira da. *Teoria da Constituição*. II. *Direitos Humanos, Direitos Fundamentais*, Lisboa, São Paulo, Verbo, 2000, p. 273 ss., max. p. 278 ss.

dor face a um empregador. Há relações de poder (mais ou menos "especiais") que são, como hoje se diria, "incontornáveis". Cada um de nós que julgue pela sua própria experiência, se a tiver. E o proselitismo campeia nesses meios e meandros, em que o homem de boa vontade não pode fugir, e o oportunista conta subir ...

4.3.4. Laicidade e Educação

Há muitas confusões sobre a laicidade. Há religiões com abertura e até com estrutura profunda "laicista" e há religiões totalitárias (*hoc sensu*), em que a unidade das dimensões do ser, mesmo do ser social, é incompatível, ou parece ter vindo a ser incompatível, até com qualquer outra ordem social normativa. Logo, há religiões em cujo cerne está inscrita a separação do reino dos Homens do reino de Deus, e outras em que tudo comunga do sagrado, ou tudo se deve por igual submeter ao divino – sem margem de folga. E dentro de cada religião pode haver grupos e pessoas que vão mais num ou noutro sentido. Cada religião tem os seus fanáticos, os seus moderados e os seus "minimalistas". Por vezes esquecemo-lo e fazemos errados julgamentos "em bloco".

Apesar de exageros clericalistas e totalitários, em algumas épocas históricas e em algumas bolsas da sua realidade, o Cristianismo, nas suas diversas manifestações institucionais deveria ser uma religião com abertura ao laico, ao secular. Porque Cristo logo afirmou essa separação.

O Islão aparece-nos, em contrapartida (considerando ainda sobretudo o plano formal), como um exemplo nos antípodas dessa abertura. Mas não é impossível que possa mudar. Há autores islâmicos que aceitam os direitos humanos, e alguns que pregam uma sua mais que compatibilização com o Corão. Característica das religiões do Livro é que podem permitir-se interpretações do mesmo ...

Numa sociedade pluralista, em que o respeito e a convivência entre credos se impõe, como uma exigência de civilização, e também o respeito e convivência entre crentes e não crentes, a única forma democrática e civilizada de garantir o respeito de todos por todos, e de não privilegiar abusivamente ninguém, é criar um espaço público de alguma neutralidade religiosa. O que não significa neutralidade axiológica, ética, educativa – porque tal conduziria à anomia social.

É no domínio da educação que muito se faz sentir o problema. A propósito de uma polémica sobre manterem-se ou não crucifixos em escolas de ensino elementar em Portugal, uma sábia autoridade religiosa terá comentado algo como isto: "Não nos oporemos a que retirem os crucifixos, se assim o acharem; não foi a Igreja que os mandou lá colocar".

Esta observação remete-nos para o problema da instrumentalização religiosa (no caso concreto, pelo regime autoritário do Estado Novo) a utilização da religião com fins aculturadores e ideológicos. É também no interesse das religiões a separação com o Estado, por forma a que as religiões se espiritualizem, ou seja, retomem a sua vocação natural, e não estejam à mercê de conúbios com o poder político. E o mesmo se diria do poder religioso.

Há mesmo quem afirme (como, em Portugal, o sociólogo das religiões Moisés Espírito Santo) uma plasticidade muito grande do cristianismo escriturístico em sede moral; mas aí a questão é mais complexa, ao ponto de mesmo a ligação normal, durante séculos, de religião com moral, ter então de ser reconsiderada.

A laicidade educativa não pode significar demissão ética do Estado. Não falamos de moralismo e muito menos de totalitarismo ou autoritarismo moral, de uma qualquer moral, mas de ética comum. E haverá diversas formas de garantir o direito humano à religião. Nem sempre a oferta de mil e um credos *à la carte* para uma aula de religião será a melhor forma. Ou o ensino de todas (e de nenhuma) por um professor de uma, ou, mais normalmente, por um sociólogo, um historiador, ou outro cientista social tão religiosamente asséptícos como ignorantes da profundidade do fenómeno. Como não será vera garantia do direito em causa a possibilidade de escolha apenas entre aceitar ou recusar o ensino da religião ou religiões considerada (s) dominante (s). Tem de ser respeitada é a igualdade e a equidade entre religiões. E entre estas e a liberdade de não ter religião. Com sensibilidade múltipla e capacidade de sopesar as situações e os valores em presença em cada caso. Por exemplo, não enjeitando as tradições religiosas de um país, mas não esquecendo que o espaço de laicidade implica precisamente que algumas delas se coloquem de alguma forma entre parêntesis público. É o caso da presença protocolar e em lugar de destaque de ministros do clero em cerimónias políticas ou académicas de instituições públicas estaduais ou locais, que tanto tem chocado os mais extremadamente laicistas – e não parece que tenha uma função propriamente religiosa que valha o confronto.

4.3.5. Seitas e Seitas

Quer o Estado quer as Igrejas têm natural desconfiança das seitas. Elas são um fenómeno desagregador, perturbador, contrário aos esforços unitários de um e de outras. Esforços que, como ficou claro, também são normalmente, de uma e de outra parte, tendencialmente hegemónicos. O Estado sempre tende a exagerar a sua tutela – é da sua natureza de deus mortal, *Leviatã*, e as Igrejas nem sempre se limitam a pastorear os seus rebanhos em estrita sede espiritual. Mas um e outra sentem-se (e com razão) ameaçados pelas seitas, como se podem sentir pelas "sociedades secretas". O carácter vocacionalmente total de Estado e Igrejas dá-se mal com particularismos, e mais ainda com particularismos de vocação mais geral, ou universalista. A ideia de concorrência e sobretudo de subversão assoma como um tique.

E contudo alguns colocam em questão a radical diferença entre igreja e seita, e o próprio Santo Agostinho é autor daquela passagem inspirada na qual pergunta, retoricamente, se afastada a Justiça, não serão os reinos senão grandes grupos de ladrões, e estes pequenos reinos. *Mutatis mutandis*...

O grande problema das seitas não reside na sua concorrência às igrejas e ao Estado. Ambos deverão saber "defender-se" (se for o caso), com meios legítimos. O problema principal é que nelas parece potenciarem-se os exageros *anti-antropodikeus*: fanatismo, proselitismo agressivo, recrutamento em estratos vulnerabilizados (dependendo, conforme as seitas), e militarização e controlo da consciências e da acção dos seus membros através de técnicas psicológicas mais ou menos subtis – com grave violação dos direitos pessoais, pelo menos dos membros não pertencentes à hierarquia.

A questão é, porém, muito complexa. Um dia, em Madrid, numa corrida de táxi, deparou-se-nos uma procissão de Hare Krishna. Julgamos lembrar-nos que autoridades espanholas tinham feito qualquer intervenção quanto a esse grupo ou afim, e uma das alegações era o controlo das consciências (e da orientação das vidas) dos seus membros, com violação dos respectivos direitos. O taxista – os taxistas são ainda dos poucos que, no Ocidente, exercem ainda uma profissão que lhes mantém alguma liberdade de espírito *e de movimentos* – não perdeu a oportunidade para comentar: "Dizem que eles sufocam a liberdade dos membros ... Não será assim com todas as religiões? Eu andei no seminário, e senti-me bem constrangido ...".

Um colega lembrou-me que nos partidos políticos pode ocorrer o mesmo. E parece que já houve pelo menos um conselho disciplinar de um partido (quantos terá havido, mas de que se não sabe) que teria afirmado que a adesão a um partido implicaria uma limitação voluntária dos direitos humanos, designadamente da liberdade de expressão, associação, etc. De alguns parece que implicará ... Pelo menos em certos partidos. Mas será isso legítimo? Aceitável?

O problema é que há limites. Onde param esses limites? Até que ponto aderir a uma denominação religiosa ou política nos faz perder direitos? Sempre achámos, por exemplo, que a lei dos partidos não os deveria obrigar a todos a dotar-se de uma mesma estrutura, nem sequer ao cumprimento de normas democráticas formais. Porque se vai obrigar, por exemplo, um partido revolucionário, ou de todo o modo, governado pelo "centralismo democrático", a usar o voto secreto? É como transformar um nobre tigre num gatinho doméstico e sem garras.

Est modus in rebus. É óbvio que quem pertence a uma religião não pode pertencer a outra, como quem pertence a um partido vê limitado o seu direito de pertencer a outro, a menos que previamente se desvincule do primeiro.

Importa também distinguir as seitas das sociedades secretas e das sociedades filosóficas espirituais tradicionais, e afins. Talvez se ganhasse não considerando a questão da seita em si mesma, mas, ao invés, se encarasse a "deriva sectária", que pode afectar mesmo Estado e Igrejas, e naturalmente pode estar presente em organizações de menor dimensão e visibilidade ou "respeitabilidade" institucional. As sociedades secretas, por definição, não deveriam conhecer-se. Essas não se encontrarão, por definição, legalizadas e delas pouco saberemos. E o que existe, na verdade, são clubes, mais ou menos reservados, ou sociedades discretas, sociedades filosóficas, tradicionalistas ou progressistas, mais ou menos esotéricas ou políticas, ou associando estes ou alguns destes elementos. Contudo, se clubes, empresas, departamentos estaduais ou internacionais, ONG's, sectores de religiões ou credos inteiros, conspiram contra a ordem instituída constitucionalmente ou apadrinham membros seus, de uma forma ou de outra, com métodos reprováveis, com objectivos inconfessáveis e inconfessados – isso é outro problema. Do mesmo modo que se pode, na análise teórica, isolar uma deriva sectária, assim se poderia também isolar uma deriva secretista e subversiva – porque o secretismo só pode constituir problema se tiver como objectivo algo contrário às constituições, à ordem pública, ou aos "bons costumes". Um clube que pratique um jogo ou um ritual secreto inofensivo (digamos, o jogo dos abelórios de Hermann Hesse,[216] ou o berlinde, ou a canasta), para os próprios e para a sociedade, ou que se dedique ao estudo de textos ou artes secretas (esotéricas, mágicas, divinatórias) sem qualquer aplicação prática subversiva, tem todo o direito a fazê-lo. Com a deterioração da educação de massas, admitimos mesmo que um dia os estudos mais sérios se tenham que proteger da profanação: não dizemos em sociedades secretas, mas a coberto do *marketing* e da voracidade por diplomas que experimentam os emergentes.

Em contrapartida, se uma multinacional do negócio, da política, da cultura, ou da religião, com porta aberta, logótipo, e até rostos visíveis, na porta dos fundos preparasse uma conjura mundial – como se vê em tantos filmes de ficção – então estaria possuída da deriva secretista/subversiva.

Seja como for, todos estes fenómenos chamam a atenção para a possibilidade de um fenómeno recorrente e quiçá desvirtuador da essência do religioso: a sua tentação política. E sempre que a religião se deixa tentar pelo poder, peca, e de pecado de orgulho, que é pecado de demónio.

Aí, a presença de um poder civil forte e sereno (sem complexos), com discernimento, que se não intrometa abusivamente no terreno religioso (que é tentação simétrica) pode estar a prestar um grande serviço às igrejas e aos crentes. Porque um crente não deixa de ser cidadão e de usufruir do manto diáfano mas efectivo da sua protecção por aderir a um credo, e mesmo que se torne membro do clero de uma denominação.

---

[216] HESSE, Hermann. *Das Glasperlenspiel. Versuch einer Lebensbeschreibung des Magister Ludi Josef Knecht*, Zürich, Fretz und Wasmuyh, 1943, 2 vols., trad. bras., *O Jogo das Contas de Vidro*, 12ª ed. Rio de Janeiro, Record, 1969.

4.4. UM EXEMPLO ACTUAL DO CHOQUE DE LIBERDADES E MENTALIDADES. AS CARICATURAS DE MAOMÉ

Se a Liberdade de expressão é sagrada para o Ocidente, a Sacralidade do Profeta é a grande Liberdade do Islão. Nem um lado, nem o outro podem ser "imparciais".

A liberdade de expressão está longe de se encontrar adquirida. Comprimem-na interesses económicos, pressões políticas, e preconceitos politicamente correctos. Há tabus consoante os meios: aqui não podes dizer isto, ali é aquilo que tens que calar. Não só nos *media*. Até em simples círculos sociais. É um problema de mentalidades.

Tudo o que se possa dizer sobre as caricaturas de Maomé deriva ineIutavelmente da mentalidade com que cada um se sintoniza. Até as posições mais doiradas de rigor jurídico estão impregnadas dos respectivos (pré-) conceitos.

Seria simples pregar a conciliação, porque os exageros podem fazer perigar o círculo essencial do direito ao respeito pelos símbolos e crenças religiosas, de um lado, e a liberdade de expressão, na veste do direito à paródia, por outro.

Temos porém frequentemente visto que quem se mete a ridicularizar gratuitamente realidades carregadas de emotividade colectiva, como a religião, os símbolos políticos, ou personagens históricas, tem em regra pouca imaginação e até *déficit* de gosto. Muitas vezes falta gravemente ao respeito devido às convicções dos outros – além de produzir efeitos de reacção quiçá nocivos a qualquer militantismo da sua parte, se porventura o houver.

Do mesmo modo, as reacções violentas em prol de altos valores ou bens jurídicos, e mesmo algumas indignações pacíficas exageradas, muitas vezes levam a supor que o seu modelo ideal seria o da censura e da inquisição.

Tudo ponderado, parece-nos possível que a liberdade de expressão abrigue magnanimemente mesmo obras de mau gosto e insensatez; mas que ao menos a protecção dos símbolos religiosos acautele (benevolamente) os sentimentos dos crentes. O critério de avaliação passa por muitos factores, até artísticos e comunicacionais. Uma grande obra de arte, absolutamente genial, que fosse considerada religiosamente "blasfema", teria que ser protegida enquanto obra de arte. O general De Gaulle certamente diria: "Não se prende Voltaire". Em contrapartida, um panfleto vulgar que fira os sentimentos religiosos gratuitamente, sem arte, e sem "graça", fica muito mais a descoberto. A qualidade também é "título".

Mas, enquanto simples panfleto, merecerá o insulto protecção? Não nos parece que a simples agressão a um colectivo deva reclamar maior protecção que o insulto a um indivíduo. Será que o mero insulto é protegido pela liberdade de expressão? E, do mesmo modo, será que a agressão física, verbal e simbólica (como o queimar de bandeiras) ficam a coberto do juízo de reprovação, por serem reacção de um grupo poderoso, seja ele qual for?

Não queremos certamente que a liberdade proteja irresponsáveis que disparam afrontas ferindo sentimentos religiosos respeitáveis, nem que exaltados retaliem, praticando actos de vandalismo. A liberdade de expressão tem limites, como a religiosa. No mundo em que os Direitos Humanos são a religião universal, não há muitos absolutos. Antes há medidas e balizas, que passam pelo respeito. E se os *cartoons* chocaram, seria nos tribunais que os visados se deveriam manifestar. Ou em manifestações pacíficas.

O problema está em saber também até que ponto se reclama: manifesta-se apenas um repúdio ordeiro, ou exige-se que rolem cabeças e se editem proibições?

A liberdade de expressão já corre perigo: o polícia interior de uns já os faz reprimirem-se; e a vontade de dar escândalo já deve estar a forjar noutros todos os dislates à sombra da protecção da Liberdade.

Entretanto, o "direito a blasfemar" já deu lugar ao "dever de pedir desculpa"?

A questão está longe de ficar por aqui. E é pena, porque o mundo deveria estar já mais civilizado ...

4.5. A LAICIDADE COMO SUPERAÇÃO PLURALISTA DA TOLERÂNCIA

A palavra "tolerância" não me entusiasma. Como vimos, há quem pense que tolerância é aquilo a que nos resignamos quando não podemos proibir. Tolerar provoca úlceras.

Além disso, a tolerância é ainda potencialmente discriminatória. A convivência social sã entre cosmovisões alternativas e mutuamente exclusoras necessita de uma base de sustentação mais profunda. Em matéria religiosa, tem de ser um denominador comum a crentes e não crentes. Ora a tolerância parte de um sujeito para um objecto: do crente ou do não crente para "o outro". Apenas um espaço de inclusão geral e sem centro pode garantir essa paz vital para cada sociedade e para o Planeta.

A expansão das ideias de tolerância pode conduzir a relativismo, cepticismo, indiferentismo, no fundo, à indiferença aos valores e ao laxismo social. Se se tolera tudo, como vai reagir-se ao intolerável? E não se veja aqui falta de moderação, que tão precisa é hoje: não aproveitando quaisquer contrariedades para fazer voz grossa e proclamar os princípios em bravata inconsequente ou temerária, mas também não engolindo em seco todas as afrontas, em evidente cobardia.

Outra resposta possível é a laicidade. Algumas manifestações de pretensa laicidade são apenas anti-clericais, e mesmo anti-religiosas. Não podem considera-se sequer manifestações de tolerância. Contudo, Cristo, ao mandar dar a César o tributo de César e a Deus o que lhe pertence, ou ao recusar-se a dividir uma herança entre irmãos, é um dos primeiros e práticos defensores da laicidade.

Na pureza das ideias, a laicidade é a possibilidade de criação de zonas de separação e de zonas de convivência, comportando a possibilidade de vários níveis de relação com o religioso: desde a presença deste, em condições equitativas, em certos espaços públicos (desde logo, na educação), até à situação mais radical de completa separação das esferas do público estadual e do religioso, mas sem qualquer agressão ou militantismo anti-crenças.

Trata-se do reconhecimento de que as pessoas têm uma esfera de vida religiosa, na qual são livres, a qual porém não se deve misturar com a cidadania, a esfera da sua vida pública. Não se trata, como em algumas formas de totalitarismo, de tolerar um culto privado, ou a liberdade de consciência sem expressão, à espera que, sem rito e comunidade, a crença definhe e morra. É apenas uma separação entre público (aquém ou além da religião) e privado (ainda que privado público, com total liberdade religiosa, incluindo a de culto e até de proselitismo não agressivo).

Esta ideia é difícil de aceitar quer pelos ateus militantes, que gostariam que o Estado se empenhasse na extinção do que consideram ser um alfobre de reaccionarismo e de superstição, quer por crentes educados na ideia de uma religião totalitária, ou mais ou menos oficial, em que poder terreno e poder divino se fundiam. Contudo, numa ordem jurídica e política de perfeita separação e natural convivência (e eventual colaboração, na separação – nada obsta) entre a esfera do Estado e a esfera das religiões, a depuração que nalgumas delas se verificaria seria grande antídoto contra a sua corrupção ou desvirtuamento. Em todas as instituições há sempre adeptos não por convicção, mas por cálculo. Pensamos, por isso, que a autonomia total, desde logo de recursos, e o não auxílio do poder (e muito menos conúbio com ele) são o melhor alimento de todas as fés puras, e a pior machadada nos fenómenos políticos ou económicos sob capa religiosa.

A este propósito, já o discurso de Victor Hugo, no Parlamento francês, aquando da discussão da lei Falloux, em 15 de Janeiro de 1850, se revelava eloquentíssimo. Citemos apenas uma passagem:

> "Ah, je ne vous confonds pas avec l'Église, vos êtes la maladie de l'Église. Vous êtes non des croyants, mas les sectaires d'une religion que vous ne comprenez pas. Vous êtes les metteurs en scène de la sainteté. Ne mêlez pas l'Église à vos affaires, à vos doctrines, à vos ambitions. Ne l'appelez pas votre Mère pour en faire votre servante ... Surtout, ne l'identifiez pas avec vous. Voyez le tort que vous lui

faites ... Vous vous faites si peu aimer que vous finirez par la faire haïr!".[217]

A História regista muitos casos de cesarismo e de teocracia, com um espectro de variantes. O dualismo dos gládios, dos braços, dos poderes, das jurisdições, das racionalidades civil e religiosa, esse, encontrando-se no cerne do próprio Cristianismo, todavia não parece encontrar muitos exemplos concretos de aplicação.

Os exageros são o que mais é notícia neste nosso mundo contemporâneo. E os movimentos de extremismo religioso (fundamentalismo religioso militante) ou de exagero laicista (de fundamentalismo laico) são os mais referidos. Cremos que, em contrapartida, faltam movimentos, com sincera participação inter-religiosa (e com abertura a não crentes empenhados nessa renovação mental – ou vice-versa), que reclamassem a liberdade da religião face a todas as formas de não autonomia: hegemonia, privilégio, favor, conúbio, ou satelização e dependência com o que não é religioso. Nomes? Vários, e susceptíveis de denotar diferentes sensibilidades: *Fé (ou Espiritualidade) e Laicidade*, *Religião e República (ou Constituição)*, *Fides et Forum*, *Sagrado & Profano*, etc.

Na polémica sobre se Cristo tinha uma bolsa (presente até no livro e no filme *O Nome da Rosa,* de Umberto Eco), somos dos que se inclinam para o "sim": tinha, mas era património comum de todos os apóstolos. Não fora dada nem por César, nem por Pilatos, nem por Herodes, mas era fruto do suor do rosto de todos.

Se *o séc. XXI terá que ser religioso ou não o será* – terá de sê-lo sendo-o mesmo. O que significa, retornando às raízes espirituais dos diferentes credos. As quais se emaranharam durante séculos em silvas de aproveitamentos políticos e económicos. Do mesmo modo que no Direito importa ousar o *Isolierung*, a autonomia face a outras racionalidades, e os Direitos Humanos constituem em tal desiderato um enorme desafio, idêntica necessidade parece sentir-se no domínio religioso. E na verdade é apenas reencontrar o repto de Jesus: *A César o que é de César, a Deus o que é de Deus.*

4.6. PEQUENA BIBLIOGRAFIA

Cada um dos subtítulos temáticos *infra* considerados comportaria uma imensa biblioteca. Foi nossa intenção referenciar apenas aqueles estudos que mais imediatamente recordamos como principalmente influentes no *background* que deu lugar ao presente texto. Naturalmente as lacunas são imensas, e são-no mesmo pelos lapsos de memória ...

[217] *Apud* FARAGO, France. *La Laïcité, tolérence voilée ?*, p. 41-42.

4.6.1. Religião e Sagrado

AA. VV. *Religião – Rito*, Enciclopédia Einaudi, vol. 30, ed. port., Lisboa, Imprensa Nacional-Casa da Moeda, 1994.

ALAIN. *Les Dieux, suivi de Mythes et Fables et de Préliminaires à la Mythologie*, Paris, Gallimard, 1985.

BULTMANN, R. *Kerygma und Mythos*, Hamburg, Evangelischer Verlag, 1951, 1952, 1954.

BURKERT, Walter. *Mythos und Mythologie*, Frankfurt, Propylaeen, trad. port. de Maria Helena Rocha Pereira, *Mito e Mitologia* , Lisboa, edições 70, 1991.

CAILLOIS, Roger. *L'Homme et le Sacré*, 2ª ed., Paris, 1953 .

CREUZER, Frédéric. *Religions de l'Antiquité, considérées principalement dans leurs formes symboliques et mythologiques*, trad. fr. de J. D. Guigniant, t. I, 1ª parte, Paris, Treuttel et Würtz, MDCCCXXV.

ELIADE, Mircea. *História das Crenças e das Ideias Religiosas*, trad. port., Porto, Rés, 1989.

——. *La nostalgie des Origines. Méthodologie et histoire des religions*, Paris, Gallimard, 1971.

DUMEZIL, Georges. *Mythes et Dieux des Indo-européens*, Paris, Flammarion, 1992.

ELIADE, Mircea. *Traité d'histoire des religions, Paris, Payot, 1949, nova ed. port. trad. por Fernando Tomaz e Natália Nunes, Tratado de História das* Religiões, Porto, Asa, 1992.

——. *O Sagrado e o Profano*, trad. portug. ded Rogério Fernandes, Lx., Livros do Brasil, s/d.

GLANVILL, Joseph. *Anti-Fanatical Religion, and Free Philosophy. In a Continuation of the New Atlantis*, in *Essais on several important subjects in Philosophy and Religion*, Essai VII, Londres, 1676.

LACERDA, Aarão de. *O fenómeno religioso e a simbólica*, Porto, ed. do Autor, 1924.

LOBATO, Abelardo. *La religiosidad de Occidente en este final del sigl XX*, in "Espiritu", Barcelona, ano XLV, 1966, nº 113, p. 5 ss.

METZ, J.B. *La foi dans l'histoire et dans la société. Essai de théologie fondamentale pratique*, Paris, Le Cerf, 1979.

PINHO, Arnaldo Cardoso de. *Desmitologização ou Interpretação, o que é a Teologia?*, Porto, s/e, 1987.

MARTINS, Oliveira. *Sistema dos Mitos Religiosos*, 4ª ed., Lisboa, Guimarães Ed., 1986.

RAHNER, Karl. *Grundkurs des Glaubens*, Friburgo de Brisgóvia, Herder Kg, 1977, trad. cast. de Raúl Gabás Pallás, *Curso Fundamental sobre la Fe. Introducción al Concepto de Cristianismo*, 5ª ed., Barcelona, Herder, 1998.

REHFELOT, B. *Recht und Ritus*, in *Festschrift fuer Heinrich Lehmann*, 1956, p. 45 ss.

REINACH, Salomon. *Orpheus. Histoire Générale des Religions*, Paris, Alcide Picard, 1909 .

RELIGIOSIDADE NO BRASIL, número monográfico da "RevistaUSP", Setembro, Outubro, Novembro, 2005.

SCHUON, Frithjof. *A Unidade transcendente das religiões*, trad. port. de Pedro de Freitas Leal, Lx., Dom Quixote, 1991.

SOLE, Jacques. *Les Mythes Chrétiens de la Renaissance aux Lumières*, Paris, Albin Michel, 1979.

TAMAYO, Juan José. *Cristianismo: profecía y utopia*, Barañain (Pamplona), Verbo Divino, 1987.

TREVOR-ROPER, J.R. *Religion, reformation, and the social change*, 1971, trad. port. *Religião, Reforma e transformação social*, Lisboa, Presença-Martins Fontes, 1981.

THROWER, James. *A Short History of Western Atheism*, trad. port. de Ana Mafalda Tello e Mariana Pardal Monteiro, *Breve História do Ateísmo Ocidental*, Lisboa, Edições 70, 1982.

VARILLON, François. *Viver o Evangelho*, trad. port., de *Vivre le Christianisme*, por Maria Teresa de Paiva Nazareth, Braga, AO, 1995.

VIANA, Pedro Amorim. *Defeza do racionalismo ou analyse da fé*, Porto, Typ. F.G. da Fonseca, 1866.

WEBER, Max. *Gesammelte Aufsætze zur Religionssoziologie*, reed. Tuebingen, 1934.

WINLING, Raymond. *La Théologie contemporaine (1945-1980)*, Paris, Le Centurion, 1983.

4.6.2. Mito

AA. VV. *Le Mythe Aujourd'hui*, número temático de *Esprit*, nº 402, nouvelle série, janvier 1971, trad. port., *Atualidade do Mito*, trad. de Carlos Arthur R. do Nascimento, São Paulo, Duas Cidades, 1977

ANWANDER, Anton. *Zum Problem des Mythos*, Wurzburg, Echter, 1964.

ARMSTRONG, Karen. *A Short History of Myth*, Edimburgo, Canongate Books, 2005, trad. cast. de Gemma Rovira Ortega, *Breve Historia del Mito*, Barcelona, Salamandra, 2005.

BENOIST, Luc. *Signes, symboles et mythes*, 7ª ed., Paris, P.U.F., 1994.

BRUNEL, Pierre. *Mythocritique. Théorie et parcours*, Paris, P.U.F., 1992.

BURKERT, Walter. *Mythos und Mythologie*, Frankfurt, Propylæen, trad. port. de Maria Helena Rocha Pereira, *Mito e Mitologia* , Lisboa, edições 70, 1991.
CAILLOIS, Roger. *Le mythe et l'homme*, Paris, Gallimard, 1938, trad. port. de José Calisto dos Santos, *O Mito e o Homem*, Lisboa, Edições 70, 1980.
DETIENNE, Marcel. *L'Invention de la mythologie*, Paris, Gallimard, 1981.
DURAND, Gilbert. *Figures Mythiques et Visages de l'Oeuvre. De la Mythocritique à la Mythanalyse*, 2ª ed., Paris, Dunod, 1992.
DURAND, Gilbert. *Mito, Símbolo e Mitodologia*, trad. port. de Hélder Godinho e Victor Jabouille, Lisboa, Presença, 1982.
ELIADE, Mircea. *Aspectos do Mito*, trad. portug. de Manuela Torres, Lisboa, Edições 70, s/d
——. *Mythes, Rèves et Mystères*, Paris, Gallimard, 1957.
FESTUGIÈRE, André *et alii* – *Grécia e Mito*, trad. port. de Leonor Rocha Vieira, Lisboa, Gradiva, 1988.
FREYE, Northrop. *Littérature et Mythe*, in "Poétique", nº 8, Paris, 1971, p. 489 ss.
HAMMEL, Jean-Pierre. *L'Homme et les Mythes*, Paris, Hatier, 1994.
HÜBNER, Kurt. *Die Wahrheit des Mythos*, München, C. H. Beck, 1985.
JABOUILLE, Victor. *Do Mythos ao Mito. Uma Introdução à Problemática da Mitologia*, Lisboa, Cosmos, 1993.
——. *Iniciação à ciência dos mitos*, Lisboa, Inquérito, 1986.
JUNG; KERENYI. *L'essence de la mythologie*, tr. fr., Paris, Payot, 1980.
KOLAKOWSKI, Leszek. *A Presença do Mito*, trad. bras. de José Viegas Filho, Brasília, Editora Universidade de Brasília, 1981.
LARSEN, Stephen. *The mythic Imagination*, trad. bras., *Imaginação Mítica*, Rio de Janeiro, Campus, 1991.
LEÃO, Emanuel Carneiro. *A Hermenêutica do Mito*, in "Revista Brasileira de Filosofia", 1968, p. 391 e ss.
MACINTYRE, Alasdair. *Myth*, in "The Enciclopedia of Philosophy", London, Macmillan and Free Press, 1967, vol. V. p. 434 ss.
NESTLE, Wilhelm. *Vom Mythos zum Logos. Die Selbstentfaltung des griechischen Denkens*, 2ª ed., Stuttgart, Alfred Kröner, 1975.
OTTO, Walter F. *Essais sur le mythe*, ed. bilingue, trad. fr. de P. David, Mauvezin, Trans-Europ-Repress, 1987.
POLITZER, Georges. *Ecrits 1. La philosophie et les mythes*, Paris, Editions Sociales, 1973, trad. bras. de Eduardo Francisco Alves, *A Filosofia e os Mitos*, Rio de Janeiro, Civilização Brasileira, 1978.
SOUSA, Eudoro de. *Mitologia*, Lisboa, Guimarães Editores, 1984.
TROUSSON, Raymond. *Temas e mitos. Questões de método*, trad. port., Lisboa, Livros Horizonte, 1988.
VALERY, Paul. *Petite lettre sur les mythes*, in *Oeuvres*, Bibl. de la Pléiade, Paris, Gallimard, I, 1957.
VERNANT, Jean-Pierre. *Figuras, Ídolos, Máscaras*, trad. port., Lx., Teorema, 1993.
VEYNE, Paul. *Acreditaram os Gregos nos seus mitos?*, trad. portug. de António Gonçalves, *Acreditaram os gregos nos seus mitos ?*, Lisboa, Edições 70, 1987.

4.6.3. Mito, Sociedade, Política

BAGOLINI, Luigi. *Mito y Cultura en la Tradición y en le projecto social*, in "Humanitas", nº 21, 1980, pp. 229 ss.
BARATA, Maria Manuela Rocha Cruzeiro Oliveira. *Mito, Política e Sociedade – o caso português– Fragmentos de um metadiscurso mitológico sobre a crise da racionalidade política*, Porto, ed. do Autor, 1990 (tese de mestrado).
BARTHES, Roland. *Mythologies*, Paris, Seuil, 1957 (ed. port.: *Mitologias*, trad. José Augusto Seabra, Lisboa, Edições 70, 1978).
BONVECCHIO, Claudio. *Imagine del Politico. Saggi su simbolo e mito politico*, Padova, CEDAM, 1995.
CASSIERER, Ernst. *The Myth of the State*, reimp., Westport, Greenwood Press, 1983, trad. port., *O Mito do Estado*, Lx., Europa-América, 1961.
CHALAS, Yves (org.). *Mythe et Revolutions*, Grenoble, P.U.G., 1990.
CUETO, Juan. *Mitologías de la modernidad*, Barcelona, Salvat, 1982.
CUNHA, Paulo Ferreira da. *Constitution, Mythes et Utopie*, in AA. VV. – *1791. La Première Constitution Française*, Paris, Economica, 1993, p. 129 ss.
CUNHA, Paulo Ferreira da. *Mito e Ideologias. Em torno do Preâmbulo da Constituição*, in "Vértice", II série, nº 7, Outubro de 1988, Lisboa, p. 25 ss.

CUNHA, Paulo Ferreira da. *Mythe et Constitutionnalisme au Portugal (1778-1826). Originalité ou influence française ?* , Paris, Université Paris II, em publicação (3 tomos publicados, 4º no prelo).
DESROCHES, Henri. *Les Mythes administratifs. Essai de sociologie phénoménologique*, Paris, P.U.F., 1966.
DORFLES, Gillo. *Nuovi Riti, nuovi miti*, Einaudi, 1965, trad. portug. de A. J. Pinto Ribeiro, *Novos Ritos, Novos Mitos*, Lisboa, Edições 70, s/d.
DUMEZIL, Georges. *Les dieux souverains des Indo-Européens*, 2ª ed., Paris, Gallimard, 1977.
——. *Mythe et Epopée*, Paris, Gallimard, 1971-1973, 3 vols.
GARCÍA HUIDOBRO, Joaquín. *Tentación del poder. Expressión política de las creencias religiosas*, Santiago de Chile, Andrés Bello, 1986.
GARCÍA-PELAYO, Manuel. *Los mitos políticos*, Madrid, Alianza Editorial, 1981.
GELLNER, Ernst. *Myth, Ideology and Revolution*, in "The Political Quarterly", vol. 40, London, 1969, p. 472 ss.
GIRARDET, Raoul. *Mythes et Mythologies Politiques*, Paris, Seuil, 1986.
GREELEY, Andrew. *Myths, Symbols and Rituals in the modern world*, in "The Critic", vol. XX, nº 3, Dez. 1961 – Jan. 1962.
HARTH, Dietrich/ASSMANN, Jan (org.). *Revolution und Mythos*, Fischer, Frankfurt am Main, 1992.
HAVEL, Vaclav. *Avons-nous besoin d'un nouveau mythe?*, in E, nº 108, nov. 1985, pp. 5-9.
LE GOFF, Jacques. *Idades Míticas*, in "Enciclopédia Einaudi", ed. port., Lisboa, Imprensa Nacional – Casa da Moeda , vol. I, 1984, p. 311 ss.
LORAUX, Nicole. *L'autochtonie: une topique athénienne. Le mythe dans l'espace civique*, in An, 34ª ano, nº 1, Jan-Fev. 1977, p. 3 ss.
MAYR, Franz K. *La Mitología Occidental*, ed. preparada por Andrés Ortiz-Osés, Barcelona, Anthropos, 1989.
MIELIETINSKI, E. M. *A Poética do Mito*, trad. bras., Rio de Janeiro, 1987.
LEVI-STRAUSS, Claude.*Les Mythologiques*, 4 vols. Paris, Plon, 1964-1971.
MONTER, William. *Ritual, Myth and Magic in early modern world. Pre-industrial Europe 1350-1850*, Brighton, The Harvester Press, 1983.
MORAIS, Regis de (ed.). *As Razões do Mito*, Campinas, S. Paulo, Papirus, 1988.
MOSSÉ, Claude. Comment s'élabore un mythe politique: Solon, 'père fondateur' de la démocratie athénienne, in An , 34º ano, nº 3, Maio-Junho 1979, p. 425 ss.
MUCCHIELLI, Roger. *Le Mythe de la cité idéale*, Brionne, Gérard Monfort, 1960 (reimp. Paris, P.U.F., 1980.
PARETO, Vilfredo. *Mythes et Idéologies*, textos reunidos por G. Busino, Droz, Genève, 1966.
PATAI, Raphael. *Myth and modern man*, trad. bras. de Octavio Mendes Cajado, *O Mito e o Homem Moderno*, S. Paulo, Cultrix, 1974.
POITRINEAU, Abel. *Les Mythologies révolutionnaires*, Paris, P.U.F., 1987.
QUADROS, António. *Memórias das Origens, Saudades do Futuro. Valores, mitos, arquétipos, ideias*, Mem Martins, Europa-América, 1992.
RESZLER, André. *Mythes politiques modernes*, Paris, PUF, 1981.
SALDANHA, Nelson. *Secularização e Democracia*, Rio de Janeiro / São Paulo, Renovar, 2003.
SANTOS, António de Almeida. *Paradigma ou Mito?*, in "Jornal de Letras", Lisboa, ano VII, nº 282, 1987, p. 28 ss.
SANSOT, Pierre. *Pour une révolution sans mythe*, in Yves CHALAS (org.), *Mythe et Révolutions*, Grenoble, Presses Universitaires de Grenoble, 1990.
SAUVY, Alfred. *Mythologie de notre temps*, 2ª ed., Paris, Payot, 1971 (1ª ed. 1965).
TÁVOLA, Artur da. *Comunicação é Mito*, Rio de Janeiro, Nova Fronteira, 1987.
TREVOR-ROPER, H.R. *Religion, reformation, and the social change*, trad. port. *Religião, Reforma e transformação social*, Lisboa, Presença-Martins Fontes, 1981.
TUDOR, Henri. *Political Myth*, London, Pall Mall, 1972.

4.6.4. Mito e Direito

ATIAS, C.; INOTTE, D. *Le mythe de l'adaptation du droit au fait*, in "Recueil Dalloz", 1977, chron. XXXIV.
BACHOFEN, Johann Jacob. *Das Mutterrecht*, ed. cast. de Andrés Ortiz-Osés, *Mitología Arcaica y Derecho Materno*, Barcelona, Anthropos, 1988.
CAPARROS, Ernest. *Alguns mitos e algumas realidades do mundo jurídico contemporâneo*, in "Revista da Ordem dos Advogados", Lisboa, année 47, septembre 1987, p. 330 ss.

CARBONNIER, Jean. "A beau mentir qui vient de loin, ou le mythe du législateur étranger", in *Essais sur les Lois*, Évreux, Répertoire du Notariat Defrénois, 1979, p. 191 ss.

CASTELLI, Enrico; RICOEUR, Paul *et alii* (org.). *Le Mythe de la Peine*, Actes du Colloque, Paris, Aubier, Editions Montaigne, 1967.

CUNHA, Paulo Ferreira da. *Constituição, Direito e Utopia. Do Jurídico-Constitucional nas Utopias Políticas*, Coimbra, 'Studia Iuridica', Boletim da Faculdade de Direito, Universidade de Coimbra/Coimbra Editora, 1996.

FITZPATRICK, Peter. *The Mythology of Modern Law*, London/New York, Routledge, 1992.

KROKER, E. M. *Rite, Gesetz und Recht*, in "Oesterrichische Zeitscrhrift fuer Oeffentliches Recht" , Band XIX, Viena / Nova York, 1969, pp. 95-132.

LE GOFF, Jacques (apresentação). *Hérésies et sociétés dans l'Europe pré-industrielle 11e-18e siècles*, Communications et débats du Colloque de Royaumont, Paris, Mouton-La Haye, 1967.

LEGENDRE, Pierre. *Le Désir Politique de Dieu. Etude sur les montages de l'Etat et du Droit*, Paris, Fayard, 1988.

LENOBLE, Jacques; OST, François. *Droit, Mythe et Raison: essai sur la dérive mytho-logique de la rationalité juridique*, Bruxelles, Publ. Facultés universitaires Saint-Louis, 1980.

——; ——. *Founding Myths in Legal Rationality*, "Modern Law Review", nº 49, 1986, p. 530 ss.

NADAL, Fábio. *A Constituição como Mito. O Mito como Discurso Legitimador da Constituição*, apresentação de Dimitri Dimoulis, prefácio de André Ramos Tavares, São Paulo, Método, 2006.

NEVES, Marcelo. *A Constitucionalização Simbólica*, S. Paulo, Acadêmica, 1994.

OTTO, Walter F. *Gesetz Urbild und Mythos*, Stuttgart, J. B. Metzlersche V., 1951.

PLONGERON, Bernard. *Théologie et Politique au siècle des Lumières (1770-1820)*, Genève, Droz, 1973.

PUHVEL, J. (ed.). *Myth and law among the Indo-Europeans*, Berkeley-Los Angeles/London, 1970.

RIVIERE, Claude. *Les liturgies politiques*, Paris, PUF, 1988, trad. bras. de Luis Filipe Baêta Nevas – *As liturgias políticas*, Rio de Janeiro, Imago, 1989.

RIVIÈRE, Claude. *Les rites profanes*, Paris, P.U.F., 1995.

SCHMITT, Carl. *Politische Theologie. Vier Kapitel zur Lehre der Souveränität*, reed., Berlin, Duncker und Humblot, 1985, trad. fr. de Jean-Louis Schlegel, *Théologie Politique*, Paris, Gallimard, 1988.

WARAT, L. A. *Mitos e Teorias na Interpretação da Lei*, Porto Alegre, Síntese, 1979.

WINN, .A. *Legal Ritual*, in "Law and Critique", II, nº 2, 1991, pp. 207-232.

4.6.5. Tolerância, Secularização, Laicidade e Filosofia

FARAGO, France. *La Laïcité, tolérence voilée ?*, Nantes, Éditions Pleins Feux, 2005.

KAMEN, Henry. *O Amanhecer da Tolerância*, trad. port. de Alexandre Pinheiro Torres, Porto, Inova, s/d.

LOCKE, John. *Carta sobre a tolerância*, trad. port., Lx., ed 70.

PEREIRA, Miguel Baptista. *Modernidade e secularização*, Coimbra, Almedina, 1990.

VOLTAIRE. *Tolerância, in Enciclopédia* selec. port., Lisboa, Estampa, 1974.

4.6.6. Liberdade Religiosa, Tolerância, Secularização, Laicidade e Directo

ACHOUR, Yadh Bem. *La Cour européenne des droits de l'Homme et la liberté de religion*, Paris, Université Paris-Assas (Paris II), Institut des Hautes Etudes Internationales de Paris, Editions A. Pedone, 2005.

ADRAGÃO, Paulo Pulido. *A Liberdade Religiosa e o Estado*, Coimbra, Almedina, 2002.

CAÑAMARES ARRIBAS, Santiago. *Libertad Religiosa, Simbologia y Laicidad del Estado*, Cizur Menor, Navarra, Aranzadi, 2005.

CIAURRO, Luigi. *Secolarizzazione e diritto*, in "Hermeneutica", Istituto Superiore di Scienze Religiose dell'Università degli Studi di Urgino, Quattro Venti, nº 3. 1983.

CUNHA, Paulo Ferreira da. *Anti-Leviatã. Direito, Política e Sagrado*, Porto Alegre, Sérgio Fabris Editor, 2005.

FASSÒ, Guido. *San Tommaso giurista laico?* , in "Scritti de Filosofia del Diritto" , a cura di E. Pattaro/Carla Faralli/G. Zucchini, Milano, Giuffrè, I, 1982, p. 379 ss.

QUEIROZ, Cristina. *Autonomia e Direito Fundamental à Liberdade de Consciência, Religião e Culto. Os Limites da Intervenção do Poder Público*, Separata de Estudos em Comemoração dos Cinco Anos (1995-2000) da Faculdade de Direito da Universidade do Porto, Coimbra Editora, 2001, pp. 291-343.

KRAFT, Julius. *Über das methodische Verhältnis der Jurisprudenz zur Theologie*, in RITD, 3, 1928-29, p. 52 ss.

LA LAÏCITÉ, tomo 48 dos Archives de Philosophie du Droit, Paris, Dalloza, 2005.

LOMBARDI-VALLAURI, Luigi; DILCHER, G. (org.) *Cristianesimo, seccolarizzazione e diritto moderno*, Milano/Baden-Baden, Giuffre/Nomos Verlag, 1981.

MACHADO, Jónatas Eduardo Mendes. *Liberdade Religiosa numa Comunidade Constitucional Inclusiva. Dos Direitos da Verdade aos Direitos dos Cidadãos*, Coimbra, Universidade de Coimbra / Coimbra Editora, 1996

NETO, Jayme Weingartner. *A Edificação Constitucional do Direito Fundamental à Liberdade Religiosa: Um Feixe Jurídico entre a Inclusividade e o Fundamentalismo*, tese de doutorado, Porto Alegre, PUCRS, Fevereiro 2006, policóp.

PRETO, José. *Breve Apontamento sobre Religião, Natureza e Direito no século XVIII*, in "Nomos. Revista Portuguesa de Filosofia do Direito e do Estado", nº 1, Jan.-Jun. 1986, p. 82 ss.

SALDANHA, Nelson. *Da Teologia à Metodologia. Secularização e crise no pensamento jurídico*, Belo Horizonte, Del Rey, 1993.

SARAIVA, António José. *Inquisição e Cristãos Novos*, 4ª ed., Lxª, Inova, 1969.

TRIGEAUD, Jean- Marc. *Métaphysique et Éthique au fondement du Droit*, Bordeaux, Bière, 1995.

MANCINI, Italo. *Teologia, ideologia, utopia*, Brescia, Queriniana, 1974.

MAZUR, Eric Michael. *The Americanization of Religious Minorities: Confronting the Constitutional Order*, Baltimore, The John Hopkins University Press, 1999.

MIVILUDES (Mission Inter ministérielle de vigilance et de lutte contre les dérives sectaires). *Sectes et laïcité*, Paris, La documentation Française, 2005.

VILLEY, Michel. *Théologie et Droit dans la science politique de l'Etat Moderne*, Rome, Ecole française de Rome, 1991 (separata).

VOVELLE, Michel. *Religion et Révolution: la déchristianisation de l'an II*, Paris, Hachette, 1976.

WEBER, Max. *Ueber die protestantische Ethik und den Geist des Kapitalismus*, 1920-1921, trad. port. de Ana Falcão Bastos e Luís Leitão, *A Ética Protestante e o Espírito do Capitalismo*, 3ª ed. , Lxª, Presença, 1990.

ZOLLER, Élisabeth (dir.). La conception américaine de la laïcité, Paris, Dalloz, 2005.

4.6.7. Direitos Humanos e Fundamentais

LAFER, Celso. *A Reconstrução dos Direitos Humanos*, São Paulo, Companhia das Letras, 1988.

LEBRETON, Gilles. *Libertés publiques & droits de l'Homme*, 3ª ed., Paris, Armand Colin, 1997.

LLORENS, M. Pi. *Los Derechos Fundamentales en el Ordenamiento Comunitario*, Barcelona, Ariel, 1999.

LUKES, Steven. *Cinco Fábulas sobre los Derechos Humanos*, in *De los Derechos Humanos*, ed. de SHUTE, Stephen / HURLY, Susan – trad. cast. de Hernando Valencia Villa, Madrid, Trotta, 1998, p. 29 ss.

MEYERS, Diana T. *Inalenable Rights*, Nova Iorque, Columbia University Press, 1985, trad. cast. de E. Beltrán Pedreira, *Los Derechos Inalienables*, Madrid, Alianza Editorial, 1888.

MIRABEAU. *Essai sur le despotisme*, Paris, 1775.

MONTORO BALLESTEROS, Alberto. *Raices medievales de la protección de los derechos humanos,* in "Anuario de Derechos Humanos", nº 6, Madrid, Edit. Universidad Complutense, 1990, pp. 85-147.

NABAIS, José Casalta. *Os Direitos Fundamentais na Jurisprudência do Tribunal Constitucional,* Separata do vol. LXV (1989) do "Boletim da Faculdade de Direito da Universidade de Coimbra", Coimbra, 1990.

NATOLI, Ugo. *Diritti Fondamentali e Categorie Generali*, Milano, Giuffrè, 1993.

NEUWHAL, N. A.; ROSAS, A., *The European Union and Human Rights*, The Hague, Kluwer, 1995.

OLLERO TASSARA, Andrés. *Derechos Humanos y Metodología Jurídica,* Madrid, Centro de Estudios Constitucionales, 1989.

——. *Los Derechos Humanos entre el Tópico y la Utopía*, in "Persona y Derecho", 22, 1990, p. 159 ss.

PECES-BARBA (MARTÍNEZ), Gregorio. *Derechos Sociales y Positivismo Juridico (Escritos de filosofia Jurídica y Política),* Universidad Carlos III de Madrid/Dykison, 1999.

——. *Escritos sobre Derechos Fundamentales*, EUDEMA, Madrid, 1988.

——. *Los Valores Superiores*, 1ª reimp., Madrid, Tecnos, 1986.

PERRY, Michael J. *Are Human Rights Universal? The relativist challenge and related matters*, "Human Rights Quaterly", 1997, 19, 3, p. 461 ss.
PRIETO SANCHÍS, Luis. *Estudios sobre Derechos Fundamentales*, Madrid, Debate, 1990
PUY, Francisco. *Derechos Humanos*, Santiago de Compostela, Imprenta Paredes, 3 vols., 1985
RENAUD, Michel. *A dignidade do ser humano como fundamento ético dos Direitos do Homem* – II, *in* "Brotéria", 148 (1999), nº 423-438
RIVERO, Jean. *Vers de nouveaux droits de l'homme*, "Revue des Sciences Morales et Poliques", nº 4, 1982, p. 673 ss.
ROBERTSON, A. H., rev. por J. G. MERRILS. *Human rights in the world. An introduction to the study of the international protection of Human Rights*, Manchester, Manchester University Press (n/ ed. 1992)
SANCHEZ DE LA TORRE, Angel. *Teoría jurídica de los derechos humanos*, Madrid, Instituto de Estudios Políticos, 1972, 2 vols.
SANTOS, Boaventura de Sousa. *Vers une conception multiculturelle des droits de l'homme*, "Droit et Société", 1997, nº 35, p. 79 ss.
SILVA, José da. *Os direitos e deveres naturais do homem e as funções do Estado segundo a 'Pacem in Terris'*, Coimbra, Atlântida, 1974 (1ª ed., 1963).
VASAK, K., *et. al. Les Dimensions Internationales des Droits de l'Homme. Manuel destiné à l'enseignement des Droits de l'Homme dans les universités*, Paris, UNESCO, 1978.
VIADEL, Antonio Colomer; LÓPEZ GONZÁLEZ, José Luis – *Programa ideológico y Eficácia Jurídica de los Derechos Sociales. El Caso de Portugal en el Derecho Comparado*, in *Perspectivas Constitucionais*, org. de Jorge Miranda, III, Coimbra, Coimbra Editora, 1998.
WILSON, Richard A. (ed.). *Human Rights, Culture and Context: Anthropological Perspectives*, Londres/Chicago, Pluto Press, 1997.

4.6.8. Limites dos Direitos Humanos e afins

MONTORO BALLESTEROS, Alberto. *Razones y limites de al legitimación democrática del Derecho*, Murcia, Universidad de Murcia, 1979.
NABAIS, José Casalta. *Algumas reflexões críticas sobre os Direitos Fundamentais*, Separata do volume comemorativo "Ab Uno ad Omnes – 75 anos da Coimbra Editora", s.d.
MASSINI CORREAS, Carlos Ignacio. *Los Derechos Humanos, paradoja de nuestro tiempo*, Santiago do Chile, s/e, 1989.
MONTORO BALLESTEROS, Alberto. *Utopia y realidad en la protección de los Derechos Humanos (Algunos problemas actuales del Estado de Derecho)*, in "Persona y Derecho", 23, 1990, p. 245 ss.
TZITZIS, Stamatios. *Les droits de l'Homme entre le mythos et le logos*, "Actes des 1ères Journées scientifiques du réseau Droits Fondamentaux de l'AUPELF-UREF, Tunis, 1996", Bruyant, Bruxellee 1997.
VILLEY, Michel. *Le Droit et les Droits de l'Homme*, Paris, P.U.F., 1983.

4.6.9. Liberdade de Expressão em geral

SADURSKI, Wojciech. *Freedom of Speach and its Limits*, Londres, Kluwer Academic Publishers, 1999.
STAVROPOULOS, Théodore. *Liberté de la Presse et Citoyenneté*, "Revue Internationale de Philosophie Pénale et de Criminologie de l'Acte", nº 5-6, 1994, p. 163 ss.
STROWEL, Marie Pierre et Alain. *La Parodie selon le droit d'auteur et la théorie littéraire*, "Revue Interdisciplinaire d'Etudes Juridiques", 1991, 26, p. 23 ss.

5. Educação e Direitos Humanos

5.1. INTRODUÇÃO

1. ***Tese*** – A Filosofia, "mestra da vida" (não como a História "a partir de exemplos" (Dionísio de Halicarnasso), mas de teorização) é essencial para a formação dos Juristas e para o Direito. Também este pode contribuir para a formação filosófica, porque é, segundo os próprios Romanos, seus criadores, uma verdadeira filosofia prática. Num tempo de crescendo da racionalidade economicista no plano educativo, a defesa da Filosofia pode passar pelo seu interesse prático, como preparação para o Direito, e a defesa do Direito tem de passar pelo advogar de um Direito pensado e não continuar a claudicar perante o seu apoucamento a uma mera técnica ao serviço de qualquer poder. O Estado deveria abandonar a sua posição de pseudo-neutralidade na Educação. Sem ideologia, sem doutrinação, sem totalitarismo – obviamente. Mas com uma política de defesa dos valores comuns. É imperativa uma educação para os Direitos Humanos integrada numa geral Educação para a Justiça. E numa generalíssima Educação com Valores.

2. ***Perspectiva*** – A ligação entre Direito, Filosofia e Educação pode não ser imediatamente óbvia. Há todavia uma célebre passagem do jurista romano Ulpianus que poderia servir de exergo a essa relação. Para ele, o Direito Natural (na verdade, uma parte do Direito *tout court*, mas hoje sobretudo relegada para a sua dimensão apenas filosófica, pelo positivismo jurídico ainda imperante, de mãos dadas com o politicamente correcto) é matéria que se aquilata em realidades muito palpáveis, e até comuns a homens e animais: *coniunctio*, *procreatio* e – *the last but not the least* – *educatio*. A Educação é, assim, um dos elementos essenciais, e de todos o mais especificamente humano, estamos em crer, do velho direito natural romanístico, o qual é hoje o mais clássico dos temas da Filosofia do Direito. No presente artigo, baseado nos tópicos de uma conferência que proferimos na Faculdade de Educação da Universidade de São Paulo,[218] procuraremos

[218] Por amável convite do Senhor Prof. Doutor Jean Lauand.

glosar o mote, principalmente relacionando Filosofia e Direito, considerando o Direito como *educação para a Filosofia*, e a Filosofia como *educação para o Direito*. E finalmente advogando a necessidade de uma *Educação para a Justiça*, em que, obviamente, estarão de mãos dadas a Filosofia e o Direito.

5.2. FILOSOFIA E DIREITO. FILOSOFIA DO DIREITO

A voz corrente considera que a Filosofia é um vão discutir e especular. A mais comum definição desse tópico será mais ou menos esta: "Filosofia: um homem, vestido de negro, num quarto escuro, de luzes apagadas, à procura de um gato preto ... que não está lá". Outra versão desta *vox populi*, sempre jocosa, garante que a Filosofia é a coisa "com a qual ou sem a qual se fica tal e qual".

Evidentemente que se trata de perspectivas de total incompreensão da Filosofia. Propiciadas quer pela falta de educação, quer pela "educação ao contrário" inculcada hoje por muitos meios de comunicação de massas, que privilegiam o fácil, o acrítico, o acéfalo, o primário, o pulsional. Estas expressões da incompreensão do *profanum vulgus* são anteriores à ascensão do quarto poder mediático, mas hoje elas nem sequer são formuladas. Muitas pessoas limitam-se a um esgar de distanciamento total.

– Filosofia? – pergunta ou interpela alguém.

– *Ughrrr* ... – vocifera outrem.

Nada mais. A discursividade, mesmo crítica, está a perder-se. Todavia, a verdade é que uma coisa é o rigor e a complexidade própria da linguagem filosófica, outra é o estilo *cryptico* que, não tendo fundamento especulativo, procura apenas afectar sabedoria. Já os Romanos tinham reconhecido essa pseudo-filosofia que consiste em amontoar palavras mais ou menos estranhas, em frases mais ou menos herméticas, e assim complicar pelo complicar.

A própria literatura teve a sua voga *cryptica* entre nós, sobretudo nos anos setenta do século XX, até que se entendeu que apenas uma literatura legível passava uma mensagem e ... tinha público.[219] O que prova que a tentação do obscuro é permanente entre os intelectuais.

Não será talvez uma mera reacção corporativa, nem fruto de verdadeira incompreensão face ao mundo da Filosofia, o que se assinala, muito curiosamente, no Digesto: os juristas seriam, segundo esta monumental compilação doutrinal do tempo do Imperador Justiniano, os verdadeiros filósofos, não os que simuladamente afectam sê-lo, por simulacros verbais.

---

[219] CUNHA, Paulo Ferreira da. *Da Actual Questão Literária*, in "Cadernos de Literatura", Coimbra, 1979.

A concepção do Direito como verdadeira filosofia, filosofia prática, tem muitas consequências para aquilatarmos da verdadeira matriz da juridicidade. Não uma técnica subordinada, nem sequer uma ciência, mas uma filosofia que é uma arte, uma forma de arte ... uma das belas artes até.[220]

O Direito coloca problemas profundos do âmbito filosófico. Não se pode avançar um passo no conhecimento do verdadeiro Direito sem esbarrar com a necessidade de uma concepção de Homem e de natureza humana, de bem e de mal, de responsabilidade e de culpa, de liberdade, etc., etc. E como o Direito não se limita a reflectir sobre esses problemas – na verdade, reflecte sobre eles ou na Filosofia do Direito e outras disciplinas jurídicas humanísticas[221] e ainda nos momentos de política jurídica, e afins – , antes tem de decidir, encontrando formas normativas, comandos, de acordo com as ideias gerais que acolhe, bem se pode dizer que é uma filosofia prática.

A linguagem do Direito tem, tal como a filosófica, *o dever* de ser muito rigorosa, e tal como a Filosofia necessita de conceitos claros e uma malha teórica, uma gramática, muito coerente. Mas o Direito não pode ficar por aí: tem de decidir o que deve ser lei, tem de afirmar o que considere a melhor doutrina, tem de decidir os litígios com sentenças. O Direito não pode prescindir da Filosofia, mas não fica pela teoria, concretiza-se na acção. É da sua própria natureza essa normatividade.

A guarda avançada da Filosofia *no* Direito é a Filosofia *do* Direito. Mas há momentos cruciais de aplicação de filosofias à realidade: quando se aprova uma lei, se elabora uma doutrina, se decide numa sentença. Determinar uma pena, por exemplo, a pena de morte, tem necessariamente como pressuposto uma certa concepção filosófica sobre o Homem, a vida e a morte, o papel do Estado, da pena, etc. Decidir a legalização do aborto, idênticas questões coloca, porque do mesmo modo "interpreta" o Direito à Vida, e assim implica uma ideia de Humanidade. Gizar uma teoria doutrinal sobre a culpa pressupõe um posicionamento sobre a liberdade humana, o livre arbítrio, enfim, tudo matérias que implicam concepções antropológicas, e até ontológicas e mesmo metafísicas de enorme importância.

É certo que muitos dos legisladores, dos jurisconsultos e professores e dos juízes não pensarão explicitamente nas doutrinas filosóficas que os seus actos desencadeiam ou chamam. E mesmo sabemos que o positivismo é a filosofia espontânea dos juristas,[222] o que quer dizer, em parte, que

[220] INNERARITY, Daniel. *La Filosofia como una de las Bellas Artes*, Barcelona, Ariel, 1995, trad. port. de Cristina Rodriguez e Artur Guerra, *A Filosofia como uma das Belas Artes*, Lisboa, Teorema, 1996.

[221] PUY, Francisco. *Filosofía del Derecho y Ciencia del Derecho*, in "Boletim da Faculdade de Direito", Coimbra, Universidade de Coimbra, vol. XLVIII, 1972, p. 145 ss.; CUNHA, Paulo Ferreira da. *Amor Iuris, Filosofia Contemporânea do Direito e da Política*, Lisboa, Cosmos, 1995, p. 73 ss.

[222] Como recorda agudamente TEIXEIRA, António Braz. *Sentido e Valor do Direito. Introdução à Filosofia Jurídica,* 2ª ed., Lisboa, Imprensa Nacional-Casa da Moeda, 2000.

naturalmente não filosofam. Mas a Filosofia, ainda que implícita, ainda que difusa, não deixa de comandar as suas acções. Mesmo uma filosofia anti-filosófica como pode ser a filosofia do obedecer e do aplicar, o positivismo legalista.

A qualidade e a credibilidade dos actores jurídicos seria bem diferente se não houvesse um certo desprezo tecnicista, tecnocrático, e fruto da ignorância, pela Filosofia do Direito, desde a Universidade. Ignorando-se que os estudantes irão sobretudo valer pela sua inteligência, criatividade, agilidade mental, capacidade de argumentação, e pelo conhecimento daquelas coisas básicas e estruturais que não mudam, e não pelo decorar de códigos que uma penada do legislador volve em caixotes do lixo.[223]

De entre essa utensilagem de longo alcance está a Filosofia do Direito, cujo papel formativo e cultural é, sobretudo em cursos muito tecnicistas, que ensinam muitos pormenores mutáveis, absolutamente imprescindível e essencial.

Mas não se trata apenas do seu carácter formativo, cultural, humanístico: também o seu carácter prático e de preparação para coisas práticas – não há prática revolucionária sem teoria revolucionária, dizia o próprio Lenine. Não há melhor prática que uma boa teoria? Não, mas uma boa prática tem a inspirá-la uma boa teoria.

O êxito prático dos Filósofos do Direito é notável. Em Espanha está provado de há muito que grandes filósofos do Direito, longe de terem obstáculos ou bloqueios teoricistas que os afastassem das pessoas e dos problemas da vida real são nomeados e desempenham com equilíbrio e com brilho funções importantes:[224] e na verdade vemo-los, e não só em Espanha, em relevantes posições políticas e académicas, são reitores, vice-reitores, banqueiros, diplomatas, parlamentares, ministros ... A Filosofia do Direito (e o Direito em geral, quando bem pensado e bem praticado) ensina a *agir como homem de pensamento e a pensar como homem de acção*, numa ligação fecunda entre as várias dimensões dos problemas que supera a própria dicotomia entre teoria e prática. Oposição na realidade um tanto caduca já.

Os grandes temas da Filosofia do Direito provam que as grandes questões filosóficas relacionadas com o Homem e com a Sociedade lhe não escapam. Vejamos apenas um punhado de exemplos.

A questão prévia sobre o que é o Direito implica, realmente, para ser vista profundamente, uma teodiceia, uma metafísica, uma ontologia, uma gnoseologia e uma fenomenologia, pelo menos. A pergunta se há algo de jurídico mais profundamente vinculante que o direito positivo coloca pro-

[223] VON KIRCHMAN, Julio Germán. *Die Wertlosigkeit der Jurisprudenz als Wissenschaft,* 1ª ed. alemã 1847, trad. cast. de Werner Goldschmidt, *El Carácter a-científico de la llamada Ciencia del Derecho, in La Ciencia del derecho*, Savigni, Kirchmann, Zitelmann, Kantorowicz, Buenos Aires, Losada, 1949.

[224] PUY, Francisco. *Op. cit.*

blemas de ontologia e de deontologia. Antígona,[225] símbolo do direito justo, do direito natural para alguns, de conflito entre tradição e lei,[226] coloca o drama profundamente filosófico das relações entre o poder e o direito, o poder e a família, o direito positivo e as leis mais altas. A problemática das relações do Direito com outras racionalidades e outras ordens sociais e normativas, como a religião, a moral, a ideologia, a segurança, etc., implicam epistemologia geral e especial,[227] além de colocarem questões éticas, filosófico-políticas, etc.

5.3. O DIREITO COMO EDUCAÇÃO PARA A FILOSOFIA

Evidentemente, todas estas matérias do Direito e da sua Filosofia preparam para a Filosofia e a Filosofia prepara para elas. Têm um alto valor educativo em geral. Coloca-se, curiosamente, um problema pedagógico: parece existir uma filosofia do Direito dos Filósofos e uma filosofia do Direito dos juristas.[228] A primeira mais abstracta, ou tendo menos em conta a realidade e os problemas concretos do Direito, por vezes dele recolhendo apenas visões truncadas e parciais, por exemplo dos juristas da moda; a segunda, por vezes menos rigorosa, menos filosófica e mais cultural em geral ou propendendo para uma teoria geral do Direito, sem atingir as alturas especulativas da verdadeira Filosofia, por vezes demasiado preocupada ainda com a técnica ou a metodologia. Ora o ideal será uma formação jurídica que não desconheça a Filosofia, e uma formação filosófica que tenha convivido com a teoria e a prática do Direito. O que é, infelizmente, raro, mas vai começando a haver, sobretudo a partir do momento em que os cursos de Direito atraem gentes da Filosofia, e os juristas começam a espraiar-se por esses outros continentes do saber.

O mesmo Ulpianus de que falávamos dá-nos uma espécie de descrição do Direito em que se especifica, a final, o *quid* do conhecimento jurídico, aquilo sobre que o Direito deve debruçar-se. E deve assinalar-se que se trata de um projecto muito ambicioso. Permitamo-nos uma tradução livre, mas

---

[225] BARROS, Gilda Naécia Maciel de. *Agraphoi Nomoi*, "Notandum", vol. II, nº 3, 1999, *online in* http://www.hottopos.com/notand3/agrafoi.htm; *Idem*. *Antígona e os Direitos Humanos*, conferência no Seminário Internacional "Religião, Valores e Educação", USP, 17 a 20 de Setembro de 2003; e, por todos, ainda STEINER, George. *Antigones*, trad. port. de Miguel Serras Pereira, *Antígonas*, Lisboa, Relógio D'Água, 1995.

[226] TZITZIS, Stamatios. *La Philosophie Pénale*, Paris, P.U.F., 1996.

[227] REALE, Miguel. *Filosofia do Direito*, 19ª ed., São Paulo, Saraiva, 1999.

[228] VILLEY, Michel. *Critique de la pensée juridique moderne*, Paris, Dalloz, 1976, p. 219 ss.; Norberto BOBBIO. *Contribuición a la Teoría del Derecho*, trad. castelhana do orig. italiano por Alfonso Ruiz Miguel, Valência, 1980, p. 91 ss.; TEIXEIRA, António Braz. *Op. cit.*, pp. 46-47; CUNHA, Paulo Ferreira da. *Lições Preliminares de Filosofia do Direito*, 2ª edição revista e actualizada, Coimbra, Almedina, 2002, p. 109 ss., *et passim*.

que desejamos fiel ao espírito do texto. Diz, pois, Ulpiano no Digesto, I, 1, 10 (ou no 1 reg., ou Inst. I, 1, pr. e 3, 1):

> "A Justiça é a vontade constante e perpétua de atribuir a cada um o seu. Os preceitos do Direito são os seguintes: viver honestamente, não prejudicar ninguém, atribuir a cada um o que é seu. A Jurisprudência é o conhecimento das coisas divinas e humanas, o conhecimento do justo e do injusto."

Nada menos se propõe o Direito, para fazer o seu papel de atribuir o seu a seu dono, que ter conhecimento do justo e do injusto, para o que se necessita do conhecimento de coisas divinas e humanas. Se o Direito visa conhecimento de coisas humanas e divinas, naturalmente que nesse conhecimento se envolvem questões filosóficas e não pequenas. E que o Direito pode contribuir, com a sua tão imensa sede de saber, para a própria educação filosófica. Há, na verdade, no Direito a aprendizagem de um rigor mental e de um fôlego teórico, aliado à capacidade dialéctica e de aplicação prática que só podem muito ajudar, como pensamento ginástico quanto mais não fosse, à necessária agilidade mental da Filosofia.

A fina conceitualização jurídica, onde avulta a filigrana de teorizações no Direito Penal e no Direito Civil, é um treino muitíssimo interessante.

A interpelação de problemas sociais e políticos no Direito Constitucional e a necessidade correlativa de conhecimentos políticos e politológicos, de história, ideologia e doutrina, e afins, estabelecem um trânsito claro para as questões filosóficas conexas. Pobre de quem busca apenas o pequenino artigo da lei sem o fôlego das grandes teorizações e dos necessários enquadramentos extra-jurídicos. E tudo isso interessa à Educação em geral e à filosófica em particular.

As questões éticas que se levantam no Direito Penal ou no Biodireito estão a meio caminho já da Ética filosófica, e esta já se coloca muitos problemas que também muito interessam ao jurista.

As grandes teorizações de cunho filosófico do Direito são portentosas, e algumas, mesmo fora de moda, nunca seriam verdadeiramente infirmadas, como sucedeu com a teoria finalista da acção. Os grandes paradigmas, no Direito como na Filosofia, não são verdadeiramente desacreditados por uma refutação cabal que plena e definitivamente os desacreditasse: apenas nos vamos esquecendo deles, por um fenómeno a que se chama frequentemente superação, mas que é, na verdade, simplesmente, olvido.[229]

Há teorias finíssimas como a do direito subjectivo, que faz as delícias dos estudantes dos primeiros anos, que não conseguem compreender, no seu senso comum são e óbvio, como pode haver um direito inviolável, o

---

[229] HASSEMER, Winfried. *História das Ideias Penais na Alemanha do Pós-Guerra, seguido de A Segurança Pública no Estado de Direito*, trad. port., Lisboa, AAFDL, 1995, p. 30; KUHN, Thomas S. *The Structure of Scientific Revolutions*, Chicago, Chicago University Press, 1962.

potestativo. Ou seja, que não concebem, na sua ingenuidade, como, quando se impede o exercício de um direito subjectivo do tipo potestativo, se estará, por exemplo, a violar um direito subjectivo comum, *lato sensu*, constituído mercê da existência daquele outro direito potestativo. Também nunca percebemos pessoalmente qual o interesse real desta argúcia teórica. A verdade é que esta especiosidade, entre muitos outros, treina para evitar a facilidade das aparências, e ver a verrumância dos espíritos ... sobretudo dos teóricos.

Quando um pássaro, por exemplo um pombo correio, cruza os céus, logo um jurista, treinado nos duros labores da conceitualização abstractíssima do pensamento dogmático – felizmente nem todos os juristas assim são: que os há partidários do pensar problemático e defensores da tópica[230] –, acabará por dizer, contemplando-o maravilhado: eis *um imóvel por destinação* ... Tinha razão Hervé Bazin:[231] o Direito é um óptimo calmante dos nervos e da imaginação efervescente. Mas decerto precisamente porque ele é também, como afirmou o próprio Giraudoux,[232] a mais poderosa escola de imaginação.

Uma imaginação que educa a ebulição da mente e utopicamente labora mundos imaginários, por um lado (e nem sempre negativo), uma imaginação que permite rigor e asa libertadora (sem dúvida do lado positivo). Os juristas nunca são unos. Há sempre pelo menos dois partidos, duas partes, uma defesa e uma acusação. Javier Hervada[233] afirmou que se a diversidade dos pontos de vista fosse sinal de carácter divertido, os juristas seriam as pessoas mais divertidas do mundo: nunca estão de acordo entre si ...

Finalmente, tendo durante muito tempo sido a cultura e até a finura do trato e uma certa distinção (que a massificação vai necessariamente fazendo esquecer, mas a que muitos ainda felizmente resistem) um apanágio dos professores de Direito por toda a parte, aprendia-se muito com eles. Aprendiam-se lições de vida. Aprendiam-se lições de Educação, de *Paideia*.[234] Aprendiam-se Humanidades em geral. E a Filosofia, durante muito tempo sem escola universitária especificamente para si aberta, tanto em Portugal como no Brasil, acaba por ser não ousamos dizer ensinada, mas em grande medida sugerida, e para ela os estudantes despertados, por mestres

---

230 *Inter alia*, VIEHWEG, Theodor. *Topik und Jurisprudenz*, Muenchen, C. H. Beck'sche V., 1963; PUY, Francisco. *Topica Juridica*, Santiago de Compostela, Imprenta Paredes, 1984; CUNHA, Paulo Ferreira da. *Lições de Filosofia Jurídica. Natureza & Arte do Direito*, Coimbra, Almedina, 1999, p. 231 ss.

231 BAZIN, Hervé. *La mort du petit cheval*, trad. port. de António Ramos Rosa, A morte do Cavalinho, Lisboa, Livros Unibolso, s.d., [ed. orig.: 1950].

232 GIRAUDOUX, Jean. *La guerre de Troie n'aura pas lieu*, Paris, Grasset, 1935.

233 HERVADA, Javier; CUNHA, Paulo Ferreira da. *Direito. Guia Universitário*, ed. portuguesa, Porto, Rés, 1990.

234 Por todos, v. Werner JAEGER. *Paideia, Die Formung des Griechichen Menschen*, Berlin, Walter de Gruyter, 1936.

de Direito.[235] Não estamos isolados nesse magistério. Podem ser surpreendentes, mas são sem dúvida sinceras as palavras de Robert Maynard Hutchins, que assim testemunha sobre o seu curso de Direito:

> "I see now that my formal education began in the Law School. My formal education began, that is, at the age of twenty-one. I do not mean to say that I knew then that I was getting an education. I am sure the professors did not know they were giving me one. They would have been shocked at such an insinuation. They thought they were teaching me law. They did not teach me any law. But they did something far more important: they introduced me to the liberal arts. It is sad but true that the only place in an American university where the student is taught to read, write, and speak is the law school".[236]

Mesmo hoje e nas nossas Faculdades de Direito (mercê de um sistema de ensino demagógico que priva efectivamente as crianças e os jovens de instrumentos essenciais do saber) são forçadas a tentar suprir as imensas lacunas dessa formação. Infelizmente, os programas e as especialidades crescem, o tecnicismo dos docentes aprofunda-se, o desprezo pela formação geral e humanística agrava-se, e uma interpretação avarenta da *Declaração de Bolonha* deseja fazer poupar dinheiro aos governos reduzindo até os cursos para três ou quatro anos. Assim, não só a tentativa de colmatar lacunas graves sairá frustrada, como se vaticina que as matérias formativas cederão o passo ao mero positivismo, o que redundará no abaixamento profundo do nível das Faculdades, as quais passarão a simples escolas técnicas de leis: aptas a formar burocratas dóceis para toda a ordem ... A questão coloca-se em toda a Europa, mas julgamos saber que esta vaga economicista também tem adeptos no Brasil, e desejando precisamente o mesmo: que o seu Bacharelato em Direito (o mais extenso do mundo, aliás, equivalente à Licenciatura em Portugal), hoje de cinco anos, passe para menos.

5.4. A FILOSOFIA COMO EDUCAÇÃO PARA O DIREITO. EDUCAÇÃO PARA A JUSTIÇA

O papel da Filosofia para um jurista é essencial. Não compreendemos que hoje seja possível o acesso ao curso de Direito, em Portugal, sem um profundo conhecimento curricular (formal, pois) da Filosofia. O resultado é sempre o mesmo: uma incompreensão profunda das coisas essenciais, o

---

235 MARTINS, Wilson. *História da Inteligência Brasileira (*1550-1960), 7 vols., S. Paulo, Cultrix, 1976-1979, vol. 2, 3ª ed., 1992; CUNHA, Paulo Ferreira da. *Amor Iuris, Filosofia Contemporânea do Direito e da Política*, cit., p. 164 ss.

236 HUTCHINS, Robert Maynard. *Education for Freedom*, Louisiana State University Press, 1943.

substituir do conhecimento sapiente, saboreado, da *sapida scientia*, por um saber decorado que nem sequer é feito com o coração. Sem Filosofia, que é do conhecimento formalizado, abstracto mas discursivo ainda, do conhecimento histórico-filosófico das correntes de pensamento, do treino dialéctico, da capacidade reflexiva, da perspectivação e ponderação hermenêutica, etc., etc.?

Façamos um pequeno exercício lógico, mas também retórico, para tentar provar uma tese liminar.

A História, diz Cícero, é mestra da vida – *magistra vitæ*. Se a História é, como afirma Dioniso de Halicarnasso, Filosofia a partir de exemplos, então a Filosofia poderia ser conhecida como nada menos que mestra da vida não por exemplos, mas por abstracções ou decantações desses exemplos.

A Filosofia é mestra teórica da vida, e o Direito é lição de vida teórico-prática.

A Filosofia tem de preparar para o Direito ensinando o amor à Verdade, o amor ao Bem, e o próprio amor à Justiça.

Falta uma educação para a Justiça. De pequenos ensinam-nos hoje a avidez, o egoísmo, o prazer hedonístico e a competitividade. Não nos ensinam a ponderação, a imparcialidade, a capacidade de decidir pelo bem comum. Não falámos já no altruísmo ... Há hoje uma persistente e bastarda ideia de que a justiça é uma espécie de permanente "venha a nós". Antigamente, nos Liceus de França, por exemplo, havia difíceis e argutas dissertações sobre a Justiça e seus temas. Agora, a própria literatura se rebaixa ao não-literário, ao casual, ao banal. Os exemplos deixam de existir, as crianças, os adolescentes, e os jovens (assim como os adultos, de resto) não têm a quem tomar por modelos. Tomam-nos nas revistas mundanas, nos *tops* da música, nos programas de TV cada vez de pior qualidade. Já nem os políticos conseguem qualquer popularidade real as mais das vezes ...

Falta educação para a Justiça porque falta educação em geral e educação ética, estética, cívica. Os Estados, vacinados em excesso pelas doutrinações nazis, fascistas, comunistas, acharam por bem demitir-se de formar, de educar. Limitam-se a informar, a ocupar os estudantes, a deixar rédea livre a quem os queira intoxicar de correcção política, mas com o pretexto da sua neutralidade demitiram-se de educar. O resultado são gerações perdidas: na droga, no desespero, no sem sentido do mundo.

O Estado tem de voltar a não ter complexos e educar, sem ideologismos, sem dogmatismos, mas para aquele núcleo de valores e adquiridos comuns sobre que há até socialmente (ainda) largo consenso. E dizemos *ainda* porque a escalada avalorativa e anti-valorativa poderá subverter as coisas no futuro.

Nas escolas e na sociedade começa a falar-se em uma educação para os Direitos Humanos, e, timidamente embora, reabilitam-se as ideias de educação cívica. Mas é preciso encarar a questão com frontalidade e sem complexos. A manutenção da teoria da neutralidade é incompatível já com estas reticentes abordagens. E a educação para os Direitos Humanos, que é vital para a formação integral, e deve contribuir e colher contributos para e da Filosofia e do Direito, deve integrar-se numa mais geral Educação para a Justiça. Toda a Justiça: quer o *suum cuique*, o dar o seu a seu dono, como a justiça social ou política.

A Educação para a Justiça não consome toda a Educação. Há muito mais coisas a ensinar. Mas é uma vertente a não descurar. E nela plenamente se harmonizarão os contributos propriamente jurídicos e os propriamente filosóficos, que farão ainda apelo a outros: literários, históricos, etc.

Tal como a educação artística, a educação para a Justiça necessita de diuturno contacto com as obras de arte do sector – as obras da justiça. Contacto com exemplos de leis, decisões, sentenças justas. Como aquele operário referido nos *Propos* de Alain,[237] que ia todos os dias ao Museu do Louvre para se embriagar de arte e aprender a sua essência.

Infelizmente, se podemos ir facilmente à Avenida Paulista e tomar banho diário de arte no MASP (Museu de Arte de São Paulo), nem sempre a Justiça está assim tão disponível para que a possamos mostrar, viva ainda que emoldurada, aos nossos estudantes.

Mas há que fazer um esforço ...

---

[237] ALAIN. *Propos de*, ed. Paris, Gallimard, Col. La Plêiade, I, 1956, II, 1970.

6. Direito à informação no Estado de Direito Democrático – Direito à informação *ou* deveres de protecção informativa do Estado?[238] [239]

6.1. INTRODUÇÃO: PERSPECTIVA

6.1.1. Conflito de Paradigmas e Retóricas explicativas

Oh Brave new world! Este é o mote que sempre apetece voltar a citar nos novíssimos desafios da sociedade moderna e da tecnologia actual.[240] Além de novos reptos decorrentes de bem diversa conjuntura política, desde logo internacional – e da globalização, que não é só um tópico retórico e um álibi para quase tudo –, o Direito é profunda e visceralmente interpelado pelas recentes novidades tecnológicas, ao ponto de a sua própria essência poder estar em causa. Podem alguns juristas mais clássicos, ou quiçá mais tradicionais, chocar-se com até simples (ou não tão simples assim) novas expressões, tais como, desde logo, "direito virtual". Como pode o direito ser, além de objectivo, subjectivo e tanto mais, ser ainda virtual? E contudo já há cursos e livros com tal designação.[241]

[238] *Relectio* elaborada a partir do texto da nossa palestra no IV Seminário Internacional *Direitos Fundamentais, Informática e Comunicação*, na PUCRS, Porto Alegre, 21-23 de Setembro 2005, a honroso convite do Prof. Doutor Ingo Wolfgang Sarlet. Agradeço à Drª Sandra Pinto, investigadora do Instituto Jurídico Interdisciplinar da Faculdade de Direito da Universidade do Porto, e ao Engº João Luís Pinto, do Instituto de Engenharia de Sistemas e Computadores, Porto (que animaram, aliás, uma sessão de estudos no IJI sobre alguns dos temas aqui abordados) os preciosos comentários e fontes para uma versão anterior deste trabalho. Como é óbvio, os erros e opiniões são meus somente.

[239] Para que o todo não redundasse num título setecentista, apenas neste rodapé especificamos o que poderia ser um subtítulo quiçá mais esclarecedor: O presente texto pretende articular os dois termos referidos no título numa *Problematização Metodológica e Ideológica em demanda de um Super-Conceito Constitucional no domínio da Comunicação.*

[240] Embora procuremos uma outra abordagem, que foge claramente a este ritualismo evocativo e tópico, num paratexto (*Teatro do Absurdo, "Bela Adormecida" e Teorias dos Direitos*) destinado à edição da tese de LIMBERGER, Têmis. *O Direito à Intimidade na Era da Informática*, Porto Alegre, no prelo.

[241] Cf., no Brasil, desde logo, RORHMANN, Carlos Alberto. *Curso de Direito Virtual*, Belo Horizonte, Del Rey, 2005.

E como sempre sucede nestes casos, os paradigmas de enquadramento e explicação oscilam entre, por um lado, o normal desvanecimento prometeico e até de Pigmaleão dos cientistas e dos técnicos, ante a belíssima Galateia de sua criação, e, por outro lado, a desconfiança, por vezes até reaccionária, dos observadores mais ou menos politizados que vêem nos progressos o advento do controlo tecnocrátrico, o fim da liberdade, o verdadeiro *Big Brother* (não o programa homónimo que é, de algum modo, um avesso dele).

É muito difícil fugir a esta dicotomia. Os dois pólos galvanizadores da opinião pública correspondem a dois tópicos fortíssimos: o tópico do progresso, e da felicidade pelo progresso técnico, que já Diderot e D'Alembert celebravam nesse momento fundador da mitificação da tecnologia moderna que foi a *Enciclopédia*, por um lado; e, por outro lado, o tópico do *Leviathã*, o mostruoso Estado que tudo controla, absorve, domina, erguendo-se de ceptro e báculo em riste, como na capa da obra homónima de Hobbes. E agora servido pela ciência e técnica todas-poderosas, de que o *Brave new World* de Aldous Huxley foi, certamente, o grande marco fundador, no pensamento distópico ou da utopia negativa. *There are more things, Horatio.*

Afinal, trata-se apenas de optar dentro de uma retórica que remete para dois tipos de utopia: a eutopia da *Enciclopédia*, ou a distopia do *Admirável Mundo Novo*.

Mas estaremos, no nosso tempo, condenados a essa simples oposição? A tomar parte dela?

Não podemos deixar de lembrar de novo uma banda desenhada,[242] de uma série hoje redescoberta, aliás com novos autores, depois da morte do seu criador, Edgar P. Jacobs. Trata-se de Black & Mortimer, álbuns que fizeram as delícias da minha pré-adolescência e dos inícios do meu tempo de *teenager*. Num deles, *Le piège diabolique*, num típico clube inglês, dois figurantes da trama afundam-se em seus sofás, fincando-se nas suas razões de louvor do passado irremediavelmente consumido e irrecuperável, de uma banda, e de apologia de um futuro utópico, da outra banda. Ao que o prudente e moderado Capitão Blake, verdadeiro *gentleman*, interrompendo aquela ritualística conversa de surdos (que representa afinal o colóquio tantas vezes repetido em tantos lugares) adianta uma hipótese: e se o melhor dos mundos fosse, afinal, o de hoje?

Esse é o desafio, afinal. Porque o passado mitificado por Jacobs é também de obscurantismo e opressão, e o futuro ... é-o igualmente, apenas

---

[242] Fi-lo já em CUNHA, Paulo Ferreira da. *O Século de Antígona*, Coimbra, Almedina, 2003, p. 19-20, e, em castelhano, Idem. *Claves del Pensamiento Jurídico en el Siglo XXI: Los desafios*, in *Filosofia Jurídica y Siglo XXI*, org. de José Calvo González; Cristina Monereo Atienza, Málaga, Universidad de Málaga, 2005, p. 43-44.

com tecnologia diversa: o que lhe dá uma diferente cor local, susceptível de complicar e baralhar a essência das coisas em jogo.

A tecnologia do passado é ideológica e bélica primária. A tecnologia do futuro, sem deixar de ser ideológica, é mais subtil nesse domínio, e sem deixar de ser bélica, tem novas armas, designadamente armas químicas, biológicas, biotecnológicas e psicológicas (cada qual a mais perigosa). E ainda possui armas de tecnologia de destruição directa propriamente dita – de género mais convencional, apesar de sofisticadíssimas. Por isso, a equiparação, nos Estados Unidos, da criptografia (usada hoje em imensos instrumentos informatizados) a munições (em legislação que entretanto se veria mais dulcificada), teria, em tese, algum sentido. Pelo menos tanto quanto, como afirmaria Yves Lacoste, *a Geografia serve sobretudo para fazer a guerra.*[243]

O desafio é deixar de conceber o presente como um ponto geométrico sem espaço, comprimido entre passado e futuro, e alargar em espaço o "presente", como tempo ainda de alguma compatibilização entre liberdade e comodidade tecnológica. E em que a tecnologia seja instrumento e não entrave ou forma de controlo ou niilização da liberdade. Um presente assim será, também ele, mitificado, evidentemente; porque no presente ainda há muito de passado e já vai havendo boa parte de futuro ...

6.1.2. As Teorias Clássicas sob o fogo das realidades novas

Os desafios do presente, como este, colocam normalmente em questão as nossas certezas domésticas e particulares, mesmo quando essas certezas se chamam "teorias" e mesmo "teorias gerais", elevadas a dogmas sagrados e incontestáveis do "Direito", ele próprio coisa sagrada.[244]

Podem ser desafios juspolíticos, como, por exemplo, o da Constituição Europeia; desafios do progresso do conhecimento e da difusão do conhecimento nas ciências humanas, como, é o caso, especificamente na História do Direito, da descoberta dos velhos direitos pré-modernos, sobretudo (no nosso caso) as liberdades luso-brasileiras; ou desafios de mudança tecnológica e social (não uma sem outra: porque a hipotética invenção da máquina a vapor pelos Romanos, sem mudança social de aceitação e difusão do invento, em nada mudou Roma). Em todos os casos, estes desafios são magníficos sublevadores da nossa tranquilidade teórica. Porque lhe lançam o repto da realidade prática, que operadores velhos não podem captar, nem compreender; e paradigmas perenes (como tais se comprovam, na medida em que capazes de se adaptarem, como as réguas de Lesbos de que falava Aristóteles na *Ética a Nicómaco*) à avaliação das coisas diferentes.

---

243 LACOSTE, Yves. *La géographie, ça sert, d'abord, à faire la guerre*, Paris, Maspero, 1976, reed., La Découverte, 1985.

244 CUNHA, Paulo Ferreira da. *Anti-Leviathã. O Direito, a Política e o Sagrado*, Porto Alegre, Sérgio Fabris, 2005.

6.2. PRESSUPOSTOS PARA UMA TEORIZAÇÃO

6.2.1. Da Pirâmide à Rede

Não será indiferente a forma de encarar esta constelação de problemas, que, tal como o mega-paradigma do nosso tempo, se desenham precisamente *em rede*. Rede de constituições, rede de direitos, que não pirâmide normativa, rede de problemas e desafios.

Direitos Fundamentais, informática e comunicação: qualquer destes elementos comunga da metáfora da rede.

Mais que degraus de direitos, mais que gerações de direitos mesmo (que são, ambas as perspectivas, formas narrativas e sequenciais, logo, hierarquizadoras, ainda que subtilmente hierarquizadoras na última versão: pela antiguidade e "pergaminhos" dos direito) os direitos fundamentais tendem hoje a espraiar-se em interconexões, a não apenas hetero-conter-se e auto-limitar-se (sob pena de uma irredutibilidade levar à preterição absoluta de direitos concorrentes, sempre concorrentes, geradora de graves disfunções e injustiças).[245] Que é a concordância prática entre direitos conflituantes *in casu*, ou a limitação de um direito, pelo salvar do núcleo ou círculo mínimo, senão manifestações de uma forma reticular (plástica, flexível) de conceber os direitos? Não se trata de uma concepção prévia, *a priori*, mas de uma prática que, se analisada, nos permite descortinar essa concepção, certamente ainda não muito apercebida. Mesmo a ordem de valores, quando não é contestada, tem de ser perspectivada para cada caso.[246] Mesmo o direito natural, ao ser considerado, por um Francisco Puy, como tópico dos tópicos jurídicos,[247] e por Michel Villey uma metodologia,[248] deixa de ser concebido à maneira de um decálogo-sombra, como ainda sucede no aliás excelente romanista Álvaro D'Ors,[249] ou um "manual de escuteiro" na pena de alguns epígonos, adequadamente já qualificados de jusnaturalistas positivistas.[250] E ao reencontrar-se na tópica e na dialéctica, não deixa de estar

[245] Para desenvolvimento da nossa posição, cf. CUNHA, Paulo Ferreira da. *Teoria da Constituição*, vol. II. *Direitos Humanos, Direitos Fundamentais*, Lisboa, São Paulo, 2000, p. 273 ss.

[246] Cf., em geral, ALEXY, Robert. *Theorie der Grundrechte*, Suhrkamp, 1986, trad. cast. de Ernesto Garzón Valdés, *Teoría de los Derechos Fundamentales*, Madrid, Centro de Estudios Costitucioanles, 1ª reimp. 1997, e para a nossa perspectivação da ordem de valores, CUNHA, Paulo Ferreira da. *Teoria da Constituição*, vol. II. *Direitos Humanos, Direitos Fundamentais*, São Paulo, Lisboa, Verbo, 2000, p. 278 ss.

[247] PUY, Francisco. *Tópica Jurídica*, Santiago de Compostela, I. Paredes, 1984, p. 149. Para o culminar da teorização tópica do direito natural neste autor, Idem. *Teoria Tópica del Derecho Natural*, Santiago do Chile, Universidad Santo Tomás, 2004.

[248] VILLEY, Michel. *Abrégé de droit naturel classique*, in "Archives de Philosophie du Droit", VI, Paris, Sirey, 1961, in *Leçons D'Histoire de la Philosophie du Droit*, nova ed., Paris, Dalloz, 1962, p. 146.

[249] D'ORS, Álvaro. *Derecho y Sentido Común. Siete lecciones de derecho natural como límite del derecho positivo*, Madrid, Civitas, 1995.

[250] Para mais desenvolvimentos, Cf. CUNHA, Paulo Ferreira da. *Direito Natural, Filosofia e Política*, em preparação.

em rede, na argumentação, na retórica. Se nessa *démarche* consegue subsistir como valor e como essência, esse já é outro problema ... Mas a partir do momento em que os Direitos Humanos estão aí, como religião[251] dos tempos modernos, temos menos receios. Muito menos, de uma transfiguração do direito natural. Porque, onde antes para ele (ou *para o Céu*, como Antígona e o filósofo) apelávamos, agora podemos fazê-lo antes de mais para os tribunais.

Estamos assim ante uma nova prática, cuja teorização não tem chegado ainda, de forma alguma, às doutrinas prevalecentes e didácticas, a qual põe totalmente em causa a *forma mentis* anterior, que não é de rede, mas de pirâmide. Recordemos essa fábula em que, obedecendo aos preceitos do rei, a moça demandada a vir diante dele "simultaneamente vestida e nua" se vestiu *de rede*. Belíssima imagem. Perante o poder, e o direito do poder, perante o direito identificado com o poder por Kelsen, a resposta é semelhante à da moça perante o rei – que ao mesmo poder representava (ou consubstanciava – não curemos agora desse ponto). A lógica clássica, que tanto apoiava o raciocínio jurídico tradicional, rompeu-se. *To be or not to be* é um dilema elementar. O tetralema é doravante uma situação normal ... Rede de problemas.

Kelsen, não sendo o criador da realidade da juridicidade piramidal, é o Midas[252] que em pedra talhada em pirâmide transformará não apenas tudo o que toca em direito, como metamorfoseará todo o direito em que toca, como grande disseminador da metáfora pétrea e construtiva. Mesmo a crítica pós-moderna, como a de Boaventura Sousa Santos, não deixará de falar no "direito do asfalto".[253] Claro que é uma planificação já do que em Kelsen é hierarquia levantada ao alto, da base até a um vértice. Mas recordemos o *slogan* do Maio 68: *Sous le trottoir, la plage*. O direito do asfalto é sem dúvida asfixiador da praia.

6.2.2. Comunicação hierarquizada e Comunicação reticular

Não será absolutamente necessário invocar Habermas[254] para afirmar, com os simples olhos atentos de hoje, que *sociedade é sobretudo comunicação*. Ainda que tal comunicação seja simplesmente fáctica, e apesar da

---

[251] Cf., *v.g.*, DANIEL, J. *La Religion des droits de l'homme*, in "Le Débat", Janeiro-Março de 1987.

[252] Aliás, na sua obra mais clássica, não deixará de citar o mito de Midas: KELSEN, Hans. *Reine Rechtslehre*, trad. port. de João Baptista Machado, *Teoria Pura do Direito*, 4ª ed., Coimbra, Arménio Amado, 1976.

[253] Designadamente no clássico SANTOS, Boaventura de Sousa. *O Discurso e o Poder. Ensaio sobre a sociologia da retórica juridica*, separata do "Boletim da Faculdade de Direito", Coimbra, 1980, hoje publicado na Sérgio Fabris.

[254] Cf. sobretudo o clássico HABERMAS, Juergen. *Theorie des kommunikativen Handels*, 3ª ed., Frankfurt, Suhrkamp, 1985 (1ª ed. 1981). De entre os comentários ao autor, *v.g.*, Jean-Marc FERRY. *Habermas. L'Etique de la communication*, Paris, P.U.F., 1987; GUIDDENS, Anthony, *et alii*. *Habermas y la Modernidad*, 2ª ed., Madrid, Cátedra, 1991.

imensa razão de Niklas Luhmann no seu brilhante mas pouco lido livro *A Improbabilidade da Comunicação*, para não falar em Konrad Lorenz, que profetizaria a possibilidade do fim da intersubjectividade comunicativa realmente significante em pouco tempo: no fundo, o fim da "linguagem".

As sociedades de comunicação hierarquizada, primacialmente unívoca, têm aparelhos ideológicos (e fundam-se em ideologias) com tal concordes: estratificam-se em castas ou em classes, e privilegiam elitismos oligárquicos, fazem proliferar os evitamentos sociais, os tabus, promovem o snobismo a par dos complexos de superioridade /inferioridade, insinuam-se poderosamente em certas formas de etiqueta, além de, como *ultima ratio*, se sustentarem pela acção repressiva da censura e da detenção absorventemente monopolítica ou oligárquica dos meios de comunicação.

Tais sociedades limitam o acesso ou os produtores e agentes, a direcção e o sentido, a forma ou o modo, o tempo e a duração da comunicação.

Quando o pai da *Terceira Vaga*, Alvin Toffler,[255] pressagiou que o poder soviético cairia pela difusão da informação, proclamou um notabilíssimo e certíssimo vaticínio. Realmente assim sucedeu. É por isso que as limitações ao próprio funcionamento da *Internet* são uma sensitiva ou pedra de toque do grau de liberdade de uma sociedade. Os países mais repressivos são, hoje, aqueles que desconfiam desse meio, e tudo fazem para o sufocar. Porque a *Internet*, evidentemente com todos os seus malefícios residuais, que são também os existentes no mundo não virtual (não dizemos real, porque o virtual também é uma forma de realidade), é a mais expressiva forma de liberdade de comunicação – ou pode sê-lo. Só com o tempo certamente se compreenderá que as questões de limitações, nesse meio, são em tudo muito semelhantes aos argumentos do muito respeitável, mas completamente errado, Doutor Serafim de Freitas, que contra o célebre Hugo Grotius (que contudo não pleiteava inocentemente) procurava defender a limitação da navegação dos mares, ou seja, a chamada doutrina do *mare clausum.*[256] *Mare clausum* nas navegações da *Net*? Se o futuro for o do *Big Brother*, do grande *Leviathã*, certamente. Mas se prevalecer a liberdade, aliada à argúcia da moça vestida de rede, jamais.

O trabalho de clausura dos mares é impossível. Como impossível era a tarefa de vertê-lo, com a concha da mão, na areia da praia. Santo Agostinho foi advertido para esse intuito verdadeiramente prometeico, votado ao fracasso. Também as ondas do ciberespaço são incontroláveis, e, além do mais, como disse, com graça, João Luís Pinto, "enquanto não formos *cyborgs*, o "buraco analógico" há-de sempre existir ..." Felizmente ... Há,

---

255 TOFFLER, Alvin. *A Terceira Vaga*, ed. port., Lisboa, Livros do Brasil, s/d; Idem. *O choque do Futuro*, ed. port., Lisboa, Livros do Brasil, s/d.

256 Cf. CUNHA, Paulo Ferreira da. "Os Descobrimentos Portugueses e o Problema da Liberdade dos Mares", in *Faces da Justiça*, Coimbra, Almedina, 2002, p. 57 ss.

assim, nos nossos dias, uma luta de *liberdade* contra *controlo*. Porque os paradigmas jurídicos dominantes ainda são em grande medida estadualistas.

Essa é uma das contradições históricas mais interessantes que herdamos do liberalismo. É que o liberalismo triunfante fundiu-se com a tradição absolutista, racionalista e iluminista anterior, criando um Estado de Direito, mas que foi ainda, e muito, e cada vez mais, um Estado. E o pensamento liberal ulterior (mesmo o pensamento já dito democrático, e social, e até socialista democrático ou social democrático), sempre firmado nesse legado, jamais deu mostras de realmente abdicar da máquina e da simbólica estaduais. É assim que a democracia liberal que impera entre nós é estadualista. E o Estado é uma criação de um génio hierarquizador, em que avulta a cisão com a sociedade (dita "civil").[257]

Ora, uma realidade social de comunicação reticular, ao contrário das hierarquizadas, fica necessariamente em dissenso e assimétrica comunicação com esse interlocutor chamado Estado, que é resultado e vector de *soberania* – precisamente o seu grande paradigma fundante e nutriente. Soberania, gramática da comunicação hierarquizada, em que o poder do Estado não conhece limitação, interna ou externa. Soberania, na sua acepção bodiniana e hobbesiana mais claras e clássicas,[258] precisamente grande

[257] Algumas coincidências com esta tese podem observar-se no original estudo de HESPANHA, António Manuel. *Guiando a Mão Invisível. Direitos, Estado e Lei no Liberalismo Monárquico Português*, Coimbra, Almedina, 2004. Comentando, CUNHA, Paulo Ferreira da. *Du mythe du liberalism au Portugal*, "Quaderni Fiorentini per la Storia del Pensiero Giuridico Moderno", 33-34 (2004-2005), Milão, Giuffré, 2005, p. 1279 ss.

[258] AA. VV. *Jean Bodin. Actes du Colloque International d'Angers*, Cesbron, Georges, Geneviève Rivoire e Jean Foyer, ed., 2 vol., Angers, Presses de l'Université d'Angers, 1985, Vrin, 1996; Albuquerque, Martim. *Jean Bodın na Península Ibérica. Ensaio de História das Ideias Políticas e do Direito Público*, Paris, Fundação Calouste Gulbenkian, 1978; BAUDRILLART, Henri . *Jean Bodin et son Temps. Tableau des théories politiques et des idées économiques. au seizième siècle*, Paris, 1853, reimp., Aalen, Scientia, 1963; BIRELEY, Robert. *The Counter-Reformation Prince. Anti-Machiavellianism or Catholic Statecraft in Early Modern Europe,* Chapel Hill e Londres, The University of North Carolina Press, 1990; CALASSO, Francesco. *I Glossatori e la Teoria della Sovranitá. Studio di Diritto Comune Publico*, Milão, Giuffrè, 1957; CHURCH, William Farr. *Constitutional Thought in sixteenth-century France. A study in the evolution of ideas*, Cambridge, Cambridge University Press, 1941; David, Marcel . *La Souverainité et les limites juridiques du pouvoir monarchique du IXe au XVe siècles*, Paris, Éditions Dalloz, 1954; GOYARD-FABRE, Simone. *Jean Bodin et le droit de la République*, Paris, PUF, 1989; GROSSI, Paolo. *Dalla Società di Società alla Insularità dello Stato fra Medioevo ed Età Moderna*, Nápoles, Istituto Universitario Suor Orsola Benincasa, 2003; FELL, A. London. *Bodin's Humanistic Legal System and rejection of medieval political theology*, Boston (Mass.), 1987; FRANKLIN, Julian H. *Jean Bodin and the 16th Century Revolution in the Methodology of Law and History* New York, Columbia University Press, 1963; Id. *Jean Bodin and the Rise of the Absolutist Theory*, Cambridge University Press, 1973; KRITSCH, Raquel. *Soberania. A Construção de um Conceito*, São Paulo, USP / Imprensa Oficial do Estado, 2002; NOVAES, Adauto (org.). *A Crise do Estado-Nação*, Rio de Janeiro, Civilização Brasileira, 2003; QUAGLIONI, D. . *I limiti della sovranità. Il pensiero di Jean Bodin nella cultura politica e giuridica dell'età moderna*, Pádua, Cedam, 1992; QUARISTSCH, H. *Souveränität. Entsehung und Entwicklung des Begriffs in Frankreich und Deutschland vom 13. Jh. bis 1806*, Berlim, Duncker & Humblot, 1986; VILLEY, Michel. "La Justice Harmonique selon Bodin" in *Actes du colloque international Jean Bodin*, H. Dentzer ed., Munich, Beck, 1973; BERNARDES, Júlio. *Hobbes & a Liberdade*, Rio de Janeiro, Jorge Zahar, 2002; BOUCHER, David; KELLY, Paul (eds.). *The Social Contract from Hobbes to Rawls*, Londres e Nova Iorque,

obstáculo às redes de poder intra-societais e extra-societais. Porque se o feudalismo era, no processo de suserania, uma sintaxe de hierarquia piramidal, a verdade é que quando um monarca era definido como *primus inter pares*, em seu reino, e simultânea e não contraditoriamente, poderia ser ainda vassalo de outro rei, seu par internacionalmente (porque senhor de feudo no reino do vizinho), era o "poder conjugado"[259] e o equilíbrio de rede que assomavam. Sem rival no seio ou no exterior do seu território, o soberano Estado, "dono" do povo, e sede máxima do poder político, só pode conceber a comunicação exterior como troca de notas diplomáticas entre Estados pares, ou pelo *diktat* (mais ou menos subtil, quanto mais ou menos seja Estado: veja-se a flexibilidade portuguesa e inglesa – a primeira moderada pela ideia de Império do Espírito Santo, a segunda talvez porque o Reino Unido nunca haja sido Estado propriamente dito, segundo alguns) [260] sobre os territórios que não são soberanos ... que faz colónias, protectorados, etc. Sem concorrência ao nível interno, o Estado moderno nasceria sobre o sangue dos levantamentos de regiões ou antigos reinos absorvidos, pela unificação linguística forçada, e mesmo sobre os cadáveres dos duques concorrentes. Mesmo numa terra de brandos costumes como Portugal (como advertido pela belíssima sinestesia do *Fado Tropical*, de Chico Buarque) a própria mão do Estado apunhala o Duque de Viseu com o punhal de D. João II, e tortura a família Távora às ordens do Marquês de Pombal. Resposta mítica do primeiro, ao tópico *primus inter pares*: "*eu sou o senhor dos senhores, não o servo dos servos*".

6.2.3. Vectores de reticularização: globalização, progresso técnico, emancipação mental

No nosso tempo, a globalização[261] – fenómeno planetário independente dos Estados que, enquanto aparelhos, reivindicam e vão exercen-

Routledge, 1994; CALVO GONZÁLEZ, José. *Iconografías políticas fantásticas: el 'Leviathan' hobbesiano*, in "Anuario de Filosofía del Derecho", nova época, tomo V, Madrid, 1988, p. 455-473; HAMPTON, Jean. *Hobbes and the social contract tradition*, 2ª ed., Cambridge, Cambridge University Press, 1988; LESSAY, Franck. *Souveraineté et légitimité chez Hobbes*, Paris, P.U.F., 1988; MACPHERSON, C. D., *Introduction* a *Leviathan*, de Thomas Hobbes, Middlesex, Penguin, 1986; MARTINICH, A. P. *Hobbes. A Biography*, Cambridge, Cambridge University Press, 1999; MERÊA, Paulo. *Suárez, Grócio, Hobbes*, I vol., Coimbra, 1941; MINOGUE, K. R. *Thomas Hobbes and the Philosophy of Absolutism*, in Thomson, DAVID (ed.). *Political Ideas*, reimp., Middlesex, Penguin, 1982; NAVILLE, Pierre. *Thomas Hobbes*, Paris, Plon, 1988; PACCHI, A. *Introduzione a Hobbes*, Bari, Laterza, 1971; VIALATOUX, J. La Cité de Hobbes. *Théorie de l'Etat totalitaire (Essai sur la conception naturaliste de la civilisation)*, Paris/Lyon, 1935.

[259] BOTELHO, Afonso. *Monarquia, poder conjugado*, in "Nomos. Revista Portuguesa de Filosofia do Direito e do Estado", Lisboa, nº 2 (Julho-Dezembro de 1986), p. 38 ss.

[260] Sobre a situação particular do Reino Unido, *v.g.*, MENAUT, Antonio Carlos Pereira. *El ejemplo constitucional de Inglaterra*, Madrid, Universidad Complutense, 1992.

[261] Cf. CUNHA, Paulo Ferreira da. *Globalização*, in "Verbo. Enciclopédia Luso-Brasileira de Cultura. Edição séc. XXI", vol. XIII, Lx. / São Paulo, 1999, col. 634 ss. Mais actualizado, António Almeida SANTOS. *A Globalização. Um Processo em Desenvolvimento*, Lisboa, Instituto Piaget, 2005.

do poderes (em geral, cada vez menos soberanamente) – vai democratizando as esperanças e as aspirações, e o capital, neste caso muito felizmente, "sem pátria", na sua sede de conquista de mercados, vai colocando à disposição de mais e mais pessoas, em mais e mais pontos do globo, aquilo a que, de forma paternalista, a Constituição Portuguesa do "Estado Novo" chamava os "benefícios da civilização" (art. 5º): ou seja, o progresso técnico e as comodidades quotidianas dele decorrentes. Nesta sociedade globalizada, que é aquela em que vivemos, o social emerge, e irrompe nas amarras e fronteiras políticas. A tal vai ajudando o desencantamento do mundo (que também tem os seus custos), a maioridade ou pelo menos o sonho de emancipação que Kant viu nas Luzes (e patente, designadamente em *Was ist Aufklärung?).* A declaração constitucional americana dos Direitos do Estado da Virgínia, de que a busca da felicidade (*pursuit of happiness*) e não meramente a resignação e a obediência, são inerentes ao Homem, e são seus direitos, terá constituído um corolário muito significativo dessas esperanças que ainda hoje nos animam.[262]

Quando todos têm direito à felicidade, quando o Homem pode aspirar ao fim das suas tutelas, quando, mesmo por toda a parte a ferros, como constatou Rousseau, logo no início do seu *Contrato Social*, ele se sabe livre, essencialmente livre, e essencialmente igual, que poder poderá fazê-lo calar-se? Porque exprimir-se, ainda que seja pelo grito, ou pelo choro, ou pelo gesto, será o primeiro dos direitos, a primeira das liberdades. Nada se pede (neste caso) senão que nos deixem traduzir o que nos vai na alma. A liberdade de expressão não é só historicamente das primeiras: é-o logicamente. Compreendeu muito bem essa realidade o liberal Visconde de Seabra, autor do primeiro Código Civil português, que no seu monumento legislativo com clareza identificou a vera liberdade de pensamento, consciência, com a liberdade da sua expressão e comunicação. Já que (afirma explicitamente) só a Deus somos devedores de contas pelo que simplesmente em silêncio connosco mesmos cogitarmos.

Assim, a Liberdade, pelo menos a liberdade civil e política, começa, em grande medida, com a liberdade de expressão e comunicação. Uma vez assegurado o pressuposto dos direitos todos que é a vida (pressuposto dos direitos, e de tudo o mais), garantida a integridade física e psíquica *q.b.*, e a liberdade geral de movimentos (sem constrições gritantes, sem cativeiro), o momento primeiro de livre desenvolvimento da personalidade em que se analisa a dignidade humana em acção, será o livre interagir com o seu semelhante. *Lecteur, mon semblable et mon frère*, assim se dirige ao seu leitor potencial, invocando tacitamente (inconscientemente?) a mesma natureza humana, fundamento dos direitos do mesmo nome, o iconoclasta

[262] Para a historicidade da felicidade, *v.g.*, MAUZY, Robert. *L'idée du bonheur dans la littérature et la pensée françaises au XVIIIe siècle*, Paris, 1965.

Charles Baudelaire.[263] E diz o leitor "hipócrita". Naturalmente, pois a personalidade e a socialidade é um *persona*, como a do *hypocrites*, o actor grego. É uma máscara ... Jamais o ser mais profundo pode ser protegido. Só a sociabilidade, a imagem social dessa insondável essência: a dignidade antropológica[264] é inatingível; salvemos a dignidade comunicativa. Dessa cura o Direito, e em especial os direitos fundamentais.[265] Aliás, a imanente dignidade humana, por absoluta, é insusceptível de mácula e violação. Só a expressão social dos atentados à dignidade, e só no domínio colectivo podemos agir.

---

[263] Vale a pena enquadrar a passagem no contexto do poema, *Le Lecteur*:
La sottise, l'erreur, le péche, la lésine,
Occupent nos esprits et travaillent nos corps,
Et nous alimentons nos aimables remords,
Comme les mendiants nourrissent leur vermine.
Nos péchés sont têtus, nos repentirs sont lâches;
Nous nous faisons payer grassement nos aveux,
Et nous rentrons gaiement dans le chemin bourbeux,
Croyant par de vils pleurs laver toutes nos taches.
Sur l'oreiller du mal c'est Satan Trismégiste
Qui berce longuement notre esprit enchanté,
Et le riche métal de notre volonté
Est tout vaporisé par ce savant chimiste.
C'est le Diable qui tient les fils qui nous remuent.
Aux objets répugnants nous trouvons des appas;
Chaque jour vers l'Enfer nous descendons d'un pas,
Sans horreur, à travers des ténèbres qui puent.
Ainsi qu'un débauché pauvre qui baise et mange
Le sein martyrisé d'une antique catin,
Nous volons au passage un plaisir clandestin
Que nous pressons bien fort comme une vieille orange.
Serré, fourmillant comme un million d'helminthes,
Dans nos cerveaux ribote un peuple de démons,
Et quand nous respirons, la Mort dans nos poumons
Descend, fleuve invisible, avec de sourdes plaintes.
Si le viol, le poison, le poignard, l'incendie,
N'ont pas encore brodé de leurs plaisants dessins
Le canevas banal de nos piteux destins,
C'est que notre âme, hélas! n'est pas assez hardie.
Mais parmi les chacals, les panthères, les lices,
Les singes, les scorpions, les vautours, les serpents,
Les monstres glapissants, hurlants, grognants, rampants,
Dans la ménagerie infâme de nos vices,
Il en est un plus laid, plus méchant, plus immonde!
Quoiqu'il ne pousse ni grands gestes, ni grands cris,
Il ferait volontiers de la terre un débris
Et dans un bâillement avalerait le monde.
C'est l'Ennui!- L'oeil chargé d'un pleur involontaire,
Il rêve d'échafauds en fumant son houka.
Tu le connais, lecteur, ce monstre délicat,
Hypocrite lecteur, mon semblable, mon frère!

[264] Várias perspectivas, da jusfilosofia e do direito constitucional, em SARLET, Ingo Wolfgang (org.). *Dimensões da Dignidade*, Porto Alegre, Livraria do Advogado Editora, 2005.

[265] Cf., desde logo, SARLET, Ingo Wolfgang. *A Eficácia dos Direitos Fundamentais*, 5ª ed., Porto Alegre, Livraria do Advogado, 2005, p. 112 ss.

6.2.4. Liberdade *vs.* Estado

Mas a liberdade liberal, já nos seus velhos tempos, é contraposta ao Estado. Porque o Estado não a protegia, antes a limitava. A liberdade constitucional liberal de expressão e comunicação, nas suas mais diversas facetas, vai-se instalando no lugar escavado na pétrea pirâmide do poder estatal, que começou por desejar uma sociedade unanimista em matéria de religião, depois uma consonância de opinião política com o soberano e seus ministros, e finalmente foi abdicando de sucessivas fatias da sintonia de credos, e da sua expressão. Alijar sucessivo de lastro para o balão do poder continuar a manter-se no ar ...

Nos tempos áureos do despotismo esclarecido, o poder chegava a punir os *outsiders* que, mesmo louvando o poder despótico, o punham a nu, e mesmo execrando ou parodiando os poderes dele concorrentes (como o eclesiástico), inquietavam os espíritos, distraindo-os do seu viver "habitual". Foi esse o crime de Tomás António Gonzaga, o *Dirceu* de Marília, poeta da inconfidência mineira, no seu *Tratado de Direito Natural*,[266] foi essa a heresia de António Diniz da Cruz e Silva no seu poema *O Hissope*. Ambos iriam para o Brasil, onde, afinal, menores ventos de Estado sopravam, e quase só visitadores eventuais da Inquisição, Estado dentro do Estado.[267] Seguiriam afinal os passos daqueles que, como dizia Agostinho da Silva,

> "se não resignaram ao que tinham em volta e sobretudo em cima ... que abandonaram um Portugal que lhes não servia nem se deixava servir por eles e partiram para o Brasil, para as terras novas de gente nova, e tudo fizeram aí, longe dos monopólios, dos reis e dos tridentinos, a fim de instaurar uma grande nação que conservasse as liberdades populares".[268]

Liberdades evidentemente pré-estaduais, pré-modernas. E note-se: Era da comunicação estadual e hierárquica que se tratava de fugir: "não se resignaram ao que tinham em cima".

---

266 GONZAGA, Tomás António. *Tratado de Direito Natural. Carta sobre a usura. Minutas. Correspondência. Documentos*, Ed. crítica de M. Rodrigues Lapa, Rio de Janeiro, Instituto Nacional do Livro, 1957 (ms. original de data ainda incerta).

267 Sobre a situação particular da Inquisição no Brasil, cf., *v.g.*, AZEVEDO, João Lúcio de. *Notas sobre o Judaísmo e a Inquisição no Brasil*, *in* "Revista do Instituto Histórico Geográfico Brasileiro", t. 31, Rio de Janeiro, p. 677-97; LEITE FILHO, Silidónio. *Os judeus no Brasil*, Rio de Janeiro, J. Leite, 1923; PEIXOTO, Afrânio, *et al. Os judeus na História do Brasil*, Rio de Janeiro, Uri Zwerling, 1936; PERNIDJI, Joseph Eskenazi. *Das Fogueiras da Inquisição às Terras do Brasil. A Viagem de 500 anos de uma família judaica*, Rio de Janeiro, Imago, 2002; FERNANDES, Neusa. *A Inquisição em Minas Gerais no séc. XVIII*, 2ª ed., EDUERJ, Rio de Janeiro, 2004; FERNANDES, Dirce Lorimier. *A Inquisição na América durante a União Ibérica (1580-1640)*, São Paulo, Arké, 2004; e, em ficção, por exemplo, ARAÚJO, Nelson de. *1591. A Santa Inquisição na Bahia e outras estórias*, Rio de Janeiro, Nova Fronteira, 1991, e Miguel REAL. *Memórias de Branca Dias*, Lisboa, Temas e Debates, 2003. Mais bibliografia in: http://www.ensinandodesiao.org.br/Abradjin/biblio.htm

268 SILVA, Agostinho da. "Portugal e Brasil", in *Ensaios sobre Cultura e Literatura Portuguesa e Brasileira*, vol. II, Lisboa, Círculo de Leitores, 2002, p. 91.

É assim muito diferente colocarmos a tónica da nossa investigação na *Liberdade*, como coisa que vem de dentro das pessoas, imanente ao Homem, seu direito *natural* – o que, se presos a uma lógica ainda de hierarquias, diríamos como provindo "de baixo" –, ou, pelo contrário, e ainda nessa ordem de ideias, pensarmos o tema como centrado no *Estado*, ainda que nos deveres do Estado para com a sociedade ou as pessoas.

Uma coisa será sempre pensar o problema a partir "de cima", do Estado, dessa lógica hierarquizada e unilateral, ainda que de um centro para várias periferias, de um emissor para vários receptores, mais ou menos estratificados, filtrados por diferentes estatutos jurídicos e sociais, e outra fazê-lo tendo como base a questão da Liberdade de informar, de produzir conteúdos significativos e socialmente transmissíveis, de comunicar.

6.3. ILUSTRAÇÃO PROBLEMÁTICA NO DIREITO CONSTITUCIONAL VIGENTE

6.3.1. Na Constituição da República Portuguesa

É claro que o Estado é hoje "Estado democrático de Direito", e que, por exemplo na Constituição Portuguesa, diversos dos seus objectivos ou cometimentos, constitucionalmente consagrados, levariam água ao moinho de uma benévola actividade em prol dos cidadãos. O mais claro dispositivo é o da alínea b) do art. 9º da Constituição, que assinala como tarefa fundamental do Estado: "Garantir os direitos e liberdades fundamentais e o respeito pelos princípios do Estado de direito democrático" – o que incluiria naturalmente liberdades, direitos e garantias neste âmbito. E mesmo outras alíneas do mesmo artigo poderão, mais ou menos directamente, caminhar nesse sentido.[269]

6.3.2. Na Constituição da República Federativa do Brasil

Também na Constituição Brasileira, os objectivos fundamentais da República Federativa do Brasil são todos concordes com esta perspectiva demofílica e democrática,[270] e muito em especial no capítulo dos direitos

[269] Designadamente, pelo menos em parte: c) Defender a democracia política, assegurar e incentivar a participação democrática dos cidadãos na resolução dos problemas nacionais; d) Promover o bem-estar e a qualidade de vida do povo e a igualdade real entre os portugueses, bem como a efectivação dos direitos económicos, sociais, culturais e ambientais, mediante a transformação e modernização das estruturas económicas e sociais; e) Proteger e valorizar o património cultural do povo português, defender a natureza e o ambiente, preservar os recursos naturais e assegurar um correcto ordenamento do território; f) Assegurar o ensino e a valorização permanente, defender o uso e promover a difusão internacional da língua portuguesa; ...".

[270] Art. 3º. Constituem objetivos fundamentais da República Federativa do Brasil:
I – construir uma sociedade livre, justa e solidária; II – garantir o desenvolvimento nacional; III – erradicar a pobreza e a marginalização e reduzir as desigualdades sociais e regionais; IV – promover

individuais e colectivos, que abre o título de direitos e garantias fundamentais, o art. 5º contém várias normas que vão, em geral (sendo a nosso ver discutível a proibição do anonimato), no mesmo sentido: por exemplo, com aflorações, de muito diversa ordem, nos respectivos números IV a X, XII, XIV, XXVII, XXVIII, XXIX, XXXIII, XXXIV, LII, LV, LX, LXIII.[271]

6.3.3. Constelações de liberdades e direitos nos textos constitucionais brasileiro e português vigentes

O catálogo brasileiro (acumulativa carta de muitos direitos na aparência classificatória bem diversos) talvez mais eloquentemente que a Constituição portuguesa (mais sincopada e distribuindo os diferentes direitos por artigos independentes) seja capaz de inculcar a ideia de similitude de essência e interdependência e interacção destes (e entre estes) dispositivos protectores. Mesmo não alargando o âmbito a matérias especificamente de

---

o bem de todos, sem preconceitos de origem, raça, sexo, cor, idade e quaisquer outras formas de discriminação."

271 Especialmente: IV – é livre a manifestação do pensamento, sendo vedado o anonimato; V – é assegurado o direito de resposta, proporcional ao agravo, além da indenização por dano material, moral ou à imagem; VI – é inviolável a liberdade de consciência e de crença, sendo assegurado o livre exercício dos cultos religiosos e garantida, na forma da lei, a proteção aos locais de culto e a suas liturgias; VII – é assegurada, nos termos da lei, a prestação de assistência religiosa nas entidades civis e militares de internação coletiva; VIII – ninguém será privado de direitos por motivo de crença religiosa ou de convicção filosófica ou política, salvo se as invocar para eximir-se de obrigação legal a todos imposta e recusar-se a cumprir prestação alternativa, fixada em lei; IX. é livre a expressão da atividade intelectual, artística, científica e de comunicação, independentemente de censura ou licença; X – são invioláveis a intimidade, a vida privada, a honra e a imagem das pessoas, assegurado o direito a indenização pelo dano material ou moral decorrente de sua violação; XII – é inviolável o sigilo da correspondência e das comunicações telegráficas, de dados e das comunicações telefônicas, salvo, no último caso, por ordem judicial, nas hipóteses e na forma que a lei estabelecer para fins de investigação criminal ou instrução processual penal; XIV. é assegurado a todos o acesso à informação e resguardado o sigilo da fonte, quando necessário ao exercício profissional; XXVII. aos autores pertence o direito exclusivo de utilização, publicação ou reprodução de suas obras, transmissível aos herdeiros pelo tempo que a lei fixar; XXVIII. são assegurados, nos termos da lei: a) a proteção às participações individuais em obras coletivas e à reprodução da imagem e voz humanas, inclusive nas atividades desportivas; b) o direito de fiscalização do aproveitamento econômico das obras que criarem ou de que participarem aos criadores, aos intérpretes e às respectivas representações sindicais e associativas; XXIX – a lei assegurará aos autores de inventos industriais privilégio temporário para sua utilização, bem como proteção às criações industriais, à propriedade das marcas, aos nomes de empresas e a outros signos distintivos, tendo em vista o interesse social e o desenvolvimento tecnológico e econômico do País; XXXIII – todos têm direito a receber dos órgãos públicos informações de seu interesse particular, ou de interesse coletivo ou geral, que serão prestadas no prazo da lei, sob pena de responsabilidade, ressalvadas aquelas cujo sigilo seja imprescindível à segurança da sociedade e do Estado; XXXIV – são a todos assegurados, independentemente do pagamento de taxas: a) o direito de petição aos Poderes Públicos em defesa de direito ou contra ilegalidade ou abuso de poder; b) a obtenção de certidões em repartições públicas, para defesa de direitos e esclarecimento de situações de interesse pessoal; LII – não será concedida extradição de estrangeiro por crime político ou de opinião; LV – aos litigantes, em processo judicial ou administrativo, e aos acusados em geral são assegurados o contraditório e ampla defesa, com os meios e recursos a ela inerentes; LX – a lei só poderá restringir a publicidade dos atos processuais quando a defesa da intimidade ou o interesse social o exigirem; LXIII – o preso será informado de seus direitos, entre os quais o de permanecer calado, sendo-lhe assegurada a assistência da família e de advogado; ..."

liberdade associativa, ou religiosa, por exemplo, que são evidentemente manifestações ou prolongamentos evidentes dos direitos, liberdades e garantias em torno da informação, da expressão e da comunicação. E até matérias de protecção penal (e mesmo garantias processuais gerais, muitas vezes judiciais, mas também administrativas e até constitucionais, como as de petição e audição) são obviamente fundamentais nesta constelação de instrumentos jushumanistas. Sem esquecer as disposições relativas à autoria, tanto no concernente a direitos morais como a direitos patrimoniais.

Mesmo na técnica legislativa portuguesa, de mais clara individualização formal dos direitos, liberdades e garantias, a diversidade de aspectos e a mescla reticular acabam por vir à tona no articulado. Atentemos no preceituado pelo art. 37 da CRP (Liberdade de expressão e informação), que é o primeiro, e mais geral, sobre as matérias em apreço:

1. Todos têm o direito de exprimir e divulgar livremente o seu pensamento pela palavra, pela imagem ou por qualquer outro meio, bem como o direito de informar, de se informar e de ser informados, sem impedimentos nem discriminações.

2. O exercício destes direitos não pode ser impedido ou limitado por qualquer tipo ou forma de censura.

3. As infracções cometidas no exercício destes direitos ficam submetidas aos princípios gerais de direito criminal ou do ilícito de mera ordenação social, sendo a sua apreciação respectivamente da competência dos tribunais judiciais ou de entidade administrativa independente, nos termos da lei.

4. A todas as pessoas, singulares ou colectivas, é assegurado, em condições de igualdade e eficácia, o direito de resposta e de rectificação, bem como o direito a indemnização pelos danos sofridos.

Neste artigo fundante, claramente se podem detectar, logo no n. 1, várias vertentes do problema, vários astros na constelação jurídico-informativa:

Primeiro, a expressão e a comunicação ("direito de exprimir e divulgar"), e, logo a seguir, a pluralidade de meios (*media*) por que tal pode ser livremente veiculado ("pela palavra, pela imagem ou por qualquer outro meio").

Na segunda e última parte desta norma, são contempladas as múltiplas formas de informação (já não expressão ou divulgação do "pensamento" em geral, como nos casos precedentes), considerando os seus agentes ou as acções prevalecentes, ou as suas diferentes perspectivas ("o direito de informar, de se informar e de ser informado").

Donde se conclui que, mesmo na formulação geral da "liberdade de expressão e informação" são consideradas realidades muito distintas, embora comungando todas do mesmo princípio e valor de Liberdade: expressão do pensamento (sem intuitos mediáticos, presume-se), comunicação social por qualquer meio, no pólo da liberdade de expressão *lato sensu*; e no domínio da liberdade de informação em especial (naturalmente aqui colocada neste artigo geral e primeiro pela sua enorme relevância política), o direito de emitir informação, o direito de recolher informação ou de obter informação, e o direito a que lhe seja transmitida informação.

Os demais pontos, como é óbvio, patenteiam correlações primacialmente políticas (censura), criminais (infracções no âmbito destas liberdades) e pessoais (direito de resposta e indemnizações), o que corrobora a ideia de constelação multi-dimensional de formas protectivas jushumanistas, transversais aos diversos ramos do Direito, de que as constituições não podem ser senão *têtes de chapitre*. Embora a Constituição portuguesa, por exemplo, se alongue ainda nestes assuntos por vários artigos, bem recheados de conteúdo protectivo.

6.4. MULTIDIMENSIONALIDADE E AMBIGUIDADE DO DIREITO À INFORMAÇÃO

Mesmo sem mais considerações, já resultará certamente claro pelo afirmado que mesmo a formulação, aparentemente não estadualizante, "direito à informação" pode ser algo ambígua, neste contexto. Direito à informação que pode ter, como vimos, conotações de liberdade de emissão de conteúdos, acesso a dados por acção própria de pesquisa, e finalmente, direito a recepção (mais passiva, em comparação com a anterior) de elementos ou mensagens informativas – presume-se que por parte do Estado, primariamente, mas também, de algum modo, de particulares que detenham e /ou transmitam informação, na medida em que a comunicação social deixa de ser monopólio ou quase-monopólio estadual.

O direito à informação na perspectiva do agente comunicador é, na verdade, recondutível à liberdade de expressão e comunicação. O direito à informação como direito de se informar, obriga à abertura de algumas portas por parte dos poderes e de certos particulares, desde logo a transparências administrativas, arquivos abertos, acesso a documentos, etc. A informação não é nem pura nem nua. A neutralidade é, na verdade, impossível[272] – embora se deva procurar alguma objectividade, ainda que sempre situada (lembremos, a este respeito, o clássico Max Weber e o já quase clássico Gunnar Myrdal). E na medida que os "factos" necessitam, para não serem cegos, de interpretações (e intuições), o direito a uma cabal informa-

[272] Cf., *v.g.*, GALDÓN LÓPEZ, Gabriel. *Desinformación. Método, Aspectos y Soluciones*, trad. port. de Maria Amélia Pedrosa, *Desinformação e os Limites da Informação*, Lisboa, Folhas e Letras, 2003, p. 76 ss.

ção é direito que, na sua maior extensão, tem inegáveis conexões com o direito à educação e à cultura, o direito a aprender, etc.

Importa cada vez mais compreender globalmente e nas suas complexas e múltiplas inter-conexões todos estes direitos, para que se não venha a dar o caso de absurdas decisões por limitação meramente sistemática. Aí está uma revolução teórica constitucional no domínio dos direitos fundamentais: depois da pulverização dos direitos, vem a sua compreensão holística, por arquipélagos, perspectiva que deverá suceder à atomística visão das ilhas.

Decerto a maior ambiguidade do "direito à informação" residirá no facto de dela se poder também enfatizar a perspectiva quietista e passiva do consumidor de conteúdos informativos, determinados ou, pelo menos, fortemente regulados, pelos poderes: sejam estaduais, sejam monopolistas privados, mas sempre condicionadores da liberdade de informação na sua mais pura expressão.

6.5. CONCLUSÃO: SISTEMATIZAÇÃO, PERSPECTIVA, DILEMAS

6.5.1. Categorias jurídicas da Informação

Pelo exposto, preferimos a ênfase na liberdade e não no direito (que é mais restritivo, ou pelo menos mais restrito – ou assim susceptível de ser interpretado), considerando que aquela implica também direitos e garantias. Embora esta preferência não colida com a possibilidade de, numa perspectiva epistemológica, se chamar a um ramo de direito autónomo sobre todos os problemas em apreço, e outros análogos, "Direito da Informação": expressão menos rigorosa, mas, pelo seu sintetismo, talvez preferível, à fórmula "Direito da sociedade da informação".[273] Mas a questão é de pormenor.

Seja como for, e não curando do melindre e da polémica do talhar de territórios novos, ou produzir cortes epistemológicos, o *Oberbegriff* a considerar neste domínio seria o de *Liberdade de Informação*, uma forma de liberdade, política e cidadã, ancorada no mais lato valor da Liberdade política (um dos três grandes valores políticos dos nossos tempos, a par da Justiça e da Igualdade). Tal liberdade é imediatamente análoga da liberdade de expressão e comunicação (ou divulgação).

Analisa-se em diversos direitos: de informar, de obter informação, de ser informado. Com um sem-número de direitos e outras entidades ou formas jurídicas conexas, instrumentais e afins, tais como interesses difusos,

[273] Cf., em Portugal, ASCENSÃO, José de Oliveira. *Estudos sobre Direito da Internet e da Sociedade da Informação*, Almedina, 2001; GONÇALVES, Maria Eduarda. *Direito da Informação*, Almedina, 2003.

interesses legítimos, poderes, faculdades, poderes-deveres, ónus, etc. E também implica simplesmente deveres, deveres *tout court*, porque a liberdade de informação e seus deveres têm seus correlatos de responsabilidade.

Nesta perspectiva, os deveres de que aqui primariamente se cura são mais deveres dos emissores e utentes da informação que de terceiros. Porque a ligação entre produtores e consumidores de sentidos se encontra, a nosso ver, nesta lógica pluralista e dinâmica, quase se diria inter-activa, muito mais favorecida. Contudo, não poderá negar-se que à Liberdade de informação de que é titular cada cidadão, cada pessoa, cada Homem, têm de corresponder, na sociedade actual, em que o poder se concentra em enormíssima parte no Estado, também alguns deveres. Resta saber que tipo de deveres.

6.5.2. O Problema dos Deveres de Protecção e o Estado

A primeira tendência é para considerar deveres de protecção.

Logo, porém, uma análise não inocente do problema, perguntaria: mas protecção de quem? Do próprio Estado? Embora não seja para muitos essa a primeira lembrança, a verdade é que o Estado sempre se protegeu muito contra a informação – pela *arcana praxis*, pela censura (e mais latamente, a montante, pela repressão dos dissidentes e opositores), pela cifra, pela classificação de matérias, pela *raison d'Etat*, pelo segredo de Estado, etc., etc.

Mas é evidente que apenas um anarquista libertário dos mais consequentes levaria ao extremo a crítica a uma comedida, sábia e democrática utilização de alguma discrição e até sigilo em certas actividades do Estado, mormente governamentais e nos clássicos domínios da defesa e afins, ao menos.

A questão é muito complexa, além de, como é óbvio, ser polémica. E de modo algum nos poderemos quedar pela olímpica generalidade e abstracção dos direitos e liberdades absolutos das Constituições, porque infraconstitucionalmente, ainda que por vezes não simplesmente pela fonte estadual-nacional, os dados do problema se vão complicando.[274]

Claro que, na opinião mais geral e óbvia, a protecção pelo Estado deveria primacialmente virar-se para o cidadão, proteger o cidadão e a sua liberdade e direito à informação. O problema é que, neste com nalguns outros aspectos (a nosso ver não nos de direitos sociais, prestações positivas, etc. – em que o Estado ou quem lhe faça as vezes, da *Polis* à Federação ou ao Império, deve intervir activamente, embora inteligentemente), a mais efectiva protecção do cidadão pode ser a mais assumida abstenção. Ou, ao

[274] Veja-se, por exemplo, nos seus considerandos e nos seus objectivos, a Directiva 2003/98/CE do Parlamento Europeu e do Conselho, de 17 de Novembro de 2003, relativa apenas à reutilização de informações do sector público.

menos, um equilíbrio, nem sempre muito simétrico e estável, entre acção e abstenção.[275]

Assim, para garantir o acesso à informação, por exemplo, o Estado tem de ser muito interventor: de forma a que largas camadas de excluídos sociais, excluídos culturais, tenham meios materiais, e ócio criativo e digno que os leve a consumir e até a criar informação. Aqui o direito à informação efectivo sobrepuja largamente a liberdade de informação meramente passiva, que alguns diriam simplesmente "liberal" *hoc sensu*.[276] As nossas sociedades, porém, em lugar de fazerem subir o nível dos desapossados culturais, pelo contrário afadigam-se em baixar o gabarito geral. Nas televisões essa tendência abastardadora é visível, designadamente seguindo a sugestão de Rousseau de *dar os espectatadores em espectáculo*. Mas não culpemos essa *Carta a D'Alembert sobre os espectáculos*. Culpada parece antes ser a sociedade e os respectivos poderes que, claudicando frente às baixas pulsões circenses de vasto público (o que prova a falta de cultura e sensibilidade gerais), fecham os olhos à diuturna violação de direitos de personalidade pelos *reality shows*, a começar no *Big Brother* e afins. Mas que ameaçam ser banais, com as consequências de trivialização do cauterizar da sensibilidade à dignidade em geral.

Por outro lado, quem tem reais conteúdos de interesse e utilidade social nem sempre tem acesso aos *media*. A já antiga ideia de que a informação está aberta todos como o estão as portas do Ritz (hoje falar-se-ia também de outros hotéis, evidentemente) tem uma enorme razão de ser.

Não cabe no fundamental princípio da equidade informativa o dever de o Estado dotar cada desprotegido de um canal de televisão mundial para que exponha o seu pensamento a todos os habitantes da Terra. Mas poderá legislar no sentido de que, por hipótese, um humilde utente dos transportes colectivos de uma pequena localidade, eficazmente e em tempo útil, veja a sua reclamação pública reiterada sobre a demora dos autocarros publicada no jornal local, com os seus comentários urbanos, ainda que indignados.

Neste caso, a acção do Estado não (lhe) custa muito, se acatada. O problema é quando as secções de "Cartas do Leitor" são vítimas de censura, e/ou são truncadas (por vezes com o álibi do espaço) ou pura e simplesmente omitidas. Tem-se discutido o dever de noticiar e não ocultar ou silenciar. Tal primariamente versou sobre as notícias incómodas para titulares, patrocinadores, e em geral "amigos" dos detentores do poder de selecção da

---

[275] Dependendo, porém, das áreas. Se na informação jornalística a abstenção pode bem ser uma solução-tipo, a comportar excepções, já no tocante à protecção da informação do consumidor, ou da protecção da informação do cidadão (enquanto "administrado". expressão horrível), ou da protecção da informação do paciente, em situação de intervenção médica, ou da protecção do interveniente num processo, etc. afigura-se-nos que os deveres de protecção activa do Estado primam sobre a sua reserva e discreção.

[276] Uma perspectiva crítica "clássica" do entendimento dessas questões ideológicas poderá consultar-se *in* GONÇALVES, Maria Eduarda. *Direito da Informação*, p. 37 ss., *et passim*.

notícia efectivamente dada pelos *media*. Mas também se pode aplicar à notícia fornecida pelo leitor, ainda que o mais simples e "anónimo", ainda que "devidamente identificado". Se o silêncio por motivos políticos, económicos e outros, de conveniência do órgão de informação, ou de alguns dos seus membros, cai sobre a alçada da tutela dos interesses difusos, e configura já, por exemplo para o próprio Ministério Público Federal do Brasil, um dano moral colectivo, no caso de uma carta de um leitor indignado ou lamentoso não deixa de haver interesse pessoal, directo e muito razoável de um cidadão, no exercício da sua liberdade de expressão, que deve ser garantida, assegurada. E eventualmente poderão concorrer outros interesses e direitos mais colectivos. De todo o modo, a simples tutela da liberdade de expressão do cidadão parece impor que se leve a sério o seu direito.

Mas, assim sendo, como conseguir eficazmente uma publicação?

Garantindo acesso expedido ao tribunal? Estamos em crer que a cultura da litigiosidade é uma ambiguidade civilizacional do nosso tempo: se por um lado representa, em alguns casos, a desenvolta assunção dessa maioridade cidadã já invocada no *Was ist Aufklærung*?, exprimindo a cabeça levantada de quem age sem temor reverencial, e lutando com armas limpas pelos direitos violados, por outro lado, muitas vezes é apenas sinónimo de anomia social, incapacidade de concertação dos conflitos, falência das ordens sociais normativas alternativas ao Direito, e até perverso demandar de má fé, quantas vezes. Tal situação perversa sucede em certos casos de patentes, hoje em dia, e ocorreu já no *Ancien regime*, com as demandas dos causídicos vinculistas procurando fazer valer no foro velhíssimos direitos feudais, que o tempo havia consumido as mais das vezes, se não mesmo todas: uma forma de enriquecer ainda mais à custa de quem não tem meios de se defender. Espécie de desporto dos grandes à caça dos pequenos, conhecendo aqueles as regras e tendo as melhores armas. E lá dizia a litigante compulsiva dos *Plaideurs*, de Racine: "Mais vivre sans plaider, est-ce contentement?"

6.5.3. *Internet*: Esperanças e Limites

Quando a cobertura de rede (de sinal), de parque informático e sobretudo de mentalidade for universal, e quando a capacidade de discernimento e de selecção da poluição informativa for alcançada – problema é que são variáveis hipotéticas demais –, a solução para a comunicação seria a *Internet*. De um para todos, de todos para um, de todos para todos ... a *Internet* em dois tempos (um *click*) coloca à vista potencial geral o que qualquer um deseje: pelo menos, se não pedir muita sofisticação na sua mensagem. Claro que nunca será dado a todos empacotar o *Bundestag* com "crepes" brancos, ou passear-se na rua com uma *baguette* gigante, como formas de expressão artística pessoal.

A máxima liberdade de expressão na *Internet* não responderia, porém, à necessidade de uma ordem livre na comunicação. De algum modo, ela lembra os jornais de parede chineses do tempo da Revolução Cultural. Em ambos os casos, a catarse psicológica do autor, do emissor, fica, de uma certa forma ao menos, assegurada: ele sente que pode exprimir-se e que terá um público. Simplesmente, em ambos os casos, tal público é muito limitado. No jornal chinês, a limitação é restritíssima: quem pode ler são os passantes pelo mural, e, de entre eles, os que tenham atenção e coragem para o fazer. Na *Internet*, sendo a mensagem potencialmente alargada a um mundo de milhões de pessoas conectadas na rede, efectivamente apenas os que tiverem interesse e meio de buscar a notícia usufruirão da mesma. A imensidade de conteúdos na *Internet* é um obstáculo ao conhecimento e à correcta fruição de cada um. Trata-se de uma situação de poluição informativa, de excesso de informação, com muita informação irrelevante. E apenas um muito avisado e experimentado surfista da *Net* será capaz de resistir aos cantos de sereia, e de encontrar o seu caminho no mar sem fim em que navega.

Mesmo enquanto muitas das variáveis referidas se não verificam, a *Internet* é o espaço possível de mais vasta liberdade de informação em todos os sentidos. Sabendo embora que muito frequentemente as equipas do crime são melhores e mais ardilosas que os pacatos e ordeiros guardiães da ordem e do Estado, não parece repugnar a muitos uma concorrência entre ambas as equipas: não por simpatia cretina ou até *snob* pelo grupo dos marginais, mas pelo medo que o controlo, pela turma dos bons, das regras do jogo, acabe por, pelo menos marginalmente, dar-lhes tentações que os aproximariam muito das características do grupo rival. Entre *polícias e ladrões*, o cidadão honesto procura também o seu espaço de liberdade e fruição, desejando sem dúvida que os primeiros e o Estado que representam o protejam. Mas, ao mesmo tempo sempre reclamando (e isso é sinal de vitalidade, e de civismo) quando tal protecção se traduz – e raríssimas vezes se não traduzirá – em limitação do seu espaço.

E é por isso que nos filmes em que os maus são apenas espertos, nos filmes dos "bons malandros",[277] muitos cidadãos que não fariam mal a uma mosca, mais secreta ou menos secretamente, acabam por torcer contra a ordem estabelecida, os poderes constituídos, e os seus agentes. Assim como não têm pena nenhuma dos bancos ou dos capitalistas lesados. É um fenómeno talvez inofensivo em si (e também ele catártico: nisso jogam os produtores cinematográficos, ninguém duvide), mas que pode ser indício de descontentamentos maiores ... E aí sim, já preocupante.

---

277 Cf., por todos, CUNHA, Paulo Ferreira da. *O Destinatário ideal do aparelho jurídico ou crônica dos maus malandros*, Rio de Janeiro, "Direito, Estado e Sociedade", Pontifícia Universidade Católica do Rio de Janeiro, nº 2, Jan/Julho 1993.

6.5.4. Usos e Abusos do Direito

Sabe-se como são boas as intenções do policiamento e da estadualização (ou mesmo de um policiamento internacional utópico). Contudo, não chegarão nunca ao *panopticon* perfeito, nem deixarão de apanhar na malha inocentes, e de deixar escapar culpados.

Atentemos muito sucintamente em alguns exemplos de como "pensada a lei", foi "pensada a malícia". Sem ir buscar ilustrações de âmbito mais complexo, como o político ou o criminal, baste-nos a dimensão comercial e autoral.

O *copyright* é essencial manifestação do direito dos autores.[278] Todavia, sabemos como, na iminência de o rato Mickey passar a cair no domínio público, a legislação foi mudada, ao que se diz por força de intenso *lobbying*, aliás legal nos EUA: e em 1998, pelo *Sonny Bono Copyright Term Extension Act* alarga-se tal direito para a duração da vida do autor acrescida de 75 anos após a sua morte, além de que, no caso de *copyright* detido por empresas, tal direito póstumo se prolonga por mais 20 anos ainda: 95 anos *post mortem*, pois.

Idêntica justificação no direito de propriedade intelectual (com as suas vertentes moral e patrimonial) tem a *patente*. Contudo, verifica-se o patenteamento indiscriminado, e com fito de litigiosidade de má fé. Para além de algoritmos, alguns dos quais de tal forma essenciais que poderão entravar a pesquisa futura (como o que formaliza a distância mais curta entre dois pontos – essencial nos programas de percursos, designadamente de veículos automóveis), espécies biológicas de países alheios são patenteadas, e mesmo palavras (até designações indígenas originárias de frutos brasileiros), assim como pequenos *quids* técnicos. De entre eles, sublinhe-se desde logo o método "Amazon 1 click" para aquisição de livros e outros artigos *online*, cujo patenteamento daria lugar ao êxito daquela empresa num processo contra a concorrente Barnes & Noble, etc.

O anedótico chega assim a este domínio social e jurídico: a sanduíche de amendoim e manteiga e um certo método de andar de baloiço estão incluídos no acervo patenteado. Diz-se que quando certa empresa de informática resolver tirar dos cofres os seus milhares de patentes e encetar um sistemático processo de demandas judiciais, não ficará certamente pedra

---

[278] Cf. algumas fontes essenciais *in*: Convenção de Berna – *Berne Convention for the Protection of Literary and Artistic Works* – http://en.wikipedia.org/wiki/Berne – *Universal Copyright Convention* – http://en.wikipedia.org/wiki/Universal_Copyright_Convention; *Copyright Term Extension Act* - http://en.wikipedia.org/wiki/Sonny_Bono_Copyright_Term_Extension_Act; *Digital Millennium Copyright Act* – http://en.wikipedia.org/wiki/DMCA; Directiva da União Europeia sobre Copyright – EU *Copyright Directive* – http://en.wikipedia.org/wiki/EU_Copyright_Directive. No plano doutrinal ou comentarístico, *v.g.*, *Mark Twain on Copyright* – http://www.bpmlegal.com/cotwain.html; *Disney In Washington: The Mouse That Roars* – http://www2.cnn.com/ALLPOLITICS/1998/08/10/cq/disney.html; *The Right to Read by Richard Stallman* – http://www.gnu.org/philosophy/right-to-read.html; *Copyright Duration* by João Luís Pinto – http://jpinto.homeip.net/drupal/node/59.

sobre pedra nos *sítios* da *Internet*. Um vulgar *sítio* de compras, limitado ao mínimo, violaria (é caso de dizer "virtualmente") dezenas de patentes já registadíssimas. Quando, num churrasco, comermos uma fatia de porco, deveremos acautelar-nos: pode ter direitos de autor, já que há estirpes de suínas patenteadas ...[279]

Aparentemente, talvez devesse fazer-se uma destrinça de categorias. Desde logo, as patentes industriais, consideradas "tradicionais", parece terem, neste contexto, um comportamento diverso, e bem mais benévolo, do que revelam as patentes de algoritmos, e, em geral, de *software*.[280] O abuso do direito seria, naqueles primeiros casos, relativamente raro, decerto devido aos requisitos formais relativamente rígidos requeridos para o respectivo registo.

E contudo, essas patentes de créditos firmados, e de comportamento mais ou menos "burguês", acabariam por englobar as muito mais discutíveis patentes de determinadas sequências de ADN, patentes de moléculas utilizadas nas indústrias farmacêutica ou química. Um exemplo limite, neste domínio, seria a patente de um determinado método de suinicultura.[281]

E a *Internet* vai disseminando patentes-submarino:[282] numa das suas versões (pois há variadíssimas acepções e ilustrações, e a designação recobre várias modalidades), tudo começa com simpáticos *downloads* muito gratuitos, e a pouco e pouco, quando um segmento significativo do mercado se encontra conquistado, os respectivos *upgrades* e compatibilidades subsequentes obrigam a pagar ... porque as patentes estão registadas.

Há empresas cuja vocação é já constituir *port-folios* de patentes. E a caça ao distraído utilizador começou. Fotógrafos de Paris viram-se em apuros porque se pretendeu que a iluminação da torre Eifel era uma instalação artística autónoma, logo protegida e fonte de direitos. Prédios construídos em contravenção de normas urbanísticas e que legalmente deveriam ser demolidos são objecto de pedidos milionários de indemnizações pelos arquitectos respectivos, alegando com os seus direitos morais – que na verdade acabam por se traduzir em demandas patrimoniais. Os livros anglo-saxónicos enchem-se de agradecimentos por autorizações de citação ínfimas, algumas de *lana caprina* ... E esperemos que a moda da restrição da citação não venha a pegar na Europa, na vaga acéfala de mimetismo dessa área cultural. Os editores temem os processos, e defendem-se com fórmulas de disponibilidade para pagar direitos a quem provar ser seu titu-

---

[279] Algumas patentes por alguns consideradas absurdas: Food slices and method and apparatus for making same (USP 5,855,939) – http://patft.uspto.gov/netacgi/nphParser; Method of swinging on a swing (USP 6,368,227) – http://patft.uspto.gov/netacgi/nphParser; sandwiches (USP 6,874,409) – http://patft.uspto.gov/netacgi/nph-Parser.

[280] http://webshop.ffii.org/

[281] http://www.greenpeace.org/international/news/monsanto-pig-patent-111.

[282] http://en.wikipedia.org/wiki/Submarine_patents.

lar, mas muitas vezes nem arriscam reproduções de obras de titularidade ignorada, ou incerta. Ou quando não conseguem identificar o fotógrafo de uma estampa, e saber há quanto tempo teria morrido ... Mesmo na Europa, o *European Patent Office* vai acumulando registos, embora ainda não seja um organismo oficial. E a pressão para um direito europeu "patentista" e proprietarista parece ser muito significativa.

6.5.5. Entre dois Leviathãs

Parece que a má aplicação das regras de *copyright* e de patentes, alguns *lobbyes*, e certas multinacionais estarão a contribuir para o atrofiar da investigação, da difusão, e do acesso dos cidadãos à informação, à educação, à cultura. Um proprietarismo possessivo parece tomar conta de alguns, ao ponto de não poder reconhecer-se já no liberalismo que eventualmente apregoe. Porque o excesso de entraves, como no feudalismo, acaba por obstruir a circulação comercial, cristalizar a criatividade autoral, e mesmo pear a liberdade política. Há quem tema já pelo futuro do *fair use*, pela cópia privada legal, e pelo domínio público. Na verdade, se o anarco-capitalismo teve como bandeira os *rios privados*, como não açambarcar toda a cultura, depois de ter desejado apropriar-se da natureza? Paradoxo máximo do neoliberalismo, porque não temperado por preocupações sociais: no máximo da sua coerência económica, renega a sua essência política.

A responsabilidade, a culpa, a própria identidade (e a identificação: o anonimato internético é ainda em grande medida possível), um sem número de pressupostos e fundamentos da juridicidade não virtual se colocam também hoje em crise.

Mas será solução passar para o Estado o controle das coisas, subtraindo-o ao controlo dos poderes privados?

A questão é antiga, e resume-se num velho brocardo: *Qui cusdodet custodes ipsos*? Quem guarda os guardas?

Tanto temos medo do *Homem que era quinta-feira*, de Chesterton, como do seu contrário. Ele comporta, aliás, o seu avesso.

Como melhorar a sorte do anónimo cidadão, consumidor, utilizador, etc., entre os grandes interesses económicos, e o poderio enorme do poder político e seus aparelhos burocráticos e policiais, que por vezes podem ceder aos primeiros? Entre dois Leviathãs ...

A resposta é, em tese, muito simples. Temos de ter cuidado para que a má moeda não expulse a boa, nem a corrompa. Nenhuma perversão do direito de propriedade em proprietarismo pode fazer perigar o princípio que reconhece o direito, o direito verdadeiro e próprio. Embora, em boa verdade, já seja tempo para algumas mudanças, e os tempos actuais propiciassem formas mais comunitárias e flexíveis do entendimento da propriedade, sobretudo a intelectual, e a sua circulação pela *Internet*.[283] São questões a ponderar e aprofundar, com mais imaginação que rigor titularista. Aliás, a ideia de erigir a propriedade em direito natural é tardia, sobretudo difundida com Locke,[284] e de modo algum se encontra, por exemplo, em Tomás de Aquino.[285]

Por outro lado, apesar das possibilidades míticas inúmeras e das experiências históricas incontáveis de abuso do poder, o Estado permanece detentor de um papel protectivo essencial: regulando com independência e sentido social, corrigindo abusos (desde logo o próprio abuso do Direito), assumindo, afinal, a sua função natural de árbitro. Também aqui o abuso não pode proscrever o uso.

A Liberdade de Informação poderá ser simultaneamente defendida pelo dever de abstenção do Estado na esfera de exercício privado não perigoso de cada cidadão ou grupo "ordeiro" de cidadãos, e pelo dever de protecção dos cidadãos e das suas pessoas morais (incluindo associações e empresas) nos casos em que a ordem natural da rede social paritária e equitativa seja rompida, designadamente por fenómenos de massificação arregimentadora, *trusts* anti-concorrência, violação de direitos fundamentais, etc., e, no limite, crime.

Mas o discernimento e ponderação terão que ser muito rigorosos e vigilantes: agindo sempre menos como prevenção e sobretudo a pretexto dela (pois pode ser limitadora, e trituradora de inocentes) que como pronta punição. Lembremo-nos das lições do filme *Minority Repport* quanto à excessiva prevenção. E, muito antes disso, aos abusos propiciados pela tese desse zeloso juiz britânico que afirmava mandar enforcar os ladrões de cavalos, não pelo facto de os terem furtado, mas para que outros o não viessem a fazer.

Cabe afinal ao Estado um papel de *mão visível* de equilibro e de Justiça, sempre que a mão invisível tradicional, a do livre jogo empresarial e social em geral, prove ter falhado nessa sua vocação. Mas só então, e mesmo assim com conta, peso e medida.

Porque os Deveres de protecção comunicacional do Estado estão submetidos à mais alta Liberdade de Informação.

Assim, o Estado é, realmente, nesta como noutras matérias fulcrais, a mão visível que entra em cena quando, recolhida, a invisível não actuou, ou o fez mal ou deficientemente. Mas esta mão visível é subtil, ágil e robusta a um tempo. E usa luvas quando necessário ...

---

283 Cf., *v.g.*, LESSING, Lawrence. *The Future of Ideas*, 2ª ed., Nova Iorque, Vintage, 2002.

284 LOCKE, John. *On Civil Government*, II Tratado, Cap. V.

285 O grande comentário sobre esta matéria é o de VALLANÇON, François. *Domaine et Propriété (Glose sur Saint Thomas D'Aquin, Somme Theologique IIa IIæ QU 66 ART 1 et 2)*, Paris, Université de Droit et Economie et de Sciences Sociales de Paris (Paris II), 1985, 3 vols., policóp.

7. O Direito à Intimidade na era da Informática

Big Brother, *Brave new world* ... quantos tópicos que poderiam polarizar um argumento sobre o nosso tema. Mas falemos antes de teatro, e de uma estória aparentemente infantil. Precisamos de remover os lugares comuns (mesmo que adequados, estão gastos) para abordar com matinal frescura o que o merece. Seja então o Teatro e a Bela Adormecida.

Quem seja a principal personagem do drama dos direitos, nos nossos dias permanentemente em cena, é quebra-cabeças para o público, e sobretudo para os críticos.

No palco estão personagens que um único actor, proteico, mais *factotum* do que Fígaro, sucessivamente representa. Os papéis não estão bem distribuídos, e no ensaio geral ainda o encenador questionava com o autor da peça se não haveria falas deslocadas.

Ora aparece um Homem brandindo a lápide marmórea de seus direitos. Ora é um Decálogo de Direitos que se dizem naturais, como coisa animada, a entrar em cena. Já, saindo de Constituições animadas e mesmo de Tratados, clamam, de boas razões erigidos, Direitos que se dizem humanos, aqui; e fundamentais ali. Seguro de si, recto, compenetrado, há a personagem ática do Cidadão. Por vezes até em figura feminina, e com Barrete frígio. Logo surge, de punho erguido, a do Trabalhador, clamando também por Direitos. E outra vez aparece a Pessoa, mais esbatida, com ar mais filosófico, recordando, com uma máscara na mão, a sua etimologia helénica.

Dissemos drama dos direitos, porque não sabemos bem o género literário em que classificar a trama: desde a tragédia mais séria e clássica à comédia, ou melhor: à tragicomédia mais híbrida e burlesca. A *Idade dos direitos* é idade deles, e da sua ausência, ou da sua carnavalização.

Um constitucionalista mais tradicionalista tem receios e até alergias a entrar no teatro da doutrina, da jurisprudência, até da legislação hodiernas. Fica-se em casa, mas nem a sua privacidade respeitam. Irrita-se. Maldiz. O mundo em volta, como o da Princesa da Bela Adormecida – magnífica imagem de Ehrhardt Soares – mudou completamente. E como fazem figura de romantismo suicida – aproveitamos ainda outra imagem do Mestre – as cargas de cavalaria da doutrina que procurem defrontar possantes carros de assalto da realidade!

Por isso, numa primeira fase, não poucos teóricos clamaram contra o projecto teórico e prático dos direitos humanos, o qual, num "suave milagre" foi convertendo quase todos: mesmo extremistas, mesmo conservadores. Mas cremos que só em teoria.

Um baile de máscaras, um jogo de sombras, um festival de ilusões, domina a cena da teoria e da prática dos Direitos. Não que inexistam militantes que por eles combatam e se sacrifiquem, até o limite: que os há, e da melhor cepa; nem que não haja teóricos sérios e agudos que sobre eles se debrucem: pois os temos, e dos bons. É que o conjunto, filtrado pela mediocridade faladora de *media* sensacionalistas, e pela visão de conjunto de caleidoscópico caos, não é de molde a tranquilizar nem o activista político, nem o causídico plácido, nem – quiçá muito menos ainda – o mais omnisciente jurisconsulto. Verifica-se, sem dúvida, um *Verfremdungseffekt*. Efeito de estranhamento numa peça surrealista, teatro do absurdo?

De modo nenhum. O grande problema está na organização dos paradigmas, que mudaram, e que clamam por assentar arraiais numa nova *forma mentis* jurídica. O tempo dos direitos é, com efeito, muito diferente do tempo do Direito *tout court*.

Procura-se um protagonista do Direito e dos Direitos. É ele o Homem, o Cidadão, a Pessoa, o Trabalhador, o Consumidor, o Administrado? Procura-se também uma relação entre esses Direitos e o Direito. E teremos que convir que, em boa parte, os Direitos são um novo Direito, se não mesmo, em certos casos, e na aparência, o contrário do Direito – o inverso da imagem do Direito.

A excelente tese de doutoramento da Professora Doutora Têmis Limberger, defendida e aprovada com brilho na Universidade Pompeu Fabro de Barcelona, surge neste contexto de pulverização doutrinal geral, e de enorme dissensão teórico-prática. Que é também contexto, em boa medida, de anomia social. Em que à cabeceira do leito da Princesa Aurora não poucos saudosistas (de muitas épocas e modas – pois seu sono é secular) velam e ritualisticamente desfiam os novelos das suas velhas tramas, em textos que são teias de aranha. Em que cá fora do castelo da doutrina, contra os dragões de bem equipadas políticas reais, alguns românticos desembainham as espadas e picam com as esporas corcéis intimidados ...

E um dos panos de fundo dos novos tempos é precisamente a informática. Na verdade, o grande pano de fundo – e dando propriedade até à expressão. Essa realidade nova que é ao mesmo tempo real, ideal e ... virtual. Mas já não, como na nossa velhinha Óptica dada no Liceu, como a vista de uma chamazinha, ténue "em espenho", como no texto bíblico ... Hoje o virtual é um lugar que não só duplica (e alarga e complica) o mundo cá fora como o compele a competir aí: pois a existência real é menor e até menorizada se não tiver lugar no virtual – veja-se como somos convocados a colocar os nossos dados na *Internet*, e a ter mesmo páginas pessoais.

E voltamos ao nosso teatro. Sociedade de teatro, sociedade mediática, sociedade de espectáculo, em que limitações mais que excessivas dos direitos de personalidade permitem as mais estranhas, as mais bizarras, as mais chocantes formas de o público "se dar em espectáculo" (como já profetizara Rousseau, na *Carta a D'Alembert sobre os Espectáculos*), em que parece não mais haver limites, nem de ordem pública, nem de bons costumes (expressões que em alguns sociolectos já se tornaram cómicas), como pode essa sociedade ainda preocupar-se com a Intimidade? Como pode a Intimidade ser ainda bem valioso, bem juridicamente protegido (ou estar noutra categoria análoga, de coisa digna de protecção), se o corvo da bruxa da fábula desceu pela chaminé e espreitou a recatada cabana em que, para defesa da mesma, se refugiava a nossa Princesinha?

Corvos bisbilhoteiros desceram pelas chaminés, e também não poucas fadas madrinhas, feitas produtoras de *reality shows,* resolveram escancarar as portas.

Mas mais. Sempre com medo de novas conspirações (que se volveram entretanto cada vez mais cruéis e eficazes), foram os próprios senhores dos castelos que, esquecendo essas prerrogativas ancestrais dos povos, ponderam devassar a sua privacidade ... Se não o fizeram já em alguns casos. E Sancho, ou alguém por ele, deixou de poder dizer (se deixou!) "Debaixo do meu manto, ao rei mato" ...

Há uma confluência de adversidades contra a intimidade e a privacidade: gentes desenraizadas e sem noção da sua dignidade, que implica autodefesa da sua privacidade (que é o ser-se rei em sua casa: ou consigo mesmo), e cultivar da sua intimidade (que é preservar, escondido e bem cuidado, seu jardim secreto); terroristas ou simplesmente bandidos sofisticados que tudo devassam e a nada respeitam; poderes temerosos desses mesmos marginais, que a si mesmos e às respectivas sociedades têm a tentação de proteger pelas formas mais eficazes, mas nem sempre mais subtis ou indo às raízes dos problemas; tecnologias sofisticadíssimas, desde logo as informáticas, que tornam a devassa, por parte de poderes, criminosos, ou até simples cidadãos, muito acessível, e muito tentadora.

Fundando-se no argumento de que, em tempos mais recuados e em locais menos evoluídos, pela própria natureza das coisas, se assistiu a níveis maiores ou menores de promiscuidade, e mesmo a uma autognose humana menos ciosa da individualidade – lembremo-nos só das habitações comuns, mesmo de senhores e servos, e da concomitante não assinatura de obras de arte (desde logo, as catedrais) – poderiam alguns advogar que estaríamos nós numa nova era de sociabilidade, em que a segurança e o progresso, pela mesma *natura rerum*, obrigariam a uma severa limitação dos valores aqui discutidos.

Argumento a nosso ver frouxo, derrotista, e de um sociologismo rendido. Porque uma vez atingido pela sensibilidade humana o reconhecimento de um valor ou de um bem jurídico, ou ético, não cabe retrocesso: isso seria rumar para a barbárie.

Pela nossa parte, estamos em crer que cabe precisamente aos juristas não o encolher de ombros simplesmente constatador das agruras do presente, mas precisamente a capacidade de o transcender – pela inventiva de soluções que, ponderando os valores e interesses em jogo, sejam capazes de tornar o futuro mais respirável, e com um espaço vital de cada pessoa mais alargado. O direito é ainda – e não só em termos irónicos – *a maior escola de imaginação*.

Longe de nos resignarmos à peça sem sentido, aos actores à procura de personagens, e destas em demanda de autor, são ainda hoje os juristas paladinos de uma ordem de sentido, que dá sentido ao espectáculo mundo. Autores (co-autores entre si) de uma trama simples, muito próxima de uma estrutura elementar antropológica do imaginário colectivo, e que tem a sua síntese numa narrativa de crime e castigo, na sua visão mais simplista, mas que sobretudo se analisa na dialéctica complexa entre Bem e Mal: não de forma maniqueísta, mas sabendo, como já intuira Santo Agostinho, que as duas Cidades se interpenetram. E que além do preto e do branco há uma gama vasta de cinzentos, além de existir todo um arco-íris de soluções.

A doutrina aqui desenvolvida pela Professora Têmis, reflectindo documentada, ponderada e agudamente, sobre algumas das experiências mais marcantes no domínio da protecção dessa esfera inviolável da personagem da nossa peça, e a partir dela lançando pistas para novas soluções, contribui poderosamente para o esclarecimento do problema, e é de uma grande utilidade instrutiva e inspiradora.

Um simples relance pelo Sumário permitirá ao leitor avaliar da quantidade e complexidade de matérias pertinentes que desbravou.

E para mais não se trata nem de mero cumprir de dever de ofício, por vezes tão aborrecidamente rotineiro, nem tampouco de um violino de Ingres teórico, pois na sua vida profissional, além da leccionação universitária, sobressai a sua acção no Ministério Público do Estado do Rio Grande do Sul. Logo, teoria, pedagogia e prática se fundem harmoniosamente. E o texto é de quem vive os problemas, não de quem por eles alheiamente perpassasse.

Permitam-me, assim, a propósito e a terminar, apenas mais uma breve nota, de timbre confessional. Quando conheci a Professora Têmis, quando fomos apresentados, eu, com honrado mas simples nome de cultivador do meu jardim (pois que ele é de pequeno agricultor: Paulo Jorge), não entendi, a princípio. Acontece muito, em rápidas apresentações. Só quando ao nome li, em seu cartão, não pude deixar de meditar no peso da responsabilidade de quem o transporta.

Têmis, como a deusa grega homónima, leva em si, como se vê neste estudo, toda a paixão da Justiça, todo o enlevo dela, e seu desígnio.

Atribui-se ao filólogo São Jerónimo uma expressão bela e que alguns crêem vera: "o destino das pessoas baila nas letras do seu nome". Excelente destino, de que esta obra é um importante passo.

8. A Liberdade Religiosa entre Inclusividade e Fundamentalismo[286]

É para mim uma subida honra e um muito grato prazer encontrar-me entre vós, nesta Pontifícia Universidade Católica, para convosco sacrificar neste ritual iniciático, rito de passagem, que são os Actos Grandes, as provas de doutoramento.

O convite para esta banca doutoral, a que em Portugal chamaríamos júri de doutoramento (e a que os espanhóis, chamam, curiosamente,"tribunal") foi para mim, desde logo, motivo de grande reconhecimento, e desejo agradecê-lo, desde logo ao Presidente da Banca, Prof. Doutor Juarez Freitas, e ao director da tese Prof. Doutor Ingo Wolfgang Sarlet, em cuja pessoa cumprimento os Ilustres Colegas.

Mas se o convite em si constituiu distinção que não esquecemos (e que, confessemo-lo, honra o nosso currículo), a leitura e ponderação da tese que hoje se discute publicamente, sem ter constituído uma surpresa – porque se sabe da alta qualidade desta Casa, do rigor e craveira do orientador da dissertação, e das qualidades já evidenciadas pelo candidato em obra anterior – foi, página a página, constituindo um vero prazer intelectual. Gostaria assim, antes de mais, de cumprimentar também o Mestre e Doutorando Jayme Weingartner Neto, pelo seu trabalho, e desejar-lhe as maiores felicidades para estas provas.

As arguições, argumentações, ou comentários das teses, lá em Portugal, têm um prestígio, uma aura, ou, melhor dizendo, uma *fama* que ecoa desde lá de longe. Até aqui, deste outro lado do Mundo em que, todavia, tão nos sentimos ainda em Casa, terão chegado, naturalmente, os rumores desse resíduo de outros tempos, como certamente o qualificaria o agudo olhar sociológico de Vilfredo Pareto.[287] Ritual de passagem, chamámos ao acto, ainda há pouco. Ritual de passagem, e ritual sangrento, em que a

---

286 Arguição da Tese de Doutoramento do Mestre Jayme Weingartner Neto, *A Edificação Constitucional do Direito Fundamental à Liberdade Religiosa: Um Feixe Jurídico entre a Inclusividade e o Fundamentalismo*, na Faculdade de Direito da Pontifícia Universidade Católica do Rio Grande do Sul, dia 10 de Março de 2006.

287 PARETO, Vilfredo. *Traité de Sociologie Générale*, com prefácio de Raymond Aron, Genève/Paris, Droz, 1968.

agressão simbólica, ainda que dourada da polidez das liturgias nobres, como que amesquinharia os candidatos, e enalteceria aos píncaros da lua uma Minerva jurídica inacessível. Ainda hoje recordo que, na Sala dos Capelos de Coimbra, os doutorandos, sentados, ficam com a cabeça ao nível dos pés dos doutores.

Por muito que a tradição já não seja o que era, e que o arguente ora no uso da palavra (devoto e ferrenho de sua *Alma Mater* – devo confessar-me) tenha pedido para falar de pé, quando se encontrou em transe semelhante ao presente, por muito que se recorde também das suas provas em Paris, no nobre salão do Conselho, presidido por estóico brocardo de Cícero, é natural que o seu mais profundo e subconsciente arquétipo e paradigma das provas doutorais não possa afastar-se muito do que viveu. Peço assim ao claustro académico que me perdoe a emergência ou erupção dos tiques retóricos que indelevelmente marcaram a minha formação, e sobretudo que o eventual *Verfremdungseffekt* assim induzido não seja motivo de, uma vez mais, Brasil e Portugal serem dois países irmãos separados pela mesma língua.

Num tempo de teses sobre pequeninas coisas, porque exaltador de saber especializado, e portanto de mutilação e perda de significado e de contexto da investigação, num tempo em que, como lamentava já Michel Villey, se não poderiam mais fazer teses sobre Montaigne, porque pretensamente já fora tudo dito, eis que se abalança o Mestre Jayme Weingartner Neto a uma empresa de muito fôlego, sobre matéria nobre, nobilíssima, e, sem perder o foco da especialização, contudo se permite compreender a matéria de forma englobante, e não na restrita estreiteza dos antolhos tecnicistas. Quando muitos fogem dos temas polémicos, eis uma tese sobre tema que dificilmente encontraria outro mais polémico. Quando alguns, na polémica, são clara ou subrepticiamente partidários, na arrogância de uma qualquer forma de *engenharia da alma, política do espírito* ou de *Kulturkampf*, eis uma tese com quem o diálogo do leitor é facilitado por uma *humilitas* que não é subserviente *captatio benevolentiæ*, mas heurística. E em que as propostas passaram previamente pelo crivo individual da crítica.

Num tempo de teses politicamente correctas (e o "politicamente correcto" tem várias versões, apesar de tudo, e algumas até contraditórias entre si – falaremos depois disso), o autor, com um espírito tranquilo, com esse raro misto de entusiasmo e envolvimento pelo tema essenciais para cumprir uma tese e distanciamento sereno para não embarcar em qualquer espírito *partisan*, procura, explana, disseca, e conclui com notável liberdade de espírito e ponderação, altas virtudes do jurista e do homem de cultura que o jurista tem de ser sempre.

Num tempo de algum impressionismo metodológico, não por haver já teses de psiquiatria feitas em história em quadrinhos (nós, em Portugal, dizemos banda desenhada), mas por qualquer ensaio (ou silva de ensaios), ou resenha do estado da questão, ou até manual poder servir como tese, apresenta-se-nos um trabalho completo e estruturalmente sólido, que, como diria Vitorino Nemésio para raros estudos, se nos revela o seu plano, com "cabeça, posta e rabo". E procurando provar algo de próprio.

Num tempo de clamorosa falta de cultura, mesmo entre os universitários, em que tanto nos lembramos desse apodo terrível de se ser apelidado de *stupid scientist* (o que foi recordado quase classicamente por Bertrand Russell e por Aldous Huxley), esta dissertação não só acompanha grandes debates da actualidade como remete para a História e a História da Cultura, e designadamente das Religiões. Mas – apesar de um ou outro seguir na esteira de algumas fontes, perfeitamente escusado, e de abstenção por excesso de escrúpulo, *v.g.* p. 89 – há em geral uma maturação autónoma, desenvolta e culturalmente interventiva dos *data* da cultura, sem se confundir com a pura erudição. À sólida compleição dogmática se junta uma dimensão cultural que busca raízes e razões. E que assume a inteligência da dúvida e do "talvez" (desde logo no 2º parágrafo da p. 34 *et passim*) num tempo cheio de certezas. Fazendo-nos recordar a frase lapidar de Russell: "*The trouble with the world is that the stupid are cocksure and the intelligent are full of doubt*".

Perdoar-me-ão a quebra do protocolo, com o que vou dizer a seguir, desabafo *de iure constituendo.*

Em boa verdade, quanto mais teses, por dever de ofício, mas também por solidariedade académica (ou, como esta, por honroso convite e gosto pessoal) vou sendo chamado a apreciar, mais me vou persuadindo de que este ritual deveria ser mudado. E que seria depois de aprovada a tese, liminarmente, que deveria haver descontraída conversa sobre a mesma. O *pathos* iniciático por vezes retira espontaneidade e sabor à discussão. Mas julgo que tal não ocorrerá, precisamente aqui no Brasil. Em todo o caso, sempre direi que, enquanto juízo liminar, poderia ficar pelo que disse, e recapitulo apenas:

A tese é uma tese – desbrava terreno, inova, e pretende provar certas proposições originais;

A tese tem os requisitos formais e substanciais para o ser.

Logo, a tese merece, plenamente, ser aprovada. E não arrisco mais, por desconhecer os usos da Casa.

Dito isto, há, evidentemente, um ou outro reparo, ou dúvida, e alguns diálogos que seria interessante encetar.

Telegraficamente – porque há coisas bem mais importantes a assinalar ou a questionar – diria, por exemplo, que:

– À clássica teoria tridimensional (norma/facto/valor), que tem a aboná-la o nome do que decerto é o decano dos jusfilósofos de língua portuguesa, Miguel Reale (p. 15) juntam-se hoje outros elementos, por vezes, como o "texto". O Direito é também texto.

– Do mesmo modo, à ruptura epistemológica verificada por esse agudo investigador que é Boaventura Sousa Santos (p. 15) poderiam juntar-se outras, como a de Fernando dos Santos Neves, aliás autor também de um interessante estudo sobre Ecumenismo.

– Preferiria "porta da Igreja do Castelo de Wittemberg" a simplesmente "castelo de Wittemberg" (p. 20);

– Não partilho o entusiasmo por Melo Freire (p. 27, n. 37), sobretudo depois de ter estudado a polémica do Novo Código, em que foi cilindrado por Ribeiro dos Santos: "formidável sabatina" (como diria Tello de Magalhães Collaço) de que, aliás, mesmo os "especialistas" sabem pouco ...

– Parece-me deslocado o exemplo de Daniel na Cova dos leões quando convocado para ilustrar as dificuldades dos primeiros cristãos (p. 48). Além de música da "Legião Urbana", trata-se, como se sabe, de passagem bíblica que remete para o tempo do cativeiro da Babilónia de entre 605 a 582 a. C.

– Falta um "t" no nome da Sociedade de *Mont Pèlerin* (p. 86). O que é evidentemente uma gralha.

– Quando, a páginas 523 e 524, se alude a referências de um autor português a questões de direitos humanos, temo que o leitor desprevenido venha a considerá-lo menos afecto aos mesmos, o que – posso garantir por conhecê-lo razoavelmente – não é o caso. Em contrapartida, as referências ao mesmo autor a páginas 509-510 já nos parecem muito felizes.

Fico-me por aqui neste tipo de referências, omitindo muitas (e até surpreendentes) coincidências de pontos de vista, por vezes até nas formulações. Não posso, porém, deixar de saudar passagens como a renúncia ao ponto fixo (p. 15), a domesticação do poder político (p. 23), etc., fórmulas que me são caras também.

Diz-me a experiência que arguições exaustivas, em que o examinador metralha o examinado com as vírgulas que julga faltarem no volume, colocando-lhe *as cinquenta e uma* perguntas a que ele não poderá, obviamente, responder, não são feitas para o momento das provas, mas quiçá para futuro e útil substituto de errata. Pelo que abdicarei dessa exaustividade, concentrando-me em alguns aspectos exemplares, que mais convocaram a minha atenção – certo de que haverá muitos outros, e que certamente os meus Preclaros Colegas trouxeram ou poderão trazer ainda à colação.

Além do mais, não farei reparos linguísticos, porque, tratando-se de um trabalho escrito na variante brasileira da Língua Portuguesa, não seria competente para tanto. De qualquer forma, permita-se-me que sublinhe a frescura desta saborosíssima e riquíssima variante, que é Língua Portuguesa plástica, pulsante, e viva no Brasil. Enquanto, infelizmente, sob a pressão das *langues de bois* e dos *paralelepípedos de linguagem* de que já falava o escritor João de Araújo Correia, o vernáculo do rectângulo europeu vai ensurdecendo e de algum modo também definhando. Uma única tentação: mencionar que, em referência à teoria de Rawls, preferiria a expressão "posição originária" a "posição original", apesar de a favor desta militar o "pecado original" (*v.g.* p. 36, n. 57). Mas por aqui me quedo, e sem certezas.

Já o grande ensaísta António Sérgio criticava os longos preâmbulos portugueses. Não podia fugir à regra. Entro agora no sumo das questões a colocar, mas creio não se ter perdido tempo, porque se evidenciou que estamos perante um trabalho sério, volumoso, documentado, desses que será doravante imprescindível citar, quando se aludir ao tema. E mais – porque um doutor não pode ser pessoa de um só livro: a propósito do seu tema, evidenciou o candidato que sabe (na teoria e na prática) muito mais do que aqui colocou. Esse, também, o segredo de uma boa tese – deixar transparecer que há vida além dela, e que o seu autor não é apenas o seu mero obreiro, não vive para ela como Amiel para o seu *Diário*.

Esse agnóstico que, segundo Régis Debray, teria sido "o último homem religioso num mundo de incrédulos", André Malraux, deve à sua celebridade de autor de frases lapidares uma atribuição falsa. Quantos não citaram já: "O século XXI será religioso ou não será (de todo)"? Pois vasculhada de fio a pavio a sua obra, não se encontra tal frase, nem sequer em ditos circunstância. Parece mesmo que Malraux teria até negado haver pronunciado tal frase.

Confusão, *selva oscura* de significações. Nem o autor do *Museu Imaginário* terá sido mesmo "o último homem religioso", nem terá falado de um séc. XXI *religioso*, *espiritual* ou *místico* – tais são as outras variantes propostas para a pseudo-citação.

Julgamos que esta profecia de mal-entendido, esta pretensa profecia poderá, *tant bien que mal,* encarnar o problema religioso e normativo-religioso do nosso tempo. Fala-se demais sobre o que é, na verdade, algo de desconhecido. Profetiza-se citando profeta que não o foi.

Como é sabido, pelo menos desde os estudos de Rudolf Otto, sabemos como que "oficialmente" que o sagrado é avesso a definições e a captações. Sendo certo que o religioso é pelo menos vizinho do (se não coincidente com) o sagrado. O *numinoso*, ou o *ganz andere* são outras formas de traduzir essa inapreensibilidade, e incapacidade racional de tradução ou captação do significado do sagrado.

Tal como nas novas perspectivas da Constituição, o sentido do sagrado poderia ser um vasto *intertexto aberto*. O antropólogo estruturalista francês Lévi-Strauss considerara os conceitos-chave do sagrado *han* e especialmente *mana* como "significantes vazios em si mesmos de sentido", "susceptíveis de receber qualquer sentido", "significados flutuantes", e até "símbolos em estado puro". Além de que " ... os símbolos são mais radicais que aquilo que simbolizam, o significante precede e determina o significado".

Partindo de Otto, Mircea Eliade, historiador das religiões romeno, que obviamente também estudou o *mana*, alude a uma "experiência terrífica e irracional", que se pode exprimir, afinal, pelo *mysterium tremendum* dessa realidade tão radicalmente diferente e transcendente das da experiência comum ou mesmo da experiência científica. Ao falar-se em *mysterium tremendum*, em *mysterium fascinans*, apenas se está a agir por metafórica analogia, e muito impropriamente: "... nós sabemos que esta terminologia analógica é devida justamente à incapacidade humana de exprimir o *ganz andere*: a linguagem apenas pode sugerir tudo o que ultrapassa a experiência natural do homem mediante termos tirados dessa mesma experiência natural".[288] De algum modo, é a poesia que aqui também se alcança.

Perante esta complexidade, a primeira pergunta que dá vontade de fazer ao candidato é esta: depois do seu estudo, que não foi superficial, acharia hoje possível um sentido englobante de religião? Ou estaremos fadados a um conceito flutuante, conceito verdadeiramente indeterminado no plano jurídico? Ou resignar-nos-emos a um casuísmo que poderá revelar-se perigosamente irónico, como o do *Dicionário do Diabo* de Ambrose Bierce, o qual acaba por definir sagrado como "... inspirando pensamentos ou emoções solenes; como o dalai-lama do Tibete; o Moogum de M'bwango; o Templo dos Macacos no Ceilão; a vaca na Índia; o crocodilo, o gato e a cebola do Antigo Egipto; o Mufti de Moosh; o pêlo do cão que mordeu Noé, etc.".[289]

Conexionado com esta questão, está um outro problema. O autor está longe de ter pressupostos epistemológicos, metodológicos e afins simplesmente empíricos ou espontâneos, superficiais. Não raras vezes se vê no seu texto a distância do corte epistémico, e a sua consideração como sujeito da investigação e da sua circunstância.

Ora, um teste talvez não ocioso à sua dissertação seria, não tanto seguir o fio (quase encantatório) dos bem encadeados argumentos, mas arrepiar caminho e problematizar tudo com base em diversos operadores, em outros paradigmas.

Há dois que não deixam de ser incidentalmente convocados, mas que, se tornados *Grundbegriffen*, super-conceitos operatórios, poderiam, quiçá, alterar a fisionomia ou a compleição deste estudo. São eles a *Seita* e a *Magia*.

Ambos andam nas bordas do sistema, dos sistemas, da licitude, das licitudes ...

---

[288] ELIADE, Mircea. *Das Heilige Und Das Profane*, trad. port. de Rogério Fernandes, *O Sagrado e o Profano*, Lisboa, Livros do Brasil, s.d. , p. 24.

[289] *Apud* FAURE, Bernard. *Bouddhismes, philosophies et religions*, Paris, Flammarion, 1998, trad. port. de Francisco Custódio Marques, *Budismos, Filosofias e Religiões*, Lisboa, Editorial Notícias, 1999, p. 118-119.

E contudo, note-se que se a mira da abordagem fosse essa, não se estaria cometendo nenhuma heresia metodológica.

A consideração das relações da Magia com o Direito foi, como se sabe, explicitamente estudada desde logo por autores clássicos como James Frazer, Paul Huvelin, Marcel Mauss e Georges Gurvitch.[290] E o pai quase todos eles (sem dúvida dos franceses) seria o Durkheim d'*As formas elementares da vida religiosa* (1912).

Frazer acaba por considerar uma função integradora, socialmente positiva, da "superstição" da magia. Curiosamente, tanto quanto ouvimos a Moisés Espírito Santo, sociólogo contemporâneo das religiões, sobre o fenómeno sectário, precisamente aqui no Brasil. Os novos movimentos religiosos (chamemos-lhe assim) teriam um efeito socialmente integrador, sobretudo das populações das periferias urbanas, conquistando depois os centros, como parece ser regra.

Huvelin vai mais longe, ao invés de Frazer. Se este enfatiza a dimensão e implicações públicas da magia, nos termos sumariados, o autor francês chega a afirmar que a própria noção direito individual, antes que filósofos e juristas a fossem lentamente burilando, já se encontrava nas fontes da actividade mágica de bruxos e alquimistas.

A teorização do autor do célebre *Ensaio sobre o dom* ou *sobre a dádiva* e a de Gurtvitch são demasiado *nuancées* para que sequer intentemos um resumo. Mas a ideia poderia ser fecunda. Será que, num exercício dessa imaginação jurídica de que falou Matínez García[291] (e que é uma das paixões dos juristas, segundo o belo livro de Carlos Petit),[292] o candidato desejaria desenvolver, de improviso, esta possibilidade?

E do mesmo modo, se bem que no ponto 6. (ii) das *Considerações Finais* se recorde que "Ao adotar-se a *abordagem tipológica* do conceito de religião, descartou-se a utilização da expressão *seita* (embora o conceito tipológico remeta, em última instância, a um fenômeno social típico)", uma construção que enfatizasse a dimensão sectária poderia ser também um exercício interessante.

E ambos os exercícios, porquê? Primeiro, porque é sempre importante tirar a prova real dos trabalhos em Ciências Sociais e Humanas, ainda que Normativas, como as Jurídicas. E depois, e principalmente, porque uma das hipóteses possíveis de trabalho poderia ser a seguinte: é quando a religião se torna seita e o rito se volve em magia (ainda que seja apenas agressão simbólica, com estigmatização verbal, discurso do ódio, excomunhão, etc.) que o fenómeno religioso mais conflitua, quer com o poder do Estado (que

[290] Cf. balanço do próprio GURVITCH, Georges. "La Magie et le droit", in *Essais de Sociologie*, Paris, Sirey, s/d, p. 171 ss.

[291] MARTINEZ GARCÍA, Jesús Ignacio. *La Imaginación Jurídica*, Madrid, Debate, 1992.

[292] PETIT, Carlos. *Pasiones del jurista: amor, memoria, melancolía, imaginación*, Madrid, Centro de Estudios Constitucionales, 1997.

obviamente necessita ser também "criticado", avaliado no quanto é legítimo e eficaz), quer, sobretudo, com os direitos individuais. E, por outro lado, os direitos institucionais religiosos e individuais religiosos mais comprimidos (ou niilizados) parece poderem ser, precisamente quando a instituição se arrisque a ver-se considerada (ainda que sem específica labelização ou estigmatização) como uma "seita" e as suas práticas como "magia" ou "bruxaria" – mesmo que tal sejam "apenas" subtis técnicas de agitação e propaganda (*agit-prop*), ou psico-sociais, de *marketing*, etc.

Sobre as seitas, permito-me sugerir a leitura da obra editada pela Miviludes (Mission Inter ministérielle de vigilance et de lutte contre les dérives sectaires) – *Sectes et laïcité*, Paris, La documentation Française, 2005. E, a propósito de laicidade, o também recente *La Laïcité*, tomo 48 dos "Archives de Philosophie du Droit", Paris, Dalloz, 2005.

Outro operador que tem interpelado os problemas constitucionais (e acabo de receber uma dissertação de mestrado nessa confluência, de Fábio Nadal, *A Constituição como Mito*)[293] seria o Mito. Não sei se essa outra faceta sugerirá ao candidato alguma outra perspectiva ... Tanto mais que, como apontou Descombes, por vezes se trata apenas de substituir mitologias: às vezes à superstição sucede a razão, também mítica,[294] ao fetichismo ritual sacro o fetichismo ritual normativo, legalista.

Passando das questões teóricas às mais práticas, louvando-me nos exemplos que nos dá, gostaria sobremaneira saber a opinião do candidato sobre alguns casos e problemas vizinhos daqueles que desenvolve.

A propósito da questão dos crucifixos nas escolas da Baviera. A questão também chegou já a Portugal. Telefonaram-me da comunicação social para, qual áugure constitucionalista (fatalidade nossa), me pronunciar sobre uma pergunta que achei bizarra: "os crucifixos não são inconstitucionais?". Independentemente desta interpelação jornalística no domínio categorial poder merecer o seu reparo, gostaria agora de ouvir o Mestre Weingartner Neto sobretudo sobre um outro aspecto da polémica. Parece que uma autoridade religiosa portuguesa terá comentado, sobre a egressão das cruzes, algo como isto: "Não nos oporemos a que retirem os crucifixos, se assim o acharem; não foi a Igreja que os mandou lá colocar". O que teria a comentar?

Recordando o velho Código Português do Visconde de Seabra (1867), e as considerações jusfilosóficas a propósito do mesmo, fiquei com dúvidas se (e de novo remeto para a síntese das Considerações Finais, ponto 6. " (i) a *liberdade de consciência* serve de ponto de apoio básico para a consagração constitucional da liberdade religiosa e alimenta a presunção em favor

293 NADAL, Fábio. *A Constituição como Mito. O mito como discurso legitimador da Constituição*, apresentação de Dimitri Dimoulis, prefácio de André Ramos Tavares, São Paulo, Editora Método, 2006.
294 DESCOMBES, Vincent. *Philosophie par gros temps*, Paris, Minuit, 1989, p. 144.

da dimensão subjetiva do direito fundamental como um todo, a par da primazia da liberdade religiosa negativa individual em face de pretensões estatais ou confessionais." E o texto continua, o que não é despiciendo:

"No sistema vislumbrado, tendo presente a permeabilidade categorial, lidam-se com dois direitos fundamentais (conexos e sem precedência axiológica, mas com suficiente autonomia dogmática):

a) as *liberdades comunicativas*;

b) a *liberdade religiosa como um todo*;

c) a *liberdade de consciência* é a *ponte* entre ambos os complexos, direito *matricial*."

O problema é de saber qual é esse ponto fixo de apoio, ponto de Arquimedes afinal, sobre o qual solidamente construir o edifício da liberdade religiosa. Evidentemente que parece ser a liberdade de consciência. Mas que autonomia tem esta, se os pensamentos, em si, são, para já, que ainda não se inventou um *Big Brother* com *crimideia* orwelliana, imperscrutáveis (a menos que se pense numa polícia do pensamento com métodos telepáticos).

Em suma: não será antes algo do domínio da liberdade de expressão que fundamenta praticamente a liberdade religiosa? E esta opção não poderá ter efeitos laterais, como que "irradiantes"? Uma liberdade religiosa assente na liberdade de consciência não poderá ser tida como algo de mais privado, e portanto menos protegido na externalização, que uma liberdade religiosa com fundamento na liberdade de expressão? Além de que pode perguntar-se: porquê uma lata, geral, liberdade de consciência só dará lugar a uma restrita (religiosa sacral) liberdade de crença? A pergunta é feita *cum grano salis*, e valerá pela resposta, como é óbvio.

Para finalizar, gostaria que sintetizasse a sua perspectiva de constitucionalista face a duas teorias que rondam o Direito Constitucional, e especificamente nesta matéria de Liberdade Religiosa terão tido um papel relevante, uma decerto mais antiga, e uma outra actualíssima. Refiro-me ao *Direito Natural* e ao *Politicamente Correcto*. A ambos se alude no texto em apreço. Mas, na medida em que o Direito Constitucional terá sido uma espécie de *Ersatz* do Direito Natural (como ainda recentemente relembra Pietro Grasso),[295] de novo volta à ordem do dia perguntar o que haverá de Direito Natural, realmente (se algo) na construção e na dogmática da Liberdade religiosa. A tese refere-se, por exemplo, ao Direito natural de educação religiosa e ideológica dos filhos por parte dos pais (p. 491), ou citando o Desembargador Alfredo Foester sobre a absoluta prevalência da vida (p. 502, n. 1229). Mas poderá teorizar-se um degrau acima?

[295] GRASSO, Pietro Giuseppe. *El Problema del Constitucionalismo después del Estado Moderno*, Madrid / Barcelona, Marcial Pons, 2005, p. 23 ss.

Por outro lado, poder-se-ia talvez sintetizar o papel do politicamente correcto nesta matéria. E afigura-se-nos que ela é das que constituem um desafio para ele. Já que *prima facie* parece haver um politicamente correcto de teologia do mercado (ou de soteriologia historicista) envolvendo, no mínimo, muito distanciamento face a um pretenso "obscurantismo" das demais religiões (v. "ópio do povo"), a par de outro politicamente correcto que parece apoiar as mil flores florescentes de mil e um credos, decerto pelo "folclorismo" resultante, ou por simples oportunismo populista. Será assim? Decerto o fenómeno é bem mais complexo.

E permito-me terminar dialogando com a metáfora com que o autor desta obra começa. Com esse *sentimento oceânico* (agora pela magnitude dos problemas que nos assaltam) que foi expressamente sugerido a Freud por Romain Rolland e que o conduziria obsessivamente de *O Futuro de uma Ilusão* ao *Mal-estar na Cultura*.

Julgo que estaremos de acordo – mas o doutorando dirá de sua justiça – se adaptarmos a dedicatória do médico de Viena ao escritor francês neste último livro.[296] Afinal, a tarefa ingrata (mas ingente) da construção jurídico-constitucional da liberdade religiosa é tentar fazer dialogar, em amizade, o *sentimento oceânico* com a *animalidade terrestre*.

[296] *Apud* FAURE, Bernard. *Op. cit*, p. 138-139: "Ao seu grande amigo oceânico, o animal terrestre S. Freud".

Bibliografia Geral

AA. VV., *La dignidad de la persona*, "XXV Jornadas de Derecho Público", Edeval, Valparaíso, 1995 (3 vols).

ABELLÁN HONRUBIA. *Las Dimensiones Internacionales de los Derechos Humanos*, Barcelona, Serbal-Unesco, 1984.

AGACINSKI-JOSPIN, Sylvine, *Citoyennes, encore un effort*, "Le Monde", 18 de Junho de 1996.

ALAIN, "l'Humanité", in *Propos de* , ed. Paris, Gallimard, Col. La Plêiade, I, 1956, p. 1149 ss.

——. "La République est difficile", in *Propos de*, ed. Paris, Gallimard, Col. La Plêiade, I, 1956, p. 1258.

——. "La ruse des gouvernés", in *Propos de*, ed. Paris, Gallimard, Col. La Plêiade, I, 1956, p. 797.

——. *Propos sur les Pouvoirs. Éléments d'Étique Politique*, ed. de Paris, Gallimard, 1985.

AL-ASHMAWY, MUhhamad Said, *L'Islamisme contre l'Islam*, Paris/Cairo, La Découverte/Ed. Al Fikr, 1989, p. 11 ss.

ALBUQUERQUE, Martim de (com a colab. de Eduardo Vera Cruz), *Da Igualdade. Introdução à Jurisprudência*, Coimbra, Almedina, 1993.

ALEXY, Robert, *Theorie der Grundrechte*, Suhrkamp, 1986, trad. cast. de Ernesto Garzón Valdés, *Teoría de los Derechos Fundamentales*, Madrid, Centro de Estudios Costitucioanles, 1ª reimp. 1997.

ALSTON, P.; Weiler, J., *The European Union and Human Rights: final project report on an agenda for the Year 2000, in Leading by example: a Human Rights Agenda for the European Union for the Year 2000*, Florença, European University Institute, 1998.

ANDORNO, Roberto. *La Bioéthique et la dignité de la personne*, Paris, P.U.F., 1997.

——. *La distinction juridique entre les personnes et les choses à l'épreuve des procréations artificielles*, préface de François Chabas, Paris, L.G.D.J., 1996.

ANDRADE, Manuel da Costa. *Liberdade de imprensa e inviolabilidade da pessoa. Uma perspectiva juridico-criminal*, Coimbra, Coimbra Editora, 1996.

AÑON ROIG, Maria José, *et al.*, *Derechos Humanos. Textos y Casos Practicos*, Valencia, Tirant lo Blanch, 1996.

ARAÚJO, António de, *O Tribunal Constitucional (1989-1996). Um estudo de comportamento judicial*, Coimbra, Coimbra Editora, 1997.

ARISTÓTELES, *Ética a Nicómaco*; *Política*; *Retórica*; *Tópica.*

ARON, Raymond, *Dix-huit leçons sur la société industrielle,* Paris, Gallimard, 1962.

ASIS ROIG, Rafael de, *Deberes y Obligaciones en la Constitucion*, Madrid, Centro de Estudios Constitucionales, 1991.

ATIAS, Christian, *Théorie contre arbitraire*, Paris, P.U.F., 1987.

BARRET-KRIEGEL, Blandine, *Les Droits de l'Homme et e Droit Naturel*, Paris, P.U.F., 1989.

BARTOLOMÉ CLAVERO, *Antidora*, Milão, Giuffrè, 1991.

BASTIT, Michel, *Naissance de la Loi Moderne*, Paris, P.U.F., 1990.

BAUDRILLARD, Jean, *L'Illusion de la fin ou la grève des évènements*, Paris, Galilée, 1992, trad. port. de Manuela Torres, *A Ilusão do fim ou a greve dos acontecimentos*, LX, Terramar, 1995.

——. *L'Illusion de la fin ou la grève des évènements*, Paris, Galilée, 1992, trad. port. de Manuela Torres, *A Ilusão do fim ou a greve dos acontecimentos*, LX, Terramar, 1995.

BEDDARD, A. R., *Human Rights and Europe*, Cambridge, Griotius Publications (n/ ed. 1993).

BELL, Daniel, *The end of ideology*, Cambridge, Mass., Harvard Univ., 1988.

BERGALI, Roberto; RESTA, Eligio (org.). *Soberania: Un Principio que se Derrumbra. Aspectos Metodológicos y Jurídico-Políticos*, Barcelona, Paidós, 1996.

BLOCH, Ernst, *Derecho Natural y Dignidad Humana*, trad. cast. de Felipe González Vicen, Madrid, Aguilar, 1980.

BLUMENWITZ, Dieter. *Wer gibt Verfassung Europas? Zur Verfassunggebenden (Pouvoir Constituant) in der Europæischen Union*, in *Quale Costituzione per Quale Europa*, p. 31 ss.

BOBBIO, Norberto, *L'età dei Diritti*, Einaudi, 1990, trad. bras. de Carlos Nelson Coutinho, *A Era dos Direitos*, 4ª reimp., Rio de Janeiro, Campus, 1992.

BONAVIDES, Paulo. *Do Estado Liberal ao Estado Social*, 7ª ed., 2ª tiragem, São Paulo, Malheiros editores, 2004.

BOTELHO, Afonso, *Teoria do Amor e da Morte*, LX, Fundação Lusíada, 1996·

BRAVO LIRA, Bernardino, *Derechos Politicos y Civiles en España, Portugal y America Latina. Apuntes para una Historia por hacer*, in "Revista de Derecho Publico", nº 39-40, Universidad de Chile, Chile, 1986.

BRAZ TEIXEIRA, António, *Sentido e Valor do Direito. Introdução à Filosofia Jurídica*, Lisboa, Imprensa Nacional-Casa da Moeda, 2ª ed., 2000.

CALVO GONZÁLEZ, José, *Ghettoización de la universalidad y el futuro de los Derechos Humanos*, in "Derechos y Libertades. Revista del Instituto Bartolomé de las Casas", ano II, Julho-Dez. 1995, nº 5, p. 405 ss.

CAMPOS, Diogo Leite De. *Lições de Direitos da Personalidade*, 2ª ed., Separata do vol. LXVI (1990) do "Boletim da Faculdade de Direito da Universidade de Coimbra", Coimbra, 1992.

CANARIS, Claus-Wilhelm. *Direitos Fundamentais e Direito Privado*, trad. port. de Ingo Wolfgang Sarlet e Paulo Mota Pinto, Coimbra, Almedina, 2003.

——, *Función, estructura y falsación de las teorías jurídicas*, trad. cast. de Daniela Brueckner e Jose Luis de Castro, Madrid, Civitas, 1995.

CANOTILHO, José Joaquim Gomes, *'Mal Estar' da Constituição e pessimismo pós-moderno*, in "Vértice", II série, nº 7, LX, Outubro de 1988, p. 9 ss.

——. *Compreensão Jurídico-Política da Carta*, in *Carta de Direitos Fundamentais da União Europeia*, coord. de Vital Moreira, Coimbra, Coimbra Editora, Ius Gentium Conimbrigæ, Faculdade de Direito de Coimbra, 2001.

——. *Da Constituição Dirigente ao Direito Comunitário Dirigente*, in "Colectânea de Estudos de Homenagem a Francisco Lucas Pires", Lisboa, Universidade Autónoma de Lisboa, 1999, p. 142 ss.

——. *Estudos sobre Direitos Fundamentais*, Coimbra, Coimbra Editora, 2004.

——. *Precisará a teoria da Constituição Europeia de uma teoria do estado?*, in "Colóquio Ibérico sobre a Constituição Europeia", Actas, Coimbra, Coimbra Editora / Universidade de Coimbra, Studia Iuridica 84, Homenagem ao Doutor Francisco Lucas Pires, 17 e 18 de Março 2005, p. 674.

——. *De quantas constituições é feita a Constituição!*, *in* "Jornal de Notícias", Porto, 4 de Abril de 1999.

——. *Estado de Direito*, LX, Fundação Mário Soares/Gradiva, 1999.

——. *Tomemos a sério os Direitos Económicos, Sociais e Culturais,* Separata do número especial do "Boletim da Faculdade de Direito de Coimbra. Estudos em Homenagem ao Prof. Doutor António de Arruda Ferrer Correia, 1984", Coimbra, 1988.

CANTERO NUNEZ, Estanislao, *La concepción de los derechos humanos en Juan Pablo II*, Madrid, Speiro, 1990.

CARLOS Petit. *Pasiones del jurista: amor, memoria, melancolía, imaginación*, Madrid, Centro de Estudios Constitucionales, 1997.

CARVALHO, Orlando de. *Os Direitos do Homem no Direito Civil Português*, Coimbra, Vértice, 1973.

——. *Para uma Teoria Geral da Relação Jurídica Civil. I. A Teoria Geral da Relação Jurídica. Seu sentido e Limites*, 2ª ed. actual. Coimbra, Centelha, 1981.

CASALMIGLIA, A., *Ensayo sobre Dworkin*, prólogo à edição em língua castelhana *de Taking rights seriously*, trad. de Marta Guastavino, *Los Derechos en serio*, Barcelona, Ariel, 1984.

CASESE, A., *et al.*, *Human Rights and the European Community: Methods of Protection*, Baden-Baden, Nomos, 1991.

——, *et al.*, *Human Rights and the European Community: Methods of Protection*, Baden-Baden, Nomos, 1991.

——. *Human Rights and the European Community: the substantive Law, Ibidem*, 1991.

CASTANHEIRA NEVES, António. *Dignidade da Pessoa e Direitos do Homem*, in *Digesta. Escritos acerca do Direito, do Pensamento Jurídico, da sua Metodologia e Outros*, II, Coimbra, Coimbra Editora, 1995, p. 425 ss.

CASTELANO, Danilo. *Il 'concetto' di Persona umana negli atti dell'Assemblea Costituente e l'Impossibile Fondazione del politico*, "Diritto e Società", nº 4, Pádua, 1994, p. 631 ss.

——. *Il problema della persona umana nell'esperienza giuridico-politica: (I) Profili filosofici*, *in* "Diritto e Società", Pádua, nº 1, 1988, p. 107 ss.

—— (org.). *Quale Costituzione per Quale Europa*, Nápoles, Edizioni Schientifiche Italiane, 2004.

CATECISMO DA IGREJA CATÓLICA http://www.christusrex.org/www1/CDHN/ccc.html.
CHARDON, Jean-Marc; LENSEL, Denis, *La pensée unique. Le vrai procès*, Paris, Economica, 1998.
CHARFI, M. *Islam et droits de l'homme*, in "Revue Islamo-Christiana", 1983, p. 14 ss.
——. *Droit musulman, droit tunisien et droits de l'homme*, RTD, 1983, p. 405 ss.
CHIODI, Giulio Maria. *Il Costituzionalismo Europeo tra* Civitas *e* Socialitas, in *Quale Costituzione per Quale Europa*, p. 65 ss.
CHORÃO, Mário Bigotte, *Temas Fundamentais de Direito*, Coimbra, Almedina, 1986.
CIDADE, Hernâni, *A Contribuição Portuguesa para os Direitos do Homem*, Separata do "Boletim da Academia Internacional da Cultura Portuguesa", nº 5, 1969.
COHEN-JONATHAN; De La Rochère, Jacqueline Dutheil (dir.). *Constitution européenne, démocratie et droits de l'homme*, Bruxelas, Bruyllant, 2003.
COMISSÃO TEOLÓGICA INTERNACIONAL. *A Pessoa Humana*, trad. de Isabel de, rev. de H. Noronha Galvão, LX, Rei dos Livros, 1998.
CONSTANT, Benjamin, *De la Liberté des Anciens comparée à celles des Modernes*, nova ed., Paris, Le Livre de Poche, 1980.
CORTESÃO, Jaime, *Os Factores Democráticos na Formação de Portugal*, 4ª ed., LX, Livros Horizonte, 1984.
COSTA, J. M. Cardoso da, *A Hierarquia das Normas Constitucionais e a sua Função de Protecção dos Direitos Fundamentais*, in "Boletim do Ministério da Justiça", nº 396, LX, 1990.
——. Cardoso da. *O Princípio da Dignidade da Pessoa Humana na Constituição e na Jurisprudência Constitucional Portugueses*, Separata de *Direito Constitucional. Estudos em Homenagem a Manoel Gonçalves Ferreira Filho*, coord. de Sérgio Resende de Barros e Fernando Aurélio Zilveti, São Paulo, Dialética, 1999.
COTTA, Sergio, *I Diritti dell'Uomo: una rivoluzione culturale*, in "Persona y Derecho", vol. XXII, 1990.
CRAGG, Wesley, *Contemporary Moral Issues*, 2ª ed., Toronto, McGraw-Hill Ryerson, 1983, máx. p. 272 ss.
CRUZ, Sebastião, *Direito Romano*, I, 3ª ed., Coimbra, s/e, 1980.
CUNHA, Maria da Conceição Ferreira da, *Constituição e Crime. Uma Perspectiva da Criminalização e Descriminalização*, Porto, Universidade Católica Portuguesa Editora, 1995.
CUNHA, Paulo Ferreira da. *Costituzionalità e prospettiva sulla Costituzione Europea*, in *Quale Costituzione per Quale Europa*, org. de Danilo Castellano, Nápoles, Edizioni Schientifiche Italiane, 2004.
——. (Org.), *Teoria do Estado Contemporâneo*, Lisboa / São Paulo, Verbo, 2003.
——. (Org.), *Direitos Humanos - Teorias e Práticas*, Coimbra, Almedina, 2003 (org.), prefaciado por Jorge Miranda.
——. *A Constituição do Crime. Da Substancial Constitucionalidade do Direito Penal*, Coimbra, Coimbra Editora, 1998.
——. *Constituição, Direito e Utopia. Do Jurídico-Constitucional nas Utopias Políticas*, Coimbra, 'Studia Iuridica', Boletim da Faculdade de Direito, Universidade de Coimbra/Coimbra Editora, 1996.
——. *Novo Direito Constitucional Eur*opeu, Coimbra, Almedina, 2005.
——. *Política Mínima*, Coimbra, Almedina, 2003, 2ª ed., corrigida e actualizada, 2005.
——. *Repensar a Política. Ciência & Ideologia*, Coimbra, Almedina, 2005.
——. *Res Publica. Ensaios Constitucionais*, Coimbra, Almedina, 1998.
——. *Teoria da Constituição*, vol. I. *Mitos, Memórias, Conceitos*, Lisboa /São Paulo, Verbo, 2002; vol. II. *Direitos Humanos, Direitos Fundamentais*, Lisboa / São Paulo, Verbo, 2000.
——; SILVA, Joana Aguiar e; SOARES, António Lemos. *História do Direito. Do Direito Romano à Constituição Europeia*, Coimbra, Almedina, 2005.
D'AGOSTINO, Francesco, *Filosofia del diritto*, Torino, Giappichelli, 1993.
——. *I Diritti dell'Uomo tra Filosofia e Prassi: 1789-1989*, in "Persona y Derecho", vol. XXIII, 1990, p. 21 ss.
D'ORS, Álvaro, "La Libertad", in *Ensayos de Teoría Política*, Pamplona, EUNSA, 1979.
——. *Derecho y Sentido Común. Siete lecciones de derecho natural como límite del derecho positivo*, Madrid, Civitas, 1995.
——. *Derecho y Sentido Común. Siete lecciones de derecho natural como límite del derecho positivo*, Madrid, Civitas, 1995.
DICKENS, A. G., *A Reforma na Europa do século XVI*, trad. port. de António Gonçalves Mattoso, LX, Verbo, 1971.
DUFFY, Maureen, *Men and the Beasts. An Animal Rights Handbook*, London, Paladin, 1984.
DUFOUR, Alfred, *Droits de l'Homme, Droit Naturel et Histoire*, Paris, P.U.F., 1991.

DUMÉZIL,George, *Mythes et Dieux des Indo-Européens*, póstumo, textos coligidos e apresentados por Hervé Coutau-Bégarie, Paris, Flammarion, 1992.

DUMONT, Jean, *La vrai controverse de Valladolid*, Paris, Critérion, 1995.

DUMOUCHEL, Paul; MELKEVIK, Bjarne (dir.), *Tolérance, pluralisme, histoire*, Paris, Haramttan, 1998.

DWORKIN, Ronald, *Taking rights seriously*, trad. cast. trad. de Marta Guastavino, *Los Derechos en serio*, Barcelona, Ariel, 1984.

ENZENSBERGER, Hans Magnus, *Aussichten auf den Buergerkrieg*, Frankfurt, Suhrkampf, 1993, trad. cast. de M. Faber-Kaiser, *Perspectivas de guerra civil*, Barcelona, Anagrama, 1994·

ESTEFANÍA, Joaquín, *Contra el Pensamiento Único*, Madrid, Taurus, 1997.

EVANS, Edward P., *The criminal prosecution and capital punishment of animals. The lost history of Europe's animal trials*, London, Heinemann, 1996.

FASSÒ, Guido, *San Tommaso giurista laico?, in* "Scritti de Filosofia del Diritto" , a cura di E. Pattaro/Carla Faralli/G. Zucchini, Milano, Giuffrè, I, 1982.

FERRARI, Vincenz, *Giustizia e diritti umani. Osservazioni sociologico-giuridique*, Milão, Franco Angeli, 1996.

FEYERABEND, Paul, *Against Method*, trad. port. de Miguel Serras Pereira, *Contra o Método*, LX, Relógio D'Água, 1993.

FOUCAULT, Michel, *A Verdade e as formas jurídicas*, trad. bras., Rio de Janeiro, P.U.C., 1974.

FRACANZANI, Marcello M. *Nuova Costituzione Europea? Chi Rappresenta Chi?*, in *Quale Costituzione per Quale Europa*, p. 59 ss.

FRISON-ROCHE, Marie-Anne; BARANÈS, William (dir.), *De l'injuste au juste*, Paris, Dalloz, 1997.

GARCÍA HUIDOBRO, Joaquin, *Defensa y Rescate de los Derechos Humanos*, Valparaiso, EDEVAL, 1987.

——. Derechos Humanos y Liberalismo Moral, in "Revista Chilena de Derecho", vol. 26, nº 2, p. 457-469.

——. *La dignidade del hombre*, in http://www.geocities.com/Athens/Forum/1292/dignidad.htm;.

——; MARTINEZ, Jose Ignacio; NUÑEZ, Manuel Antonio, *Lecciones de Derechos Humanos*, Valparaiso, EDEVAL, 1997.

GARCÍA MANRIQUE, Ricardo, *La Filosofía de los Derechos Humanos durante el Franquismo*, Madrid, Centro de Estudios Constitucionales, 1996.

GAUCHET, Marcel, *La Révolution des Droits de l'Homme*, Paris, Gallimard, 1989.

GÉRARD, Philippe, *Droit, Égalité et Idéologie. Contribution à l'étude critique des principes généraux du droit*, Bruxelles, Facultés Universitaires Saint-Louis, 1981.

GOETHEM, H. Van; WAELKENS, L.; BREUGELMANS, K. (dir.), *Libertés, Pluralisme et Droit*, Bruxelles, Bruyllant, 1995.

GONZÁLEZ, Marcos Francisco, *El franciscanismo de Guillermo de Ockham: una aproximación biográfica-contextual de su filosofía*, in "Revista Española de Filosofía Medieval", nº 2, 1995, p. 127 ss.

GONZALEZ VICÉN, Felipe, *La Obediencia al Derecho*, in "Estudios de Filosofía del Derecho", Facultad de Derecho de la Universidad de la Laguna, 1979.

GREENAWALT, Kent, *Conflicts of Law and Morality*, Nova Iorque/Oxford, Oxford University Press, 1989.

GROSSI, Paolo. *Dalla Società di Società alla Insularità dello Stato fra Medioevo ed Età Moderna*, Nápoles, Istituto Universitario Suor Orsola Benincasa, 2003.

——. *Il dominio e el cose. Percezioni medievali e moderne dei diritti reali*, Milão, Giuffrè, 1992.

——. *'Un altro modo de possedere'*, Milano, Giuffrè, 1977.

GUÉENNO, Jean-Marie, *La Fin de la Démocratie*, Paris, 1993, reed. 1995.

GUZMÁN BRITO, Alexandro, *Sobre la Naturaleza de la Teoría de los Derechos del Hombre*, separata da "Revista de Derecho Público", 1987.

HÄBERLE, Peter, *Verfassungsentwicklungen in Osteuropa. aus der Sicht der Rechtsphilosophie und der Verfassungslehre*, in "Archiv des öffentlichen Rechts", 117 Band, Heft 2, Juni 1992.

——. *Grundrechte im Leistungsstaat*, in "Veroeffentlichungen / der Vereinigung der deutschen Staatrechtslehrer", nº 30, 1972, p. 107 ss.

HEIDEGGER, Martin, *Von Wesen der Menschlichen Freiheit: Einleitung in die Philosophie*, Frankfurt, Vittorio Klostermann, 1982 (curso de 1930, texto estabelecido por Hartmut Tietjen), trad. fr. de Emmanuel Martineau, *De l'Essence de la liberté humaine. Introduction à la Philosophie*, Paris, Gallimard, 1987.

HERVADA, Javier. *Los Derechos Inherentes a la Dignidad de la Persona Humana*, in "Persona y Derecho", Pamplona, 1991, *, suplemento Humana Iura, p. 345 ss.

——; ANDRES MUÑOZ, Juan, *Derecho. Guia de Estudios Universitarios*, Pamplona, EUNSA, 1984.

——; ZUMAQUERO, Jose M., *Textos Internacionales de Derechos Humanos*, Pamplona, EUNSA, 1978.

HERVADA, Javier, *Lecciones propedéuticas de filosofía del derecho*, Pamplona, EUNSA, 1992.

HESPANHA, António M., *La Gracia del Derecho. Economia de la Cultura en la Edad Moderna*, trad. de Ana Cañellas Haurie, Madrid, Centro de Estudios Constitucionales, 1993.

——. (coord.), vol. IV da *História de Portugal*, dir. de José Mattoso, LX Círculo de Leitores, 1993, máx. p. 381 ss. (e colab. com Ângela Barreto Xavier).

HIGGINS, Rosalyn, *International Law in a Changing International System*, in "Cambridge Law Journal", 58 (1), Março 1999, p. 78 ss.,.

——. *International Law in a Changing International System*, in "Cambridge Law Journal", 58 (1), Março 1999, p. 78 ss.,.

HOYOS CASTAÑEDA, Ilva-Myriam. *El concepto jurídico de persona*, Pamplona, EUNSA, 1989.

——. *La dimensión juridica de la persona humana*, in "Persona y Derecho", XXVI, 1992, p. 159 ss.

KELSEN, Hans, *Teoria Pura do Direito*, 4ª ed. port., trad. de João Baptista Machado, Coimbra, Arménio Amado, 1976.

KRAGH, Helge, *An Introduction to the Historiography of Science*, Cambridge, Cambridge University Press, 1987, trad. cast. de Teófilo de Lozoya, *Introducción a la Historia de la Ciencia*, Barcelona, Crítica, 1989.

KUHN, Thomas, *The Structure of Scientific Revolutions*, University of Chicago Press, 1962, trad. cast. de Agustín Contín, *La estructura de las revoluciones cientificas*, Mexico, Fondo de Cultura Económica, 15ª reimp., 1992.

LA Boétie, *Discurso sobre a servidão voluntária*, trad. port. e prefácio de Manuel João Gomes, LX, Antígona, 1997.

LA DÉCLARATION DES DROITS DE L'HOMME ET DU CITOYEN, apresentada por Stéphane Rials, Paris, Hachette, 1988.

LAGHMANI, Slim, *Pensées Musulmanes et Théorie des Droits de l'Homme*, no prelo.

LANGHANS, Franz Paul de Almeida, *Fundamentos Jurídicos da Monarquia portuguesa*, in *Estudos de Direito*, Coimbra, Acta Universitatis Conimbrigensis, 1957, p. 225 ss.

LEBRETON, Gilles, *Libertés publiques & drois de l'Homme*, 3ª ed., Paris, Armand Colin, 1997.

LEIBHOLZ, Gehrard, *Conceptos Fundamentales de la Politica y de la Teoria de la Constitucion*, trad. cast., Madrid, Instituto de Estudios Politicos/Civitas, 1964.

——. *O Pensamento democrático como princípio estruturador na vida dos povos europeus*, trad. port., Coimbra, Atlântida, 1974.

LEPENIES, Wolf, *Ascesa e declinio degli Intellettuali in Europa*, Roma/Bari, Laterza, 1992, trad. port. de João Gama, *Ascensão e declínio dos intelectuais na Europa*, LX, edições 70, 1995.

LEROY-FORGEROT, Flora, *La Citoyenneté juridique*, tese de doutoramento na Univ. Paris II, Fev. 1999.

LEWIS, C. S., *The Abolition of Man*, nova ed., Londres, Curtis Brown, 1987.

LIRA, Bernardino Bravo. *Poder y respeto a las personas en Iberoamerica. Siglos XVI a XX*, Valparaíso, Ediciones Universitarias de Valparaiso. Universidad Católica de Valparaíso, 1989.

LOCKE, JOhn, *Carta sobre a tolerância* (http://www.utm.edu/research/iep/text/locke/tolerat.htm).

——. *Sobre o governo civil* (1690): (http://daemon.ilt.columbia.edu/academic/digitexts/locke/second/locke2nd.txt).

LOMBARDI VALLAURI, Luigi, *A Roman Catholic Concept of Justice*, *in* "Ratio Iuris", vol. 5, nº 3, Dec. 1992, p. 308-330.

——. *Corso di filosofia del diritto*, Cedam, Padova, 1978, nova ed. 1981.

——. *Diritto naturale e diritto libero*, *in* "Persona y Derecho", nº 23, 1990, p. 25 ss.

——. *Saggio sul diritto giurisprudenziale*, Milano, 1967.

——. *Terre. Terra del Nulla. Terra degli Uomini. Terra dell'Oltre*, Milano, Vita e Pensiero, 1991.

LOMBARDI-VALLAURI; DIlcher, G. (org.), *Cristianesimo, seccolarizzazione e diritto moderno*, Milano/Baden-Baden, Giuffre/Nomos Verlag, 1981.

LOUREIRO, João, *et al.*, *Direito Constitucional. Casos práticos resolvidos*, Coimbra, Coimbra Editora, 1995.

LOURENÇO, Eduardo, "O Tempo da Justiça", in *O Esplendor do Caos*, LX, Gradiva, 1998.

LUCAS MARTÍN, Javier de, *Por qué obedecer las leyes de la maioría?*, *in* ALEJANDRO LLANO. *Ética y Politica en la Sociedad Democrática*, Madrid, Espasa Calpe, 1981.

LUHMANN, Niklas, *A Improbabilidade da Comunicação*, trad. port. com selecção e apresentação de João Pissarra, LX, Vega, 1992.

——. *Die Gesellschaft der Gesellschaft*, Frankfurt, Suhrkamp, 1997.

LUKES, Steven, *Cinco Fábulas sobre los Derechos Humanos*, in *De los Derechos Humanos*, ed. de Stephen Shute e Susan Hurly, trad. cast. de Hernando Valencia Villa, Madrid, Trotta, 1998, p. 29 ss.

——. *O Curioso Iluminismo do Professor Caritat*, trad. port. de Teresa Curvelo, LX, Gradiva, 1996.

MANCINI, Federico. *Per uno Stato europeo*, "Il Mulino", 377, Maio-Junho de 1998, p. 408 ss. Comentando, J. H. H. WEILER. *La Costituzione dell'Europa*, p. 537ss.

MARITAIN, Jacques, *Los Derechos del Hombre*, trad. cast., México, Fondo de Cultura Económica, 1947.

MARTÍNEZ ESTAY, José Ig., *Jurisprudencia Constitucional Española sobre Derechos Sociales*, Barcelona, Cedecs, 1997.

MARTÍNEZ YÁÑEZ, Nora María, *La obediencia al Derecho en la Filosofía del Derecho Española (1978-1998)*, Santiago de Compostela, Facultad de Derecho, 1999 (policóp.).

MARTINS, Ana Maria Guerra. *Curso de Direito Constitucional da União Europeia*, Coimbra, Almedina, 2004.

MARTINS, Guilherme d'Oliveira. *O Novo Tratado Constitucional Europeu. Da Convenção à CIG*, Fundação Mário Soares / Gradiva, 2004.

MARZAL, Antonio. *Crisis del Estado de Bienestar y Derecho Social*, Barcelona, J. M. Bosh Edit/ESADE, Facultad de Derecho, 1997.

MASSINI-CORREAS, Carlos I., *Los Derechos Humanos, paradoja de nuestro tiempo*, Santiago do Chile, ed. do Autor, 1989.

MAUSS, Marcel, *Sociologie et Anthropologie*, com introd. de Claude Lévi-Strauss, Paris, P.U.F., 1973 (inclui, na 2ª parte: *Essai sur le don. Forme et raison de l'échange dans les sociétés archaïques*, in ex de AS, 2ª série, 1923-1924, t. I).

McCORMICK, Neil. *Beyond the Sovereign State*, in "The Modern Law Review", vol. 56, Janeiro de 1993, nº 1, p. 1 ss.

MELENDO, Tomás, *Más sobre la dignidad humana*, in "Cuadernos de Bioetica", vol. VIII, nº 32, 4ª, 1997, p. 1480 ss.

MEYERS, Diana T., *Inalenable Rights*, Nova Iorque, Columbia University Press, 1985, trad. cast. de E. Beltrán Pedreira, *Los Derechos Inalienables*, Madrid, Alianza Editorial, 1888.

MINC, Alain, *L'Ivresse Démocratique*, Paris, Gallimard, 1995, trad. port. de Maria da Graça Morais Sarmento, LX, Difel, 1995.

MIRANDA, Jorge. *Direito Constitucional*, III. *Integração Europeia, Direito Eleitoral, Direito Parlamentar*, Lisboa, AAFDL, 2001.

——. *Sobre a Chamada Constituição Europeia*, in "Público", 2 de Julho de 2003.

——. *Manual de Direito Constitucional*, II. *Constituição*, 4ª ed., Coimbra, Coimbra Editora, 2000.

MIRANDOLA, Giovanni Picco Della, *Diálogo de la Dignidad del Hombre:* http://www.uniovi.es/~filesp/0005-com.htm.

MONCONDUIT, François. *Quelle Conscience d'appartenance pour faire vivre une constitution européenne ?*, in *Quale Costituzione per Quale Europa.*

MONEREO ATIENZA, Cristina. *Ideología Jurídicas y Cuestión Social: los orígenes de los derechos sociales em España*, tese de doutoramento, Univ. Carlos III, 2006 (policóp.).

MONTESQUIEU, *De l'Esprit des lois* (1748).

MONTORO BALLESTEROS, Alberto, *Sobre la revisión critica del derecho subjetivo desde los supuestos del positivismo lógico*, Murcia, Universidad de Murcia, 1983.

——. *Razones y limites de la legitimación democrática del Derecho*, Múrcia, Universidad de Murcia, 1979.

MOREIRA, Vital (coord.). *Carta de Direitos Fundamentais da União Europeia*, Coimbra, Coimbra Editora, Ius Gentium Conimbrigæ, Faculdade de Direito de Coimbra, 2001.

MORTATI, A. *La Persona, lo Stato e le comunità intermedie*, 2ª ed., Turim, ERI, 1971.

——. Costantino. *La Costituzione in Senso Materiale*, reed., Milão, Giuffrè, 1998.

MOURA, José Souto de, *Dignidade da pessoa e poder judicial*: http://www.smmp.pt/moura.htm; FRANCO JÚNIOR, Raul de Mello, *A imprensa, as ocorrências policiais e a dignidade humana*: http://www.geocities.com/Tokyo/Towers/8214/privat.html.

MUELLER, Friedrich, *Juristische Methodik*, Berlim, Duncker & Humblot, 1993 (trad. fr., *Discours de la Méthode Juridique*, Paris, P.U.F., 1996).

NABAIS, José Casalta, *Algumas reflexões críticas sobre os Direitos Fundamentais*, Separata do volume comemorativo "Ab Uno ad Omnes. 75 anos da Coimbra Editora", s.d.

——. *Os Direitos Fundamentais na Jurisprudência do Tribunal Constitucional*, Separata do vol. LXV (1989) do "Boletim da Faculdade de Direito da Universidade de Coimbra", Coimbra, 1990.

NEUWHAL, N. A.; ROSAS, A., *The European Union and Human Rights*, The Hague, Kluwer, 1995.

NEVES, Fernando Santos, *Introdução ao Pensamento Contemporâneo*, LX, EUL, 1997.

NEVES, Marcelo, *A Constitucionalização Simbólica*, S. Paulo, Acadêmica, 1994.

NIETZSCHE, Friedrich, *Humano, demasiado Humano. Um Livro para espíritos livres*, trad. port. de Paulo Osório de Castro, com prefácio de António Marques, Relógio d'Água, 1997.

O Parlamento Europeu e a Constituição Europeia, Parlamento Europeu, Serviço de Publicações, s.d.

OLIVAS, Enrique, *et al.*, *Problemas de Legitimación en el Estado Social*, Madrid, Trotta, 1991.

OLLERO TASSARA, Andres, *Derechos Humanos y Metodologuia Juridica, Madrid, Centro de Estudios Constitucionales*, 1989.

ORWELL, George, *Animal Farm*, trad. port.,*O Triunfo dos Porcos*, Lisboa, Perspectivas & Realidades, 1977.

OTIS, Ghislain; MELKEVIK, Bjarne, *L'universalisme moderne à l'heure des identités: le défi singulier des peuples autochtones*, in *Les Droits Fondamentaux*, actes, Bruxelles, Bruyllant, 1997.

PAIVA, Manuel José de, *Governo do mundo em seco*, LX, Domingos Rodrigues, II tomo, 1751.

PASCOAES, Teixeira de, *Arte de Ser Português*, ed. de LX, Assírio & Alvim, 1991.

PECES-BARBA, Gregorio, *Derechos Sociales y Positivismo Juridico (Escritos de filosofia Jurídica y Política)*, Universidad Carlos III de Madrid/Dykison, 1999.

——. *La Dignidad de la Persona desde la Filosofía del Derecho.* Univ. Carlos III / Dykinson, 2002.

——. *Escritos sobre Derechos Fundamentales*, Madrid, EUDEMA, 1988.

——. *Los Valores Superiores*, Madrid, Tecnos, 1ª reimp., 1986.

PEREIRA Menaut, A.C.; BRONFMAN, A.; CANCELA OUTEDA, C.; HAKANSSON, C. *La Constitución Europea. Tratados Constitutivos y Jurisprudência, Santiago de Compostela*, Publicacións da Cátedra Jean Monnet, Universidade de Santiago de Compostela, 2000.

——. *Crecer en Constitucionalismo sin crecer en Estatismo. Una propuesta de Arquitectura Constitucional para la EU, in* "Temas de Integração". *A União Europeia. Os Caminhos depois de Nice*, 2.º semestre de 2001, 1.º semestre de 2002, nº 12 e 13, p. 105-129.

——. *El Ejemplo Constitucional de Inglaterra*, Madrid, Universidad Complutense, 1992.

——. *et al.* (org.). *La Constitución Europea. Tratados Constitutivos y Jurisprudência*, Santiago de Compostela, Cátedra Jean Monnet da Universidad de Santiago de Compostela, 2000.

——. *Judicialismo*, in *Instituições de Direito*, I. *Filosofia e Metodologia do Direito*, org. nossa, Coimbra, Almedina, 2000.

PÉREZ LUÑO, Antonio Enrique. *Dimensiones de la Igualdad.* Madrid, Institut de Derechos Humanos Bartolomé de las Casas, Universidad Carlos III / Dykinson, 2005.

——. *Los Derechos Fundamentales*, 8ª ed., Madrid, Tecnos, 2004.

PINTO, Luzia Marques da Silva Cabral. *Os Limites do Poder Constituinte e a Legitimidade Material da Constituição*, Coimbra, Stvdia Ivridica, FDUC / Coimbra Editora, 1994.

PINTO, Paulo Mota. *Notas sobre o direito ao livre desenvolvimento da personalidade e os direitos de personalidade no direito português*, in A Constituição Concretizada. Contruindo pontes com o público e o privado, org. de Ingo Wolfgang Sarlet, Porto Alegre, Livraria do Advogado Editora, 2000, p. 61-83.

PIRES, Francisco Lucas. *A Política Social Comunitária como exemplo do Princípio da Subsidiariedade*, in "Revista de Direito e de Estudos Sociais", Coimbra, Almedina, Julho-Dezembro de 1991, ano XXXIII (VI da 2ª série), n.os 3-4, p. 239-259.

——. *Introdução ao Direito Constitucional Europeu*, Coimbra, Almedina, 1997.

PISANI, PROTO. *La tutela giurisdizionale dei diritti Della personalità e techniche di tutela*, in "Foro it.", 1990, V, 1 ss.

PRIETO SANCHÍS, Luis (coord.*), Tolerancia y Minorías. Problemas jurídicos y políticos de las minorías en Europa*, Cuenca, Universidad de Castilla. La Mancha, 1996.

——. *Constitucionalismo y Positivismo*, México, Fontamara, 1997.

——. *Estudios sobre Derechos Fundamentales*, Madrid, Debate, 1990.

PUY, Francisco, *Derechos Humanos*, Santiago de Compostela, Imprenta Paredes, 3 vols., 1985.

——. *Tópica Juridica*, Santiago de Compostela, I. Paredes, 1984.

QUADROS, Fausto de. *Direito Comunitário I. Programa, Conteúdo e Métodos do Ensino*, Coimbra, Almedina, 2000.

——. *O Princípio da Subsidiariedade no Direito Comunitário após o Tratado da União Europeia*, Coimbra, Almedina, 1995.

QUENTAL, Antero de, *Causas da Decadência dos Povos Peninsulares*, 6ª ed., Ulmeiro, 1994.

RABI-BALDI CABANILLAS, Renato, *La Filosofía Jurídica de Michel Villey*, Pamplona, EUNSA, 1990.

RADBRUCH, Gusta Gustav, *Vorschule der Rechtsphilosophie*, trad. Cast. De Wenceslao Roces, *Introducción a la Filosofía del Derecho*, México *et al.*, Fondo de Cultura Económica, 4ª ed. em cast., 1974.

RADCLIFFE-BROWN, R., *Estrutura e Função nas Sociedades Primitivas*, trad. port. de Maria João Freire, LX, edições 70, 1989.

RAMPELBERG, René-Marie, *O Nomen dulce Libertatis, in Libertés, pluralisme et droit. Une approche historique*, dir. De H. Van Goethem, L. Waelkens, K. Breugelmans, p. 25 ss.

REALE, Miguel, "Liberdade antiga e Liberdade moderna", *in Horizontes do Direito e da História*, 2ª ed., S. Paulo, Saraiva, 1977.

——, *Filosofia do Direito*, 13ª ed., S. Paulo, Saraiva, 1990.

REBELO, Marta. *Constituição e Legitimidade Social da União Europeia*, Coimbra, Almedina, 2005.

REIS, António, *O suave milagre da Constituição*, in "Opção", ano 1, nº 7, 1976.

RENAUD, Michel, *A dignidade do ser humano como fundamento ético dos Direitos do Homem*. II, *in* "Brotéria", 148 (1999), nº 423-438.

ROBERTSON, A. H., revised by J. G. MERRILS, *Human rights in the world. An introduction to the study of the international protection of Human Rights*, Manchester, Manchester Universituy Press (n/ ed. 1992).

ROULAND, N.; PIERRÉ-CAPS, S.; POUMARÈDE, J. *Droit des minorités et des peuples autochtones*, Paris, P. U. F., 1996.

SALDANHA, Nelson. *Formação da Teoria Constitucional*, 2ª ed., actualizada e ampliada, Rio de Janeiro / São Paulo Renovar, 2000.

——. *Da Teologia à Metodologia. Secularização e crise no pensamento jurídico*, Belo Horizonte, Del Rey, 1993.

——. *Pela Preservação do Humano. Antropologia Filosófica e Teoria Política*, Recife, FUNDARPE, 1993.

SANCHEZ DE LA TORRE, Angel, *et al.*, *El Estado de Derecho en la España de Hoy*, Sección de Filosofía del Derecho de la Real academía de Jurisprudencia y Legislación/Actas Editorial, Madrid, 1996.

——. *Sociologia del Derecho*, 2ª ed., Madrid, Tecnos, 1987.

SANTOS, António de Almeida. "União Europeia: Projecto portador de Futuro ou Santa Casa da Misericórdia?", in *Civismo e Rebelião*, Mem Martins, Europa-América, 1995.

——. *Do outro lado da esperança*, 2ª ed., LX, Notícias, 1999 (1ª 1999).

——. *Princípio Constitucional da Dignidade da Pessoa Humana*: http://www.apriori.com.br/artigos/arti_199.htm.

SARLET, Ingo Wofgang (org.), *Dimensões da Dignidade*, Porto Alegre, Livraria do Advogado, 2005.

——. *A Eficácia dos Direitos Fundamentais*, 5ª ed., Porto Alegre, Livraria do Advogado, 2005.

——. *Direitos Fundamentais e Direito Privado: algumas considerações em torno da vinculação dos particulares aos direitos fundamentais*, in *A Constituição Concretizada. Contruindo pontes com o público e o privado*, org. de Ingo Wolfgang Sarlet, Porto Alegre, Livraria do Advogado Editora, 2000, p. 107 ss.

——. (Org.). *Constituição, Direitos Fundamentais e Direito Privado*, 2ª ed. revista e ampliada, Porto Alegre, Livraria do Advogado, 2006.

SCALISI. *Il valore della persona nel sistema e i nuovi diritti Della personalità*, Milão, 1990.

SCHMITT, Carl, *Der buergerliche Rechtsstaat*, "Abendland", 3, 1928, p. 201 ss.

——. *Verfassungslehre*, trad. cast. de Francisco Ayala, *Teoría de la Constitución*, Madrid, Alainza editorial, 1982.

SCHOUPPE, Jean-Pierre, *Le Réalisme juridique*, Bruxelles, Story-Scientia, 1988.

SÉRIAUX, Alain, *Le Droit Naturel*, Paris, P.U.F., 1993.

SIDJANSKI, Dusan. *L'approche fédératif de l'union européenne ou la quête d'un fedéralisme*, Notre Europe, 2001, trad. port. de Teresa Braga, *Para um Federalismo Europeu. Uma Perspectiva Inédita sobre a União Europeia, Estoril*, Principia, 2001.

——. *L'Avenir fédéraliste de l'Europe*, Paris, PUF, 1992, trad. port. de Maria Carvalho, *O Futuro Federalista da Europa*, Lisboa, Gradiva, 1996.

SIEYES, Emmanuel. *Reconnaissance et exposition raisonnée des droits de l'Homme et du Citoyen*, 20 e 21 de Julho de 1789, in FURET, François /HALEVI, Ran (textos estabelecidos, anotados. por). *Orateurs de la Révolution française*. I. *Les Constituants*, Paris, Gallimard, La Pléiade, 1989.

SILVA, Agostinho da, "Justiça", in *Diário de Alcestes*, nova ed., LX, Ulmeiro, 1990.

SILVA, José da, *Os direitos e deveres naturais do homem e as funções do Estado segundo a 'Pacem in Terris'*, Coimbra, Atlântida, 1974 (1ª ed., 1963.

SINGER, Peter, *Animal Liberation*, nova ed., Avon, 1991.

——. *Ethics into Action*, Rowman & Littlefield, 1998.

SINHA, Surya Prakash, *Why has not beeen possible to define Law*, in ARSP, 1989, LXXV, Heft 1, 1. Quartal, Stuttgart, Steiner, p. 1 ss.

SOARES, Rogério Ehrardt, *Direito Público e Sociedade Técnica*, Coimbra, Atlântida, 1969.

——. *O Conceito Ocidental de Constituição*, in "Revista de Legislação e Jurisprudência" , Coimbra, nos. 3743-3744, p. 36 ss.; p. 69 ss., 1986.

——. *Direito Público e Sociedade Técnica*, Coimbra, Atlântida, 1969.

——. *O Conceito Ocidental de Constituição*, in "Revista de Legislação e Jurisprudência", Coimbra, 1986, nº 3743.

SOUSA, Rabindranath Capelo de. *O Direito Geral de Personalidade*, Coimbra, Coimbra Editora, 1995.

STAROBINSKI, Jean, *L'Invention de la Liberté, 1700-1789*, 2ª ed., Genebra, Skira, 1987.

STOLLEIS, Michael, *Geschichte des oeffentlichen Rechts in Deutschland*, 3 vols., Munique, C. H. Beck (2 publicados, 1988, 1992).

TARDE, Gabriel de, *Les Lois de l'imitation*, Paris, 1895, trad. port., *As Leis da Imitação*, Porto, Rés, s/d.

TESTER, Keith, *Animals & Society. The humanity of animal rights*, London/New York, Routledge, 1991.

TOCQUEVILLE, Alexis de, *L'Ancien Régime et la Révolution*, ed. de Paris, Gallimard, 1967.

TRIGEAUD, Jean-Marc. *Idée de Personne et Vérité du Droit. De la Dikélogia à la Prosopologie*, in "Filosofia Oggi", Genova, Edizione dell'Arcipelago, anno XIV, n. 56, F. IV, out.-dez. 1991, p. 475 ss.

——. *La Personne Dénaturalisée. De l'impuissance de la 'naturalistic fallacy' à atteindre la personne*, in PD, 29, 1993, p. 139 ss.

——. *La Personne Humaine, sujet de Droit*, in AA. VV. *La Personne Humaine, sujet de Droit*, Paris, P.U.F., 1994.

TRIGEAUD, Jean-Marc. *La tradizione classica del diritto naturale e il suo superamento personalistico*, in "I", Roma, Giuffrè, anno XLIV, aprile-giugno, 1991, p. 100-118.

——. "La Théorie du Droit face aux savoirs de substitution", in *Justice et Tolérance*, Paris, Bière, 1997, p. 85 ss.

——. *Ce droit naturel que le positivisme a inventé*, in *Métaphysique et Éthique au Fondement du Droit*, Bordeaux, Biere, 1995, p. 161 ss.

——. *Drois naturels et droits de l'homme à l'aube du XXème siècle: la tradition classique du droit naturel et son depassement personnaliste*, in *Métaphysique et Éthique au Fondement du Droit*, Bordeaux, Biere, 1995.

——. *Introduction à la Philosophie du Droit*, Bordeaux, Bière, 1992, p. 76.

TZITZIS, Stamatios. *Qu'est-ce que la personne?*, Paris, Armand Colin, 1999.

——. *Esthétique de la violence*, Paris, P.U.F., 1997.

——. *La formation du droit en Grèce* in *Instituições de Direito*, I, Coimbra, Almedina, 1998, p. 191 ss.

——. *Les droits de l'Homme entre le mythos et le logos*, "Actes des 1ères Journées scientifiques du réseau Droits Fondamentaux de l'AUPELF-UREF, Tunis, 1996", Bruyant, Bruxellee 1997.

——. *Qu'est-ce que la personne?*, Paris, Armand Colin, 1999.

VALLANÇON, François, *Domaine et Propriété (Glose sur Saint Thomas D'Aquin, Somme Theologique IIA IIAE QU 66 ART 1 et 2)*, Paris, Université de Droit et Economie et de Sciences Sociales de Paris (Paris II), 1985, 3 vols., policóp.

——. *L'État, le droit et la société modernes*, Paris, Armand Colin, 1998.

——. *L'Etat ou l'Odyssée*, in "EYDIKIA" , I, Atenas, 1991, p. 73 ss.

——. *l'Hospitalité selon Philémon et Baucis*, in *Fides. Direito e Humanidades*, III.

VALLET DE GOYTISOLO, Juan Bechmans, *A Encruzilhada Metodológica Jurídica no Renascimento, a Reforma, a Contra-Reforma*, trad., pref., org. de Fernando Luso Soares Filho, LX, Cosmos, 1993.

VASAK, K., *et. al.*, *Les Dimensions Internationales des Droits de l'Homme. Manuel destiné à l'enseignement des Droits de l'Homme dans les universités*, Paris, UNESCO, 1978.

——. *et. al.*, *Les Dimensions Internationales des Droits de l'Homme. Manuel destiné à l'enseignement des Droits de l'Homme dans les universités*, Paris, UNESCO, 1978.

VILLEY, Michel. *Le Droit et les Droits de l'Homme*, Paris, P.U.F., 1983.

——. *[Précis de] Philosophie du Droit*, I, 3ª ed., Paris, Dalloz, 1982.

——. *Estudios en torno de la nocion de Derecho subjectivo*, tr. cast., Presentación de Alejandro Guzmán Brito, Valparaiso, Ediciones Universitarias de Valparaiso, 1976.

——. *La Formation de la Pensée Juridique Moderne*, nova ed. corrig., Paris, Montchrestien, 1975.

——. *Le droit dans les choses*, in Paul AMSELEK; GRZEGORCZYK, Christophe (dir.), *Controverses autour de l'ontologie du droit*, Paris, P.U.F., 1989, p. 11 ss.

——. *Le Droit et les Droits de l'Homme*, Paris, P.U.F., 1983.

——. *Le Droit Romain*, 8ª ed., Paris, P.U.F., 1987.

——. *Réflexions sur la Philosophie et le Droit. Les Carnets*, Paris, P.U.F., 1995.

WEILER, J. H. H. *The Constitution of Europe*, Cambridge, Cambridge University Press, trad. it. de Francesca Martines, *La Costituzione dell'Europa*, Bolonha, Il Mulino, 2003.

Impressão:
Evangraf
Rua Waldomiro Schapke, 77 - P. Alegre, RS
Fone: (51) 3336.2466 - Fax: (51) 3336.0422
E-mail: evangraf.adm@terra.com.br